广西哲学社会科学规划研究青年项目"碳达峰目标下广西制造业绿色转型路径与环境规制政策研究"（批准号：21CYJ026）

广西自然科学基金青年项目"碳达峰碳中和目标下制造业服务化的碳减排效应研究"（任务书编号：2021GXNSFBA19608）

环境规制对中国工业绿色技术创新效率影响研究

HUANJING GUIZHI DUI ZHONGGUO GONGYE

LÜSE JISHU CHUANGXIN XIAOLÜ YINGXIANG YANJIU

陈　平／著

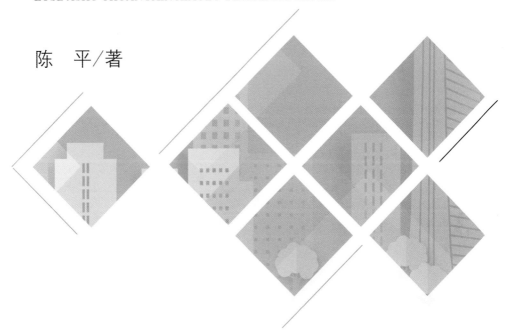

中国财经出版传媒集团

经济科学出版社

Economic Science Press

图书在版编目（CIP）数据

环境规制对中国工业绿色技术创新效率影响研究 /
陈平著 . —北京：经济科学出版社，2022.3
（广西青年学者文库）
ISBN 978 - 7 - 5218 - 3482 - 6

Ⅰ . ①环… Ⅱ . ①陈… Ⅲ . ①环境规划 - 影响 - 工业
经济 - 绿色经济 - 技术革新 - 研究 - 中国 Ⅳ . ①F424

中国版本图书馆 CIP 数据核字（2022）第 042291 号

责任编辑：张　燕
责任校对：郑淑艳　隗立娜
责任印制：邱　天

环境规制对中国工业绿色技术创新效率影响研究
陈　平/著
经济科学出版社出版、发行　新华书店经销
社址：北京市海淀区阜成路甲 28 号　邮编：100142
总编部电话：010 - 88191217　发行部电话：010 - 88191522
网址：www. esp. com. cn
电子邮箱：esp@ esp. com. cn
天猫网店：经济科学出版社旗舰店
网址：http://jjkxcbs. tmall. com
固安华明印业有限公司印装
710 × 1000　16 开　14 印张　230000 字
2022 年 4 月第 1 版　2022 年 4 月第 1 次印刷
ISBN 978 - 7 - 5218 - 3482 - 6　定价：69.00 元
（图书出现印装问题，本社负责调换。电话：010 - 88191510）
（版权所有　侵权必究　打击盗版　举报热线：010 - 88191661
QQ：2242791300　营销中心电话：010 - 88191537
电子邮箱：dbts@ esp. com. cn）

前　言

改革开放以来，中国经济发展取得了举世瞩目的成就，建成了规模巨大、门类齐全的工业体系，推动了经济的快速发展。然而进入21世纪后，随着工业化和城市化进程的快速推进，中国的环境污染物排放量迅速攀升，生态环境遭到了破坏。国内环境污染问题频发，长期积累的污染已经开始显现恶果，特别是中东部地区持续出现的雾霾天气，不仅造成了经济损失，更给广大人民群众的生命财产造成了直接的威胁。

环境污染问题产生的首要原因是污染负外部性导致的市场机制失灵，因此来自政府层面的环境规制尤为重要。面对资源短缺和环境污染，中国开始大力推行节能减排，发展绿色经济。中国的"十四五"规划中明确将降低能源消耗强度和碳排放强度作为节能减排的约束目标，而实现节能减排的核心是大力推广和发展绿色技术创新，绿色技术创新也是促进我国工业转型升级的突破口。

根据波特假说理论，一方面，环境规制会导致企业的环保支出和其他环保费用的增加，加重企业的生产成本，降低企业利润和竞争力；另一方面，适度的环境规制会倒逼企业进行技术创新，由此导致成本下降、生产率提高，从而抵销部分增加的环境成本，提高产品的竞争力。然而，中国各地区之间经济发展水平、工业发展程度以及工业行业之间创新能力都存在异质性，环境规制力度过强或标准过高，会导致工业企业因为资源环境成本过高无法承担而惨遭淘汰；环境规制力度过低，则无法激励工业企业开展绿色技术创新活动。因此，如何实行合理的环境规制政策，最大限度激励工业企业进行绿色技术创新，成为环境政策制定者首要考虑的问题。同时，不同环境规制工具对工业绿色技术创新效率是否具有差异，如何合理搭配不同的环境规制工具，也是环境规制政策制定者要考虑的问题。

迄今为止，学术界已有大量研究探讨了环境规制对工业企业（行业）的影响，例如，环境规制对企业创新的影响，环境规制对技术进步的影响，环境规制对全要素生产率的影响，环境规制对产业升级的影响，但鲜有文献研究环境规制对我国工业绿色技术创新效率的影响。另外，也有一些文献关注了环境规制对地区环境效率的影响，但所研究的主要是环境规制对包含了二氧化硫、工业废水、工业废气、工业固体废物等污染物排放的生产绩效的影响，专门针对环境规制对绿色技术创新（研发）效率影响的研究较少。因此，本书重点探讨环境规制与工业绿色技术创新效率之间的关系，通过寻找两者的最佳结合点，以期实现环境质量改善和创新效率的提高。

本书主要讨论的问题有：（1）环境规制与绿色技术创新效率之间的关系，即环境规制是否有利于绿色技术创新效率的提高。（2）波特假说在中国是否成立？（3）什么样的环境规制力度才是最优的？（4）不同类型环境规制工具对工业绿色技术创新效率的刺激效应是否存在显著差异，怎样搭配才是最合适的？

本书通过分别利用 30 个省份的 2010~2019 年的面板数据和 33 个工业行业 2003~2014 年的面板数据，实证研究了环境规制对绿色技术创新效率的影响，得出的结论如下。

第一，分区域来看，首先，我国绿色技术创新效率（GML）偏低，还有较大的提高空间。绿色技术创新技术效率（EC）呈现出"西—中—东"依次递减的格局；绿色技术创新技术进步（TC）呈现出"东—西—中"依次递减的格局；绿色技术创新效率（GML）呈现出"西—东—中"依次递减的格局。其次，环境规制对绿色技术创新效率的影响存在经济发展水平门槛效应、研发投入门槛效应、所有制结构门槛效应，且不同变量门槛效应也不尽相同。最后，产业结构对绿色技术创新效率产生并不显著的负向影响，对外开放程度有助于提高绿色技术创新效率，政府干预会对绿色技术创新效率产生明显的抑制作用。

第二，从不同类型环境规制工具的作用来看，首先，命令控制型环境规制（mer）和公众参与型环境规制（cer）与绿色技术创新效率之间呈倒"U"型关系；而市场激励型环境规制（ser）与绿色技术创新效率之间呈"U"型关系。其次，分区域来看，命令控制型环境规制与东部地区的绿色技术创新效率之间呈单调递增的关系，而与中西部地区呈倒"U"型关系；市场激励型环境规制与三个地区的绿色技术创新效率之间均呈"U"型关系；公众参与型环境规制与三个地区的绿色技术创新效率之间呈倒"U"型关系。最后，市场化环境规制（ser）对绿色技术创新效率的影响存在基于命令控制型环境规制（mer）的"双重门槛"效应。当命令控制型环境规制力度较小时，市场激励型环境规制对绿色技术创新效率起到抑制作用；而当命令控制型环境规制力度超过一定值时，市场激励型环境规制的作用由抑制变为促进；当命令控制型环境规制力度超过临界值时，市场激励型环境规制的作用变得并不显著。

第三，从工业行业来看，首先，清洁生产型行业的绿色全要素生产率和绿色技术进步都要明显高于污染密集型行业；而污染密集型行业的绿色技术效率要略高于清洁生产型行业。其次，对清洁生产型行业以及行业总体而言，当期和滞后一期的环境规制都会对绿色技术创新效率产生显著的正向促进作用；而对污染密集型行业而言，当期环境规制产生负向的作用，滞后一期环境规制会产生正向促进的作用。再次，环境规制对不同类型的工业行业存在显著有差异的门槛效应，不同的门槛区间影响系数也不尽相同。具体而言，污染密集型行业和清洁生产型行业均有三个门槛值。当环境规制力度超过第一个门槛值时，其对应的系数为正；当环境规制力度超过第二个门槛值时，对应的系数仍然为正，但出现明显的下降；而当环境规制力度继续增加，超过第三个门槛值时，对应的系数变成负数，产生抑制作用。最后，从其他控制变量来看，研发投入（rd）存在滞后的正向促进作用，资本深化率（cons）产生显著的负向作用，企业规模（scal）对不同类型的行业产生显著有差异的影响，外商直接投资起到积极的促进作用，国有企业比重（soer）的作用并不显著。

陈　平

2022 年 3 月

目　　录

导　　论

第一节　研究背景与研究意义

一、研究背景

近年来，能源短缺和环境污染问题已是世界关注的焦点，大力推进节能减排，发展"绿色经济"成为全球新趋势，并成为越来越多的国家节能减排和应对全球气候变化的战略行动。中国作为经济增长最快的新兴工业化国家，自改革开放以来取得了举世瞩目的成就，建成了规模巨大、门类齐全的工业体系，推动了经济的快速发展。然而我国长期以来的高投入、高消耗、高排放、低效益的粗放型工业增长方式，导致环境容量和资源承载力已达到瓶颈，严重制约了经济增长质量的提高和工业的可持续发展。同时，我国工业整体基础薄弱，创新能力不足、工业布局不合理、市场满足度低等问题也都制约了我国工业质量的提高和国际竞争力的提升。因此，我国工业迫切需要向绿色节能和创新驱动的模式转变。

党的十八大以来，我国经济发展呈现速度变化、结构优化、动力转换等新特征。为了主动适应和积极引领我国经济发展所面临的新常态，国家出台了"中国制造2025""供给侧改革"等一系列促进经济发展转型的举措。党的十八大报告提出"实施创新驱动发展战略"，并强调"科技创新是提高社会生产力和综合国力的战略支撑，必须摆在国家发展全局的核心位置"。"十二五"规划强调，"坚持把科技进步和创新作为加快转变经济发展方式的重要支撑"。可见，创新是引领发展的第一源动力，而创新的落脚点是为了提高工业的生产效率。"十三五"规划明确提出，"必须牢固树立创新、协调、绿色、开放、共享的发展理念"，首次将绿色发展作为五大发展理念之一纳入并系统化。党的十八届五中全会提出，要坚持绿色发展，加快建设资源节约型、环境友好型社会。党的十九届五中全会指出，要加快推动绿色低碳发展，持续改善环境质量，坚持绿水青山就是金山银山理念，促进人与自然和谐共生。实现绿色发展不仅需要实行严格的环境保护制度，同时还需要大力发展绿色技术创新，这样才能破解工业发展过程中出现的资源环境瓶颈、创新能力不足等问题。因此，研究环境规制对我国工业绿色技术创新效率的影响，有助于实现创新发展与绿色发展的双赢。

二、研究意义

（一）理论意义

本书基于环境规制政策激励的视角研究工业绿色技术创新效率，综合运用环境规制理论、产业经济学理论、区域经济发展理论、环境经济学理论以及创新经济学理论等的基础上，研究环境规制对绿色技术创新效率的作用机制与影响效果，试图构建环境规制与工业绿色技术创新效率的理论分析框架，将环境规制作为影响绿色技术创新效率的制度控制变量，突破了立足于工业企业自身展开技术创新研究的单一技术创新决定论，丰富了技术创新理论的研究视角。

首先，环境规制在增加企业治污成本的同时，也能通过相应的途径影响企业绿色技术创新活动，而理论界关于环境规制对绿色技术创新的传导机制这方面的系统研究尚不多见，本书将从环境成本、消费者行为、产业集聚、外商直接投资四个视角分析环境规制对绿色技术创新的传导机制，丰富和完善了环境规制对绿色技术创新的理论分析框架。

其次，关于环境规制对工业绿色技术创新的影响，无论在理论还是实证研究方面，都尚未取得一致性的结论。本书分别基于行业特征差异、地区特征差异以及不同类型环境规制工具差异视角，分析了环境规制强度对绿色技术创新效率的影响，这对经济转型期正确认识和把握环境规制在产业升级和创新驱动战略中的作用，具有十分重要的理论意义。

最后，环境规制的绿色技术创新效率受环境规制的执行力以及环境规制工具类型等多种因素的影响。对于探究如何通过政策调整最大限度发挥环境规制对绿色技术创新活动的激励作用，积极探索适用于中国国情的环境规制工具，为政府提供参考依据和技术支撑，具有重要的理论价值。

（二）现实意义

目前，世界上许多国家都实施了环境规制政策，并期望这些政策工具能够有效地促进新技术的开发和使用。但需要明确的是，在实施环境规制政策过程中，不同地区、不同产业、不同类型的环境规制工具在不同的经济发展水平、不同的技术发展阶段，会产生不同的效果。对这些问题要有一个明确的认识，这也是我国政府设计推动技术创新的环境规制的前提。本书在理论及实证分析中国环境规制对绿色技术创新效率的作用方式与效果的基础上，指出了中国环境规制政策工具效力最大化的实施条件，提出了针对性强的、切实有效的环境规制政策主张，这对于政府因地制宜地实施规制政策，企业正确选择环保技术、增强可持续发展竞争优势，都具有重要的现实意义和应用价值。

第二节　研究目标与研究方法

一、研究目标

本书的研究目标是探索环境规制与工业绿色技术创新效率之间的关系。着重探讨以下五个问题。

（1）环境规制与绿色技术创新效率之间的关系，即环境规制是否有利于绿色技术创新效率的提高。

（2）环境规制对工业绿色技术创新效率的影响机理如何？

（3）什么样的环境规制力度才是最优的？

（4）环境规制对工业绿色技术创新效率的影响是否存在区域（行业）上的差异？

（5）不同类型环境规制工具对绿色技术创新效率的刺激效应是否存在显著差异，怎样搭配才是最合适的？

二、研究方法

（1）理论分析。通过规范判断、逻辑演绎和数学建模的方法完善传统的理论，并根据我国经济发展与环境污染状况，对理论模型进行修改并创新，研究环境规制及其他要素对绿色技术创新效率的影响。

（2）实证分析。采用中国的数据、运用改进后的理论模型从地区和行业的角度研究环境规制对绿色技术创新效率的影响，采用静态面板模型（固定效应、随机效应）、动态面板模型（系统GMM），以及面板门槛模型（Panel Threshold Model）展开相关研究，力求得到更加可靠和令人信服的结论。

（3）比较研究。将我国分为东部、中部、西部三个区域，将行业按照污染类型进行分类，将环境规制政策工具分为"命令控制型"和"基于市场型"，对比分析环境规制对绿色技术创新效率的影响。

第三节 研究思路与内容安排

一、研究思路

首先，本书在国内外相关研究文献调查的基础上，回顾有关环境规制理论、技术创新理论及环境规制对技术进步的机制等各种相关理论，并构建了环境规制对绿色技术创新效率的作用框架。其次，对比分析了绿色技术创新效率的测度方法，以及总结归纳了环境规制工具类型和规制程度的衡量。再次，分别从地区和行业的角度，实证研究了不同类型的环境规制工具对绿色技术创新效率的影响效应和差异，为我国政府选择和制定环境规制工具提供理论依据。最后，根据前文的研究结论，从环境规制的地区政策、行业政策、环境规制工具类型的选择以及与环境规制协调的配套政策等四个方面提出相应的对策建议，以期促进我国环境规制对绿色技术创新效率的推动作用，实现我国经济的可持续发展。

二、内容安排

本书共分为 9 个部分。研究框架如图 0 - 1 所示。

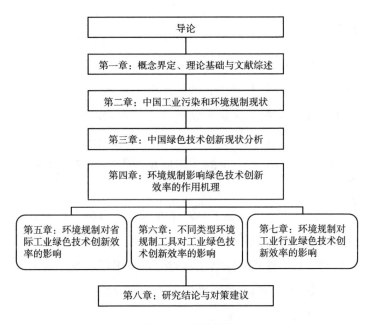

图 0 - 1　研究框架

首先是导论，主要阐述了研究背景与研究意义、研究目标与研究方法、研究思路与内容安排，以及可能存在的创新之处。

第一章为概念界定、理论基础与文献综述。首先，对环境规制相关概念和绿色技术创新相关概念进行了界定；其次，介绍了环境规制相关理论和技术创新理论；最后，从环境规制对绿色技术创新的理论研究，环境规制对绿色技术创新的实证研究，绿色技术创新的路径与策略三个方面对国内外文献进行了梳理和点评。

第二章为中国工业污染和环境规制现状。首先，分别从省级层面和工业行业层面分析了工业污染排放现状；其次，分析了我国环境法律法规体系的建立与不断完善；最后，介绍了我国环境规制工具的演进历程。

第三章为中国绿色技术创新现状分析。首先，分析了我国技术创新投入产出现状；其次，从绿色专利授权量角度分析了我国绿色技术创新现状。

第四章为环境规制影响绿色技术创新效率的作用机理。首先，从企业环境成本、消费者行为、产业集聚、外商直接投资四个角度来分析环境规制对绿色技术创新效率的传导机制；其次，构建了环境规制下企业选择绿色技术创新的理论模型并简单分析了环境规制政策传导机制。

第五章为环境规制对省际工业绿色技术创新效率的影响。首先，采用Global Malmquist-Luenberger 指数测度了我国的绿色技术创新效率；其次，采用 2010～2019 年的省际面板数据，选择地区工业污染治理项目本年完成投资占规模以上工业企业的主营业务成本的比重来表示环境规制力度，实证检验了两者之间的关系；最后，采用面板门槛模型分析了以所有制结构、人均收入与研发投入为门槛变量时，环境规制力度对绿色技术创新效率的差异影响。

第六章为不同类型环境规制工具对工业绿色技术创新效率的影响。本章首先分别分析了命令控制型环境规制工具、市场激励型环境规制工具和公众参与型环境规制工具三种环境规制工具对绿色技术创新效率的影响差异；其次采用门槛模型分析了不同类型环境规制工具同时配合使用时对绿色技术创新效率的影响，以及最优的搭配方式。

第七章为环境规制对工业行业绿色技术创新效率的影响。采用工业污染控制成本占工业总产值的比重来表示环境规制，运用系统 GMM 方法实证检验了环境规制对绿色技术创新效率的影响。

第八章为研究结论与对策建议。在前面各章理论与实证研究的基础上，针对性地提出适合我国国情的对策和建议。

第四节　可能的创新之处

本书在梳理已有文献的基础上，分析了环境规制对中国工业绿色技术创新效率的影响作用，并根据研究结论，结合我国的环境规制实际情况，提出了相应改善工业绿色技术创新效率的政策建议。本书可能的创新之处有以下五个方面。

第一，提出了环境规制对中国工业绿色技术创新效率的影响这一研究视角，现有文献中大多是关于环境规制对技术进步影响、环境规制对生产绩效的研究，专门针对环境规制与绿色技术创新效率之间关系的研究较少。本书研究丰富了环境规制与绿色技术创新效率关系的研究。

第二，构建了环境规制对绿色技术创新效率影响的作用框架，并从环境成本、消费者行为、产业集聚、外商直接投资（FDI）四个视角分析了环境规制对工业绿色技术创新效率的影响路径，厘清了环境规制对绿色技术创新效率的作用机制和传导途径。

第三，在测度工业绿色技术创新效率时，运用非径向、非角度的 Global Malmquist-Luenberger 方法测度了我国除西藏及港、澳、台以外的 30 个省份，以及 33 个工业行业的绿色技术创新效率。

第四，在定量分析和实证检验过程中，根据不同问题的实际需要，采用多种计量方法（包括固定效应方法、随机效应方法、系统 GMM 方法、面板门槛回归方法）展开相关研究，力求结果更加可靠和令人信服。

第五，实证分析了不同类型环境规制工具对工业绿色技术创新效率影响差异，并进一步讨论了多种环境规制工具同时使用时的最优搭配问题。以往的研究大多是从理论上对比分析了不同类型环境规制对技术进步的影响差异，采用实证分析的相对较少，而关于不同类型环境规制工具最优搭配方式的研究更是鲜有提及。

第一章 概念界定、理论基础与文献综述

第一节 核心概念的界定

一、环境规制

(一) 环境规制的相关界定

"规制"一词是由英文 regulation 或 regulatory constraint 翻译而来的，经济学家朱绍文先生等在翻译日本经济学著作《微观规制经济学》一书时，最早在我国引入"规制"一词。规制的含义及延伸伴随着历史和社会的发展而不断深化拓展。规制作为一种有效的社会管理方式，普遍存在于各类社会、政府及市场当中。国内外学者对规制含义的理解是不完全相同的。卡恩 (Kahn, 1970) 认为，规制的实质是政府命令对竞争的明显取代，作为基本的制度安排，它企图维护良好的绩效。此后，盖尔霍恩和皮尔斯 (Gellhorm and Pierce, 1982)、布雷耶 (Breyer, 1982) 分别从管制经济学的角度对规制的定义做了不同的诠释。丹尼尔·F. 史普博 (1999) 认为，规制就是指政府行政机关直接干预市场运作机制，从而间接影响企业或个体决策的普遍规则或特殊行为。国内也有不少学者如傅京燕 (2006)、赵玉民等 (2009)、沈能和刘凤朝 (2012) 对规制进行了探讨。总的来看，规制的实质都是用政策、措施、法律、制度来进行约束和控制。其中，规制的主体是政府的行政机关

和社会公共机构，规制的客体包括各类经济主体和个人，规制手段的执行必须以国家强制性手段来做保障。而对经济主体进行规制与约束的目的是避免市场失灵的出现，降低社会的不公平程度，提高社会的福利水平。

依据规制的概念，不少人对环境规制的定义也进行了探讨。沈芳（2004）从职能作用的角度发现环境规制是一种综合政策与措施，通过制定与环境相关的法律、政策法规、规章制度等，解决由外部性因素所导致的社会行为成本与企业成本方面的差异调整和控制厂商经济行为等，共同促进环境保护与经济社会的协调发展。李康（2007）认为，就本质而言，环境规制是一种为实现可持续发展和环境保护目标服务的具体措施与管理手段。在执行过程中，需要通过诱导约束、协调等手段对被规制对象的观念和行为进行影响和管理。赵玉民等（2009）认为，环境规制是一种社会性规制，是从保护环境角度出发，采用有形制度或无形的意识手段，从目标、性质、主体、对象、手段五个维度，对个体和组织的环境行为进行干预和控制的行为，克服由于公众使用或污染环境资源而不用付出成本和代价，从而导致社会利益受损现象的发生。肖璐（2010）认为，环境规制是政府为保障生态环境的可持续利用，调节并规范市场经济主体行为和环境污染行为而制定实施的法律制度、政策以及环境质量标准等。从市场机制模型视角来看，环境规制是各环境利益相关者博弈的过程和结果。董敏杰等（2011）认为，环境规制是指政府行政机关依法对企业采取直接或间接的环境管制行为，控制并治理其新增污染物。可见，环境规制是政府环境管理部门为了保护生态环境，控制污染物排放，而对市场经济进行干预的一种行为，最终目的是要实现经济发展和环境保护相协调。

根据主体、对象、手段、目标和性质的不同，环境规制可以分为以下三类。第一类是隐性环境规制和显性环境规制。隐性环境规制更多的是依靠经济主体或个人的环保知识、环保意识、环保理念和环保态度来进行约束和控制，运行成本较低；而显性环境规制更多的是依靠政策、法律、法规等外部强制性手段来进行干预，其主要手段概括为命令控制型环境规制、市场激励型环境规制和自愿型环境规制三种。第二类是正式环境规制和非正式环境规制。正式的环境规制更多强调的是政府通过法律形式采取的约束性手段和措施；而非正式的环境规制更多强调的是依靠社会公众的舆论压力来对政府和污染企业产生环境监督和约束。第三类是出口环境规制和进口环境规制，主要是从国际贸易的对象国来进行的分类。

（二）环境规制类型

环境规制根据其对经济主体排污行为的约束方式不同，可以分为命令控制型环境规制、市场激励型环境规制和自愿型环境规制三种环境规制类型。

命令控制型环境规制是指政府部门通过制定严格的环境政策和环境标准来对企业进行强制性约束。环境管理部门对于没有达到环境规制要求的企业可以进行强制性的整改、惩罚，甚至责令停产，而对于达标的企业可以给予奖励。命令控制型环境规制工具简单直接，容易操作和执行，根据经济社会发展的实际情况设定的环境标准清晰明确，因此效果较好。命令控制型环境规制工具进一步还可以再分为直接环境规制和间接环境规制。直接环境规制工具是针对污染物最终排放种类和排放量进行限制和约束。与之相反，间接环境规制更多的是针对污染企业生产过程中采用的生产技术标准和污染治理技术标准进行严格限定，只有达到相应的技术标准的企业才能生产和运营。命令控制型环境规制目前比较常用的工具有环境标准、污染物排放标准、绩效标准、环境影响评价制度以及生产过程标准等。目前世界上大多数国家都是采用命令控制型环境规制工具，并取得了显著的环境效果。但命令控制型环境规制在实际执行过程中也同时存在信息获取成本高、灵活性低、对绿色技术研发激励不够等缺点。

市场激励型环境规制是借助市场价格、税费补贴、排污交易机制等市场力量来激励企业开展节能减排技术创新，从而降低污染排放。与命令控制型环境规制相比，市场激励型环境规制通过市场手段来影响企业的排污选择，企业在追求利润最大化的目标下，可以自由选择最合适的减排方式以达到污染控制标准。比较常用的市场激励型环境规制工具有排污费（税）、污染排放权交易、补贴和押金返还制度、自愿性协议制度。[①]

除了以上两种环境规制外，还存在自愿型环境规制。自愿型环境规制不

---

① 张嫚：《环境规制约束下的企业行为——循环经济发展模式的围观实施机制》，经济科学出版社 2010 年版，第 20～34 页。

具有强制性，更多的是通过道义劝说和施加压力的方式激发排污企业的环保意识和环保责任，自觉减少污染排放。自愿型环境规制也可以分为信息披露和参与机制两种类型。其中，信息披露主要是通过披露排污企业以及产品的相关环境信息，利用市场各参与主体及利益集团的关注来对企业施加影响。最常用的信息披露机制有生态或环境标签、环境管理认证与审计、产品包装标准等。参与机制是鼓励和引导各利益集团参与到环境规制的制定以及监督执行中来，提高环境规制的效果。

（三）环境规制手段

环境规制手段一般有两种，分别是直接规制手段和环境规制经济手段。其中比较常用的直接规制手段有配额使用限制、排污许可证、排放标准等。而环境规制的经济手段一般包括排污费、使用者收费、产品收费、排污权交易、押金返还制度、减排补贴环境税收制度等。总的来说，环境规制主要通过对环境资源的产权界定及对环境资源的定价实现"谁污染，谁治理"或"谁污染，谁付费"，克服市场失灵现象，实现环境资源的永续利用和可持续发展。①

二、绿色技术创新效率

（一）绿色创新效率

从经济学意义上来讲，效率是指在既有的资源和技术条件下，最大限度利用资源所产生的经济报酬或收益，其反映了投入与产出之间的转换效率。当经济处于有效率时意味着经济资源已处于最充分利用的一种最优状态，即帕累托最优状态。② 而关于绿色创新效率国内外不少学者都进行了定义和评价，但至今都未获得一致的认识。国内有不少学者进行了定义，如韩晶

---

① 张红凤等：《环境规制理论研究》，北京大学出版社 2012 年版，第 13 页。
② 梁静：《中国省域规模以上工业企业绿色创新效率的空间统计分析》，太原理工大学硕士学位论文，2015 年，第 19 页。

（2012）将绿色创新效率看作考虑了环境污染和资源消耗后的区域创新效率，代表了创新质量的绿色指数，反映了区域创新的绿色化程度。冯志军（2013）认为，绿色创新效率既跟传统的仅仅追求经济效益的技术创新不同，也不同于单纯地计算环境投入产出效率，而是在秉承绿色创新内涵的基础上，从经济、环境和社会三个角度统一考虑工业企业创新过程中的经济效益产出、环境效益产出和资源效益产出。王慧等（2015）认为，绿色创新是在传统环境技术创新的基础上进行了拓展和延伸，结合生态经济和生态学内涵，倡导创新活动中减少资源消耗和污染排放，提高能源利用效率，实现经济和环境的和谐发展，实现经济的绿色增长。殷群和程月（2016）指出，创新效率是指投入要素在创新过程中的利用效率及单位投入成本中取得创新成果的能力。而绿色创新效率是指在创新投入产出过程中一种考虑资源与环境代价的综合创新效率。

（二）绿色技术创新

目前学术界采用的绿色技术创新，也有人将其等同于环境技术创新。戴鸿轶和柳卸林（2009）认为，绿色技术创新这一概念更多地被管理学界和人文科学界所采用，而环境技术创新更多地被环境科学界和经济学界所采用，虽然两者存在一些小的差异，但内涵基本一致，更多的时候可以相互替换使用。不少学者对绿色技术创新的定义进行了界定，其中，比较有代表性的如下所述。

许庆瑞和王毅（1999）认为，绿色技术创新是以环境为原则，从绿色思想的形成到通过制度、管理和技术创新等方式来将其市场化的全过程。绿色技术创新通过技术创新能够不断降低产品的内、外部成本，实现产品生命周期成本最小化。李翠锦等（2004）指出，绿色技术创新是将环境科学技术与绿色技术相结合，跟传统的技术创新单纯强调经济效益相比，绿色技术创新更能体现环境价值。葛晓梅等（2005）认为，与简单的技术概念不同，绿色技术创新是以绿色市场为导向，通过绿色产品创新、绿色工艺创新、机制创新以及促进绿色技术成果转化等手段，来提高企业的绿色竞争力，实现生态效益和经济效益的共同发展。王志平（2015）认为，绿色技术创新是指在一定时期内凡是能够降低污染排放、减少资源消耗、改善生态环境等能产生绿色经济效益的管理创新和技术创新手段。绿色技术创新同时包含了技术创新特征、绿色经济效益特征以及生态特征。

（三）绿色技术创新效率

绿色技术创新效率由绿色研发过程中生产新产品、新工艺等绿色研发成果的效率，以及将新成果转化成经济利益的效率两个部分组成。[①] 本书在绿色技术创新定义的基础上，将绿色技术创新效率定义为绿色技术创新过程中，考虑了资源消耗和环境污染的创新投入要素与产出之间的转换效率，其代表了绿色创新资源投入对产出的贡献程度，也反映了绿色创新资源的配置效率。本书采用基于非期望产出的 Global Mamlquist-Luenberger 模型测算得到的绿色技术创新效率是以各期总和作为统一参考集的相对效率，表示该决策单元与同一全局单元测算出来的相对效率。在所有的决策单元中，绿色技术创新投入相对较小而产出相对最多的决策单元即为生产的前沿面，此时的绿色技术创新效率值为 1。当其他单元测出来的绿色技术创新效率值小于 1 时，意味着绿色创新活动尚未达到生产前沿面，还有改进的空间。

第二节　理论基础

一、环境规制相关理论

（一）市场失灵与外部性

所谓市场失灵，是指由于垄断、外部性、公共物品、产权不明晰、信息不对称等因素的存在，导致商品价格发生扭曲，市场机制无法实现对资源的最优配置，从而出现了无效率或低效率现象。市场失灵理论认为，只有完全竞争的市场结构才是资源配置的最佳方式。但在现实生活中，完全竞争的市场结构是几乎不存在的，许多情况下由于市场失灵降低了资源配置效率，甚

[①]　王志平：《绿色技术创新效率的实证与仿真研究》，社会科学文献出版社 2015 年版，第 18 页。

至导致了严重的环境污染问题。当市场对资源配置失去效率的时候，就需要政府这只"看得见的手"进行干预，尽管也有可能出现"政府失灵"现象。由于垄断是市场直接运行出现的结果，我们把它作为一类市场失灵的研究；而外部性、公共物品、产权不明晰和信息不对称的发生存在于市场因素之外，无法通过市场来解决，因此这也是市场失灵理论的核心研究内容。

外部性是指有关各方在没有发生交换的情况下，无意中给对方或其他人带来了好的或坏的影响，但并没有获得相应的经济补偿（奖励）或付出相应的代价（惩罚）。最早对环境外部性问题展开经济研究并建立相关理论的有庇古（Pigou）、科斯等。英国福利经济学家庇古关注了环境污染的负外部性并进行了深入研究，在 1920 年出版的《福利经济学》一书中最早提出了以税收这种经济手段使外部性内部化，弥补私人成本和社会成本之间的差距，这种税被称为"庇古税"（Pigouvian taxes）。他认为，个人决策主要考虑生产的私人边际成本和利润，当私人边际成本小于社会的边际成本，即出现负的外部性时，应当对私人部门进行征税，且征税的额度应当等于产品社会成本与私人成本的差额；而对于私人边际收益小于社会边际收益，即出现正的外部性时，应当对私人部门实行补贴或奖励，最终实现私人成本和社会成本相等。因此，外部性是导致市场失灵的重要根源，也是解释环境问题成因的重要理论。

公共物品是与私人物品相对应的一个概念，是指一个人对某些物品和服务的享受和消费并未减少其他人同样的消费和享受，比如水、土地、空气、国防、路灯等。而区分公共物品与私人物品的主要特征是该物品消费时是否具有非竞争性和非排他性。公共物品都不具有消费的竞争性，表现为经济人对物品或服务的消费并不会妨碍别人对该物品或服务的消费，大家都可以享受到该物品或服务带来的好处而不需要付出成本。公共物品都不具有消费的排他性，表现为经济人对物品和服务的消费并不会阻止其他人享受该物品的好处，即任何人都可以享受公共物品。进一步分析公共物品的属性，可能会导致三个问题：一是"搭便车"问题，即免费享受公共物品而不用付费；二是偏好显示的不真实，即消费者不会真实地表达对公共物品的主观需求，因此无法准确反映消费者对公共物品的总体需求和公共偏好；三是私人企业缺乏投资公共物品的激励，由于公共物品的消费和收益存在非排他性，导致私人企业缺乏动力提供公共物品。市场作用机制失灵，则亟须政府进行干预。

（二）产权理论和交易费用理论

产权是经济所有制关系的法律表现形式，包括归属权、占有权、支配权和使用权，具有排他性、有限性、可交易性、可分解性等特征。产权理论最早是由美国经济学家科斯于 1960 年发表的《社会成本问题》一文中提出。①该理论认为，产生负的外部性的原因是产权不明确，同时交易成本很小或为零的情况下，无论开始将产权赋予谁，最终资源配置的结果都是有效率的，都能实现资源的帕累托有效配置。这主要是因为明晰的产权可以有效减少不确定性，使外部效应内部化，对经济主体具有激励功能和约束功能。科斯定理与庇古税理论不同，庇古税认为外部不经济无法通过市场来解决，所以需要政府的干预，如通过税收的方式将外部成本内部化。然而，政府在规定恰当的税率和征收税收时，也会产生成本，因此科斯提出对公共物品赋予产权也就可以通过市场机制来解决外部不经济问题，无须政府干预，将政府的作用限制到最小。交易费用理论认为，市场交易过程中需要付出交易成本或代价，企业产生的根源在于能够将一部分外部交易转化为企业内部交易，从而降低交易费用。上述几种理论是政府解决环境问题常用的理论依据。

（三）信息不对称理论

在完全竞争市场条件下，假设所有产品的信息都是完全公开的，生产者和消费者都可以充分掌握市场信息作出正确的决策。很显然在实际市场经济活动中这种状态是很难存在的，现实中买卖双方往往处于信息不对称状态，掌握信息比较充分的一方往往在交易中占据有利地位，能够做出对自己最有利的决策；相反，掌握信息较少的一方在市场交易中处于劣势地位，因此容易产生"道德风险"问题和"逆向选择"问题。在环境规制过程中，信息不对称现象存在于规制者（政府部门）和被规制者（污染企业）之间，由此导致政府环境规制政策的制定和执行偏离最有效的路径，造成环境管理问题的

---

① Coase R H. The Problem of Social Cost [J]. The Journal of Law and Economics, 1960, 56 (3): 1 – 13.

主体缺位以及企业寻租现象的发生。当环境规制成本过高，而处罚风险较低时，就容易出现企业停止环境设备运转，偷偷排放污染物等道德风险问题。

（四）波特假说理论

在波特假说理论提出以前，部分经济学家认为，加强环境规制虽然能带来正的外部效应，但也增加了厂商的生产成本，削弱了企业的核心竞争力，不利于企业和本国经济的发展。而哈佛大学教授迈克尔·波特（Michael Porter）在1991年指出，加强环境规制不一定会降低企业的竞争力，相反环境规制会提高企业的环保意识，注重提高资源利用效率和挖掘潜在的技术进步。合理的环境规制还会迫使企业加大研发力度，通过积极开展技术创新来减少污染物排放，提高生产效率，弥补环境规制成本，实现创新补偿效应，达到环境绩效和经济绩效的双赢局面。[1] 这就是"波特假说"（Porter hypothesis）的主要观点。与新古典经济学静态的观点不同的是，波特是从动态的眼光来看待环境规制与企业发展之间的关系。1995年波特和范德林德（Porter and Vander Linde）更加详细地从技术创新角度介绍了环境规制对企业竞争力的影响，从"强"波特假说和"弱"波特假说两个层面展开分析，并提出了"先动优势理论"。[2] 该理论认为，面对环境规制的加强，企业只有早点采取行动，多生产环境友好型产品，才能在市场上抢得先机，战胜竞争对手。此外波特假说还指出，开展技术创新能够从产品补偿和过程补偿两条途径来降低成本。波特等也指出，合理的环境规制应该经过政府科学的设计，既要加强末端的污染控制也要注意污染的全程预防，同时污染控制不能仅立足于单纯的技术改进还应注重技术的扩散，最后环境规制政策应多采用间接的市场手段，减少使用行政型环境规制手段。

（五）污染避难所假说

继"成本假说"的出现，"环境避难所假说"在成本假说的基础上，提

---

① Porter M E. America's Green Strategy [J]. Scientific American, 1991, 264 (4): 1–5, 68.

② Porter M E, Linde C V D. Toward a New Conception of the Environment-Competitiveness Relationship [J]. Journal of Economic Perspectives, 1995, 9 (4): 97–118.

出了环境规制作为一种诱因会提高企业生产成本，并由此引发厂商出现地理位置上的转移。"污染避难所假说"最早由科普兰和泰勒（Copeland and Taylor，1994）提出，他们认为，在自由贸易的条件下，经济发达的国家往往会对环境进行较为严格的管制并采取征收污染税的政策，这使企业生产成本增加并导致厂商转移至环境管制较弱、污染税较低的地区，从而确保企业的生产盈利。这一举措使一部分环境管制较弱的地区或国家被动地成为污染密集型产业的聚集地。由于经济发展水平的差异，另一部分经济发展较为落后的地区则会为了促进本地区经济发展采用门槛较低的污染产业准入标准，以此吸引发达国家的产业转移，积极吸收环境敏感产业的外资，推动本地区相应产业的发展，主动地成为发达国家污染型产业的"污染避难所"（高鸿鹰、武康平，2007；Kyriakopoulou and Xepa-padea，2013）。

（六）环境库兹涅茨曲线

库兹涅茨曲线为20世纪中期经济学家库兹涅茨研究人均收入水平与分配公平之间关系时提出的一种假说，动态分析收入不均现象与经济发展水平呈现的倒"U"型关系。此后库兹涅茨曲线被进一步发展，并用于多个领域的研究中。

环境库兹涅茨曲线适用于描述环境污染程度与经济发展水平之间的关系，该理论认为，在经济发展的初期，环境污染和经济发展水平呈正相关。也就是说，环境污染会随着经济发展水平的提升而提升，而当经济发展水平到达一个临界值时环境污染程度开始下降并随着经济发展水平的提升而趋于好转。环境库兹涅茨曲线最初为格罗斯曼和克鲁格（Grossman and Krueger，1991）研究美国与墨西哥的自由贸易对墨西哥的环境影响时提出的。在《北美自由贸易协议》推行的同时，环保组织及相关人士认为，国际贸易自由化的推进将会促使落后地区的生态环境恶化速度加快。基于此背景，格罗斯曼和克鲁格以美国和墨西哥两国的自由贸易为切入点，研究贸易自由化对经济发展较为落后地区的污染影响。研究发现，低收入水平地区空气污染程度随着人均产值的提升而提升，而高收入水平地区空气污染会随着人均产值的提升而下降。这表明经济发展水平与环境污染呈现倒"U"型关系。在经济发展初期，经济发展水平和污染程度同时提升，此时经济发展是靠经济活动规模扩大来推动的，而发展初期并不会考虑污染的治理。但当经济发展水平达到某一程度时，人们向往健康舒适的生活，政府也需要一个更为清洁的环境来证明经济发展水平的提升从而推行更为严格的环境规制，同时企业也会选择新技术来控制污染水平。此后，随着经济的逐步发展，环境污染的整体水平将开始下降。

二、技术创新理论

（一）技术创新的内涵

技术创新作为一门专业学科，起源于西方发达国家。技术创新同时也涉及管理学、技术学等学科，不同研究领域的学者也对技术创新进行了不同的定义。最早从经济学上对创新进行界定的是经济学家约瑟夫·熊彼特，其在1912 年出版的《经济发展理论》一书中首次提出以创新为核心的经济发展理论，此后许多学者对技术创新领域进行了广泛而深入的探讨。麦克劳林（Maclaurin，1950）认为，创新意味着采用新工艺、新产品或改进工艺和改进产品的发明成功地在市场上流通使用。索洛（Solow，1956）提出"两步论"，强调技术创新应该包括两个部分，即前阶段的思想意识来源和后阶段的技术实现。该理论也被认为是当时研究技术创新的一个里程碑，但早期更注重科学研究的结果，并未考虑创新的市场效应。弗里曼（Freeman，1982）从经济效益角度界定了技术创新，强调要将新产品、新服务、新系统和新过程向市场靠拢，实现商业化。到了 20 世纪 60 年代，开始有学者将自然资源纳入技术创新，从而有了环境创新这一新的概念。比较有代表性的，如：坎普（Kemp，2002）认为，环境创新包括有利于保护环境的新技术、生产流程及产品。王齐（2005）将技术创新定义为企业运用新的知识、新的技术和新的工艺，采用新的生产方法和经营管理方式，提高产品质量，开发新的产品，降低能耗与物耗，提高资源利用效率，实现市场价值的活动。王璐等（2009）认为，环境技术创新是指能够减少环境污染，促进可持续发展的新知识、新产品和新的生产工艺。通过对技术创新内涵的分析发现，技术创新从第一阶段单纯考虑经济效益逐渐转变为重视经济与环境"双赢"目标的实现。环境技术创新也是技术创新的主要内容和方向。

（二）技术创新的理论体系

技术创新理论一直是国内外研究的核心领域，针对技术创新理论的研究也一直处于不断演化的状态。国外学者对技术创新理论提出了各种各样的理论观点和理论体系，比较有代表性的有：熊彼特学派技术创新理论、新熊彼特学派技术创新理论、制度创新学派技术创新理论以及国家创新学派制度创新理论。

1. 熊彼特学派技术创新理论

熊彼特首次提出了创新动力理论，指出技术创新对世界经济增长的巨大推动作用。熊彼特认为，所谓创新就是将生产要素尝试新的搭配后，放入一种新的生产体系中去，从而构建出一种新的生产函数。此后，熊彼特分别在1912 年的《经济发展理论》中和 1947 年的《资本主义、社会主义与民主》著作中提出了企业家创新模式（熊彼特创新模式 1）和大企业创新模式（熊彼特创新模式 2）两个模式。熊彼特创新模式 1 和 2 都强调技术创新是内生的，是技术进步推动经济的长期增长。不同的是熊彼特创新模式 1 只是把技术创新看作黑箱，并没有研究技术创新的过程和机制；而熊彼特创新模式 2 认为，技术创新来自企业内部的创新部门，技术创新能使企业形成暂时垄断地位并获得超额利润，而随着大量模仿者的进入逐渐减弱。这强化了大企业进行内生科技活动的竞争地位，科技创新投资与市场之间的耦合也更加密切。当然熊彼特在突出企业研发部门重要性的时候，也强调了企业家创新主体的作用。①

2. 新熊彼特学派技术创新理论

20 世纪 50 年代至今，不少熊彼特理论支持者对技术创新理论进行了分解和拓展，并对技术创新的动力机制进行了解释，比较有代表性的理论有以下四种。

---

① 张江雪：《基于绿色经济的中国技术创新绩效研究》，经济日报出版社 2015 年版，第 38 ～ 39 页。

第一种是技术推动理论。该理论认为，科学研究的进展程度尤其是科学技术上的重大突破，直接影响了技术创新步伐；企业研发群体和规模越大，越有利于技术创新活动的开展；经济因素并不是引起技术创新的内生因素。

第二种是需求拉动理论。1966 年，美国经济学家施莫克勒（Schmookler）以美国的炼油、造纸、铁路和农业为样本，研究了发明创新和投资、产出之间的关系，发现创新活动受市场需求的引导和制约，即消费者需求、政府需求等广义需求都会拉动技术创新，并提出了需求拉动模型（见图 1-1）。许多学者的研究也证实了产业需求达到高潮后，技术创新才出现。

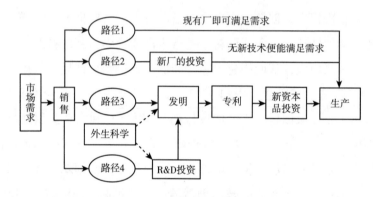

图 1-1　技术创新需求拉动模型

资料来源：柳卸林，《技术创新经济学》，中国经济出版社 1993 年版，第 33 页。

第三种是技术—市场综合作用理论。该理论源于技术推动理论和需求拉动理论之间的争论，即既有人支持技术推动理论，又有人支持需求拉动理论。到了 20 世纪 70 年代和 80 年代初期，随着技术创新过程涉及的因素越来越复杂，技术推动和需求拉动都只是线性单因素模式，任何一种理论都无法完全解释技术创新现象。鉴于此，不少学者认为，技术创新是一个多方向、多互动的复杂结果，同时受到科学技术和市场共同的影响。莫厄里和罗森博格（Mowery and Rosenberg）在 1979 年发表的题为《市场需求对技术创新的影响》一文中指出，科学技术知识基础和市场需求的结构，以一种相互作用的方式，在创新过程中起着同样重要的作用，忽视任何一方面都必定导致错误的结论和政策，需求给技术创新带来了商业机会，科学技术为技术创新提供保证。①

第四种是社会需求—社会资源推动理论。该理论是由日本学者斋腾优1979 年在《技术转移》一书中提出，该理论也简称 N－R 关系理论。该理论认为，当社会提出某种技术要求或某种产品需求，而现有的社会资源又不能完全满足这种需求时，就出现了需求（need）和资源（resources）之间不适应的瓶颈现象。只有技术创新成功才能使瓶颈现象消失，而随着经济发展进入新的台阶后又会出现新的瓶颈现象，由此又催生了新的一轮技术创新。由此可见，只有发现和认识 N－R 关系瓶颈，以技术创新为主体，在政策战略的推拉作用下，才能不断解决 N－R 瓶颈，实现经济的大发展。

3. 制度创新学派理论体系

制度创新理论最早是由美国经济学家戴维斯（E. Davis）和诺斯（Adelaide North）提出来的。熊彼特在技术创新理论中只是将制度创新当作一种已经存在的社会体系，而戴维斯和诺斯在 1971 年出版的《制度变革和美国经济增长》中就强调制度创新比技术创新更重要，经济增长的关键在于制度能否对个人产生足够的刺激作用。当制度较好、效率较高时，能够激发工人创造出更多的物质财富；相反，当制度较差时，即使再多的工人、再好的生产机器也无法高效率地创造物质财富。而关于制度创新的动力机制主要有市场规模、规模经济和生产技术。市场规模的扩张会导致生产商品的细化，由此增加的交易费用会促使制度发生变革。规模经济的扩大同样也会促使企业完善组织制度，使两者相适应，从而提高效率。对于技术创新和制度创新之间的关系，不同的经济学家有不同的观点。有人认为是技术创新影响制度创新，也有人认为是制度创新决定了技术创新。但现有的证据表明两者之间是互动的关系，即制度创新会影响技术创新，同样技术创新变化也会带来制度上的改变。此外，制度创新学派还强调，只有建立系统的产权制度，才能最大限度降低技术创新的不确定性，保证创新者的合法权益，促进技术创新的长期开展。

---

① Mowery D，Rosenberg N. The Influence of Market Demand upon Innovation: A Critical Review of Some Recent Empirical Studies [J]. Research Policy，1979，8（2）：102－153.

4. 国家创新系统学派

国家创新系统学派最早是由英国经济学家克里斯托夫·弗里曼（C. Freeman）在 1987 年对日本产业政策研究后提出来的，他认为，国家创新系统是各部门和机构组成的网络系统与其子系统之间的相互作用，技术创新是通过国家创新系统资源配置来实现的。1993 年纳尔逊（R. Nelson）出版的《国家创新系统：比较分析》指出，国家创新系统学派是政府、企业、大学、研究院所、中介机构之间寻求一系列共同的社会和经济目标而建设起来的，通过创新动力来带动经济发展和国家变革。创新的主体子系统包括政府、企业、科研机构和研究型大学以及教育培训与中介机构。各子系统在国家创新系统中分别承担着知识的生产、传播和转移以及管理应用。技术创新的成败取决于国家调节经济社会的范式。

第三节 文献综述

一、环境规制对绿色技术创新效率的理论研究

（一）波特假说的理论证明

迈克尔·波特（Michael Porter，1991）、迈克尔·波特和克拉斯·范德林德（Michael Porter and Claas van der Linde，1995）认为，如果政府精心设计的环境规制政策比较合理，那么能够刺激企业进行管理创新以及新技术的研发和创新。从短期来看，实施严厉的环境规制政策会增加企业的生产成本，从而影响企业的市场竞争力。但从长远来看，由于受到外部环境压力的刺激，生产企业一方面会加大环境设备的投资和改造，另一方面也会加大管理创新和技术创新活动，由此产生的创新补偿效果会抵销甚至超过污染治理成本，从而促进企业竞争力的提高。波特假说成立需要两个前提条件：第一，竞争力是建立在变动约束条件下的企业技术创新和改进，而不是静态条件下的最

优状态选择行为。第二，政府设计的环境政策必须恰当合理，这就说明环境规制政策的制定只有建立在市场机制的基础上，才能刺激企业的生产创新。杰夫等（Jaffe et al.，1995）认为，环境规制所带来的压力会拓展企业家的视野，一些有远见的企业家会发现未来跟环境相关的需求会不断增加，因此愿意增加企业环保设备的投资和创新研发投入，提高企业的生产效率。范比尔斯和范登伯格（Van Beers and Van Den Bergh，1997）认为，加强环境管制会使企业出口减少，但政府会采取一些措施来进行干预和调节。例如，对污染密集型产业进行适当补贴，同时对那些低于国内环境标准的进口产品加大限制；为了降低污染企业的转移成本，政府可以放开资源和劳动力市场。而环境质量的提高也会吸引更多的资本进行投资和熟练劳动力来就业，而舒适的环境也会提高劳动者生产的积极性。此外，环境质量的提高会降低疾病发病率，提高劳动者的健康水平，由此减少的成本也可以部分抵销成本增加所带来的影响。

许多学者从不同的侧面对波特假说进行阐述，并进一步做了修正和完善，将研究推向了更深的层次。如米利曼和普林斯（Milliman and Prince，1989）、帕尔默（Palmer，1995、1997）、辛普森和布拉德福德（Simpson and Bradford，1996）等较早从理论上对波特假说进行了探索。杰夫和帕尔默（Jaffe and Palmer，1997）将波特假说分为三种类型：狭义波特假说、弱波特假说和强波特假说。其中，狭义波特假说认为，环境规制政策应该关注污染控制最终的结果，而非过程。弱波特假说认为，政府制定的环境政策需要考虑到企业利润最大化目标条件，才能对企业创新产生刺激作用。强波特假说认为，环境政策的实施就会诱发技术创新，由此带来的利润超过产生的成本。而后，莫尔（Mohr，2003）、坎贝尔（Cambell，2003）和格瑞克（Greaker，2003）等在前人研究基础上又进行了更深层次的理论研究。辛普森和布拉德福德（1996）通过构建贸易政策战略模型，以排污费为环境规制工具，以国内企业利润和政府排污费收入为总福利，分析了环境规制对 R&D 支出和企业国际竞争力所产生的影响。结果表明，排污税会使企业的 R&D 支出增加，但也会降低企业的国际竞争力。塞帕帕达斯和泽乌（Xepapadeas and Zeeuw，1999）提出的 X－Z 模型是影响力较大的理论模型之一。在该模型中，采用污染税来表示环境规制水平，以机器使用时间来表示技术水平。污染税增加意味着环境规制力度增加，反之则相反；机器平均使用时间上升则意味着技术水平上升，反之则相反。加强环境规制会带来生产率效应（productivity effect）和利润/排污效应（profit/emission effect）两种效应。生产率效应指的是伴随着污染税的增加，企业通过技术创新会使机器使用时间以及资本的平均产出率增加。利润/排污效应指的是增加污染税会同时导致企业利润的下降和污染排放的减少。环境税的实施总的来说会加快企业的设备更新，且污染排放降低的幅度也会大于利润下降的幅度，即减排效应明显。因此，加强环境规制有利于技术创新和污染的减排。莫尔（Mohr，2003）在遵循了塞帕帕达斯和泽乌（Xepapadeas and Zeeuw，1999）等的研究基础上，进一步对假设条件进行了严格的限定：（1）生产具有规模经济外部性；（2）生产率更高的新技术能够随时从市场上获取；（3）新的生产性资本相对旧的生产性资本污染更低；（4）使用的新技术更加清洁有效。最后得出了环境规制会提高生产率，降低污染排放的结论。进一步支持了波特假说。坎贝尔（Campbell，2003）以氟氯化碳（chlorof-luoro-carbons，CFC）的环境标准制定情况为例，构建理论模型，将经理收入与利润挂钩作为前提条件，分析了经理在委托—代理机制和激励机制下遇到的困惑和决策动机。其中，委托人对代理人缺乏信任以及赏罚不合理凸显了激励机制设计的不合理。安贝克和巴拉（Ambec and Barla，2002）从博弈论的视角构建了一个 6 阶段博弈模型，对比分析了在只有一个企业、一个部门经理和一个管制者的简单经济体系中，有环境管制和没有环境管制情形下各方所作出的反应情况。最后的结果表明，从社会福利角度出发制定的环境管制政策有助于提高企业的 R&D（研究和试验）产出和预期利润的增加。从另一个角度说明了波特假说的有效性。格瑞克（Greaker，2003）从一个新的视角分析了环境设备上游市场（即环境设备供应商）受到环境政策影响下的创新问题。研究认为，严厉的环境政策会刺激环境创新产业的发展，加剧了上游市场的竞争性，降低了环境创新产业的进入门槛，从而降低了环境创新的成本。安贝克和巴拉（2006）从行为学角度分析了企业经理的创新投入决策。虽然增加研发投入会增加企业的未来收入，但无法增加现期的收益，因此拥有现期偏好（present-biased）的企业经理会延缓企业的创新投入。而加强环境规制恰好可以克服这种现象，刺激企业经理增加创新投入。

　　熊鹏（2005）从基本假设差异和内容论点差异两个方面对比分析了波特假说和传统新古典经济理论的差异，并指出只有制定合理的环境标准并贯彻执行，建立政府与企业良好互信关系，才能保证波特假说实现。黄德春和刘志彪（2006）将技术系数引入 Robert 模型，并以海尔的技术创新为案例，分析了环境规制对企业自主创新的影响，结果表明，环境规制虽然增加了企业成本，但促进了创新，实现了环境保护和经济发展的双赢。许士春（2007）从成本、产品差异化和环境管理战略三个方面分析了环境规制对企业竞争力所产生的影响，得出波特假说并不具有普遍性，因此环境规制政策的制定要考虑到企业所处的现状。王竹君等（2012）首先对技术创新形成机制展开了研究，认为技术创新的动因来自市场、技术和政府三个方面。其次，从环境规制视角分析了政府政策对企业技术创新的影响。结果表明，一方面，认为环境规制带来的生产成本变化、消费理念和刺激效应都会促进企业技术创新；另一方面，也会减少企业用于技术创新的资金，使企业的转换成本和创新风险有所增加。张倩和曲世友（2013）构建博弈模型分析了政府征收排污税下，由于存在信息不对称，政府和企业之间相互博弈的过程。最后发现，排污税率小于企业边际减排成本时能促进绿色技术的扩散，但当排污税率超过最优减排所带来的损害时不利于企业采纳绿色技术。凤亚红（2013）认为，环境规制作为一种外在压力能够创造环境技术创新需求，对企业技术创新产生直接效应；同时，还会带来时期效应和产业结构效应两种间接效应。技术推动、需求拉动、自身技术创新能力、风险惯性、体制因素及思维观念等都是环境规制激发企业技术创新的制约因素。张倩（2015）采用省级面板数据分析了环境规制技术开发、技术转化、绿色工艺创新和绿色产品创新四种技术创新的影响，都证实了波特假说的成立。王锋正和陈方圆（2018）从政府监管的视角研究发现，企业绿色技术创新是提质增效与保护环境的关键所在。该研究选取了我国 30 个省份 2007～2016 年的面板数据，以政府环境监管水平、环境规制为变量，研究了这两个因素对企业技术创新的直接影响，同时分析了变量间的交互效应。通过运用实证研究得出如下结论：政府监管水平与环境规制对企业绿色技术创新的影响效果较为显著。地方政府环境监管的水平对企业绿色工艺和产品创新具有正向的调节作用。研究结论显示，提高地方政府环境监管水平与制定合理的环境政策，对促进企业绿色技术创新同等重要。丁潇君、房雅婷（2018）采用多元分析法（Meta-analysis）对47篇研究中国环境规制与绿色创新关系的中外文献进行定量综述和实证分析，结果显示，在我国产业发展的背景下，绿色技术创新受环境规制的影响效果显著，环境规制对绿色创新具有正向影响作用。

（二）不同环境规制工具对绿色技术创新效率的影响

韦茨曼（Weitzman，1974）从理论上证明了不同环境政策工具对企业技术创新的影响效应，结果表明，当预期边际收益较为平坦时，与单纯采用命令与控制型手段相比采用税收的方式更有效。这就为以后的研究奠定了基础。蒂坦伯格（Tietenberg，1985）、唐宁和怀特（Downing and White，1986）等都指出，相对于过去传统使用的命令与控制型环境规制手段，采用基于市场的环境规制手段对企业的技术创新的刺激效果要更好。杰夫等（Jaffe et al.，1997）也得出，经济手段要比传统的命令与控制手段对企业技术创新的刺激效果更好。托马斯·西德纳（Thomas Si Dena，2005）认为，命令控制型环境规制工具使企业只能服从，尽管能够达到污染控制的目标，但由于没有获得外部形势上的支持，因此也不会激励企业积极地进行技术创新。雷耶和鲍勃·范德（Reyer and Bob Vander，2006）比较了排放标准和庇古税成本，发现排放标准是成本最低的。只有将庇古税提高至纠正外部性水平之上，才能推动技术创新。纳加维（Naghavi，2007）分析了在国际贸易中，实行绿色关税对贸易企业所产生的影响。对于那些达不到环境标准的产品征收关税，降低了本国污染排放量，同时也会刺激外贸企业增加绿色 R&D 投入，提高绿色技术水平。阿西莫格鲁等（Acemoglu et al.，2009）认为，要想达到污染减排和促进研发的双重目标，仅仅采取单一的污染排放税是不够的，还应该通过制定研发补贴、利润税等政策手段来鼓励环保技术研发和推广运用。米利曼和普林斯（Milliman and Prince，1989）对比分析了污染绩效标准、污染排放税、排放补贴、分配和拍卖的配额五种手段对技术创新的影响，结果表明，污染排放税和拍卖的配额手段对技术创新的刺激效果更好。荣格等（Jung et al.，1996）分析了五种环境政策工具对不同产业发展和运用先进污染减排技术所产生的影响效果，按从大到小的排序依次为：拍卖许可制度、排放税和排放补贴、分配的配额、绩效标准。帕里（Parry，1998）通过构建竞争模型，实证检验了许可证和环境税两种环境工具对研发效率的影响，发现环境税对技术创新的激励更高。杰夫和斯塔文斯（Jaffe and Stavins，1995）、诺德伯格·博姆（Nordberg Bohm，1999）认为，一些命令控制手段如排放限额、禁令、绩效标准等都是注重末端治理技术的改进，而对现有技术的推广运用以及新技术的开发都缺乏足够的激励。

许庆瑞（1995）通过对江浙 50 余家企业的案例分析，认为排污收费等手段对企业技术创新激励有限，政策法令是企业外部环境技术创新的最重要来源，这是由于市场手段比如排污收费较低，由此带来的成本远远低于技术创新的费用，所以企业不愿进行技术创新，而宁愿付费。刘益和杨铁定（1998）从市场环境、企业家环境、宏观经济政策环境三个方面分析了环境因素对国有企业技术创新的影响，研究结果表明，税收政策是唯一能够有效激发企业技术创新积极性的宏观经济手段。赵细康（2004）通过构建技术创新动力机制模型，从内驱力、内阻力、外驱力和外阻力四个方面分析了环境保护政策对技术创新的影响。研究表明，外部、内部驱动力和阻力大小与方向共同决定了环境政策对创新活动是产生促进作用还是抑制作用。环境保护政策对技术创新的刺激力（驱动力）大小受时期效应和滞后效应两种效应的综合作用。常雪飞（2009）在 Dixit-Stiglize 垄断竞争模型的基础上，分析了以排污税为环境规制手段对环境技术扩散产生的影响，结果发现，排污税对环境技术扩散的作用效果要受到环境技术排污效率提升幅度、消费者价格变动的敏感程度以及厂商的成本状况等因素的综合作用。单纯提高税率对环境技术扩散所起的作用并不确定。李云雁（2011）在分别对比分析命令—控制型环境规制和经济激励型环境规制政策对企业技术创新影响效应的基础上，提出了环境规制政策的最优选择和配置。许士春等（2012）分析了排污税、拍卖的排污许可和可交易的排污许可三种环境规制措施对企业绿色技术创新的影响，结果发现，三种环境规制措施都能激励企业绿色技术创新。当可交易的排污许可数量受到政府限制时，三种环境规制措施的激励程度都相同；而当可交易的排污许可数量不受限制时，排污税和拍卖的排污税的激励作用要大于可交易的排污许可。张倩和曲世友（2013）通过构建理论模型对三种环境规制工具（排污税、排污许可证和统一排放标准）对绿色技术创新的影响进行了分析，发现环境规制与绿色技术创新之间可能存在倒"W"型关系。只有使用以市场手段为主的环境规制工具，结合强制手段的环境规制工具，并配合适度严厉的环境规制力度，才能最大限度地刺激绿色技术创新。

（三）我国绿色技术创新的路径及策略研究

张伟等（2011）、韩晶（2012）都认为，积极引入外资有助于提高地区的绿色技术创新，因此加大对 FDI 的环境和技术规制是增强我国绿色技术创新能力的有效途径。郭振等（2012）以东北地区和俄罗斯的地缘优势为例，指出加快地区绿色技术创新体系建设以及区域间的深度合作，能够有效地提高绿色技术创新能力。杜静和陆小成（2010）对武汉市城市圈产业集群绿色技术创新展开了研究，并从生态布局（战略层面）、绿色技术创新（技术层面）、绿色制度创新（制度层面）和虚拟集群模式（网络层面）四个方面提出了提高产业集群绿色技术创新的建议。吴宇军等（2011）构建了创新型城市评价模型和指标体系，并从创新能力、创新支撑、创新贡献和开放水平四个方面，将城市的创新驱动模式分成科技创新驱动、产业创新驱动、开放创新驱动、"两型"示范驱动、体制机制创新驱动以及综合创新驱动六大类。辜胜阻和刘江日（2012）认为，要实现城镇化从"要素驱动"转变为"创新驱动"，大力发展战略性新兴产业和用高技术来改造传统制造业是实现产业结构优化升级的必经之路。黄宁燕和王培德（2013）认为，要通过建立良好的制度环境来培养科技创新文化，从而提高全社会的创新活力。王旭等（2014）基于绿色发展视角提出了促进企业绿色技术创新的方法和途径。从企业层面来看，需要大力开发绿色节能技术，建立绿色企业，实现绿色生产；从宏观层面来看，需要加强绿色消费的舆论宣传，加大对绿色技术创新的政策激励，完善对绿色技术创新的制度保障以及大力培育绿色技术市场。

二、环境规制对绿色技术创新效率的实证研究

（一）环境规制对全要素生产率的影响

戈洛普和罗伯茨（Gollop and Roberts，1983）采用美国电力行业 1973～1979 年的数据，分析了二氧化硫排放限制对生产率的影响，结果表明，随着排放标准的提高，增加了行业的成本，导致生产率增长平均每年下降了 0.59%。泰尔和拉尔森（Telle and Larsson，2004）在传统测算生产率方法上进行改进，增加了将污染排放作为投入要素进行测算，实证分析后发现支持波特假说，传统方法测算出来的全要素生产率是有偏的。拉诺伊等（Lanoie et al.，2008）分析了魁北克地区制造业部门环境规制对全要素生产率的影响，发现当期环境规制会给全要素生产率带来负面的影响，而滞后期能带来正面的影响。巴德马耶娃和阿贝（Badmaeva and Abe，2011）采用 1990～2006 年 21 个制造业的数据，分析了限制工业固体废弃物的排放对生产率的影响，发现环境规制并没有带来生产率的高速增长，其中生产率的增长主要来自技术创新，而非技术效率的改进。

解垩（2008）研究发现，治污投资和减少工业 SO_2 排放两种环境规制手段对工业绿色全要素生产率的影响并不显著，接着从技术效率和技术进步两个方面分析了其中的原因。吴军等（2010）采用 Mamlquist-Luenberger 指数测算了 2000～2007 年考虑和不考虑环境管制的情况下，中国三大区域的全要素生产率、生产效率与技术进步指数。研究表明，在控制二氧化硫和化学需氧量排放后，全国全要素增长率不到传统增长率的 1/3，环境控制下全要素生产率增长由高到低依次为西部、东部、中部；未考虑环境因素时为东部、中部、西部。张夏和胡益鸣（2010）测算了 1991～2005 年中国 28 个省份是否考虑排放管制下的技术进步指数，研究结果显示，考虑环境管制后我国省际平均技术增长率高于不考虑环境因素下的技术增长率。王兵和王丽（2010）运用方向性距离函数和 Mamlquist-Luenberger 指数测算了 1998～2007 年考虑了环境因素的中国区域工业技术效率和生产率，并对其影响因素进行了分析。研究表明，技术效率与环境管制成本负相关，技术效率从高到低排列分别为

东部、中部和西部；工业全要素生产率东部最高，西部次之，中部最低；经济发展水平、外商直接投资、工业结构、能源结构、人口密度对技术效率和全要素生产率有不同程度的影响。张成等（2010）运用 Mamlquist-Luenberger 指数和协整检验，实证检验了环境规制对工业部门全要素生产率的影响作用，结果证明，环境规制长期对 TFP 的正向促进作用比短期更为明显。因此，政府应当适度提高环境规制强度，优化环境规制形式，进一步诱发创新补偿效应，实现环境保护和生产率提高、经济增长的双赢。叶祥松和彭良燕（2011）同样采用方向性距离函数和 Mamlquist-Luenberger 指数测度了四种（无、弱、中、强）环境规制情形下的环境技术效率、环境规制成本以及全要素生产率，并对区域全要素生产率的影响因素进行了实证分析。得出的结论为：实施环境规制能够提高全要素生产率和技术效率，环境规制成本存在较大的区域差异。李玲和陶锋（2012）测算了制造业三大类（重度、中度和轻度）污染产业的绿色全要素生产率和环境规制强度，并进一步检验了两者之间的关系。结果表明，重度污染产业环境规制强度与绿色全要素呈倒"U"型关系；而在中度、轻度污染产业中，环境规制强度与绿色全要素生产率呈"U"型关系。李静和沈伟（2012a）运用 1990～2009 年中国省域数据，采用全局 Malmquist-Luenberger（GML）生产率指数方法测度了包含"工业三废"的绿色全要素生产率，构建了 COD、SO_2 和固体废物三种主要污染物的环境规制指数，并分别检验了三种环境规制指数对绿色全要素生产率的影响。研究结果表明，只有对固体废物的规制才能证明波特假说存在。陈德敏和张瑞（2012）将环境规制指标分为环境法律规制强度、环境规制支撑强度、环境规制监督强度和环境规制方法体系四类指标。接着实证研究了环境规制对全要素能源效率的影响，结果表明，不同环境规制指标对不同区域的全要素能源效率影响差异较大。李小胜和安庆贤（2012）利用 1998～2010 年中国工业 36 个行业投入产出数据，利用方向性距离函数方法和 Malmquist-Luenberger 指数方法研究了环境管制成本和环境全要素生产率，发现中国工业行业的环境管制成本较高，履行排放承诺使中国经济付出较大的代价。

殷宝庆（2012）同样证明了环境规制强度与制造业绿色全要素生产率整体上符合"U"型关系，但在不同部门间存在差异。聂普焱和黄利（2013）

分析了环境规制对高、中、低度能耗三类行业的能源全要素生产率进行了分析，研究结果表明，只有低度能耗行业的环境规制对能源全要素生产率起到促进作用，中度能耗产业不显著，高度能耗产业反而起到阻碍的作用。王杰和刘斌（2014）运用工业企业数据分析了环境规制对企业绿色全要素生产率的影响，发现两者之间呈倒"N"型关系，且当前我国环境规制水平整体偏低，大部分行业还没有跨过第一个拐点。赵红和谷庆（2015）研究结果发现，非环境规制引发的 R&D 投入对全要素生产率的推动作用要明显大于环境规制引发的 R&D 投入对全要素生产率的推动作用。相对滞后两期环境规制比滞后一期的效果更好。张江雪等（2015）采用松弛测度的方向距离函数（SBM－DDF）测度了各地区的"工业绿色增长指数"，并运用三种环境规制工具（行政型、市场型和公众参与型）对工业绿色增长指数的影响，发现行政型、市场型比公众参与型环境规制工具效果更好，高、中度绿化地区以行政型环境规制工具为主，低度绿化地区以行政型环境规制为主。张子龙等（2015）研究发现，环境规制对生态效率短期内起到负向的作用，但从长期来看，由于"倒逼机制"的存在，环境规制对生态效率起到促进的作用。吴朝霞和张智颖（2016）分析环境规制对中国制造业全要素生产率的影响作用，得出的结论为，环境规制对低污染行业的作用不显著，而对中度污染产业起到阻碍的作用，只有对高污染行业才起到促进作用。

（二）环境规制对绿色技术创新效率的实证研究

1. 环境规制促进绿色技术创新（支持波特假说）

在早期，米利曼和普林斯（Millima and Prinee，1989）、辛普森和布拉德福德（Simpson and Bradford，1996）、帕尔默（Palmer，1997）等在这方面做了许多探索，并取得了一定的成果。兰由和莫迪（Lanjouw and Mody，1993）最早对环境保护支出与环境技术创新之间的关系展开了实证研究，他们发现，环境保护支出的增加能够明显促进环境专利数量的增加，但同时环境保护支出具有 1~2 年的滞后效应。广大发展中国家的大部分环境专利是根据本地的环境和条件在普通技术基础上进行改造所产生，而且他们更倾向于吸收引进国外成型的环境技术。兰由和莫迪（1996）对德国、日本、美国和巴西的研究也表明，与环境管制相关的支出增加确实能促进环境技术专利申请率的提高。赫特和阿费加（Hurt and Ahuja，1996）对美国的127家大企业的研究发现，企业污染排放的降低会提高企业的收益率，这种现象在污染较为严重的企业中表现得最为明显。杰夫和帕尔默（Jaffe and Palmer，1997）以污染控制支出作为环保强度，以不同产业的创新活动水平和绩效来代表创新变化，分析了美国2位数和3位数SIC代码分类的产业环境规制对创新的影响，发现扩大污染支出会刺激短期内研发支出增加。皮克曼（Pickman，1998）采用污染减排和污染控制支出作为环境规制变量，以环境专利表示创新活动，对美国制造业的环境规制与创新之间关系进行了实证研究，结果表明两者之间呈正相关的关系。巴坦格和科恩（Bhatanger and Cohen，1998）以环境支出、环境监测和环境保护努力来代表环境政策，以环境专利来衡量环境创新，对美国制造业展开了研究。结果发现，只有环境支出的增加能够显著促进环境专利的增加，而环境监测和环境保护努力对环境专利的影响并不显著。拉诺伊等（Lanoie et al.，2001）以全要素生产率作为环境创新绩效，分析了加拿大魁北克省制造业环境规制强度与环境创新之间的关系，发现环境规制强度对环境创新同期内效应是负的，但考虑到环境规制的时滞效应后，两者之间的变化与波特假说相符。加强环境规制会导致污染密集型产业的创新绩效出现长时间的下降。浜本（Hamamoto，2006）以污染控制支出衡量环境规制，以研发支出表示创新活动，分析日本制造业环境规制对创新活动以及全要素生产率的影响。实证结果发现，环境规制会引致R&D支出增加，两者之间呈显著的正相关关系；由环境规制引致的R&D支出增加，同样也提高了全要素生产率。波普（Popp，2006）分析了美国、日本和德国环境规制对本地区氮氧化合物和二氧化硫技术专利产出的影响，发现环境规制的加强会导致空气污染控制设备专利的增加。卡门和英尼斯（Carmen and Innes，2006）以107个按照美国SIC代码分类的三位数制造业为样本，实证分析了环境排放对环境专利之间的关系，实证结果表明，排放量的减少（环境规制加强）能够促进环境专利的增加。拉诺伊（Lanoie，2007）采用OECD国家4200家企业的数据，对杰夫和帕尔默（1997）提出的波特假说的三种类型进行实证检验，发现强烈支持弱波特假说，即环境规制会刺激环境技术创新。约翰斯通、哈西奇和米歇尔（Johnstone，Hascic and Michel，2012）利用欧洲77个国家

2001～2007 年的非平衡面板数据实证检验了公共环境政策对环境相关技术创新的影响。结果发现，严厉的环境政策会给环境技术创新带来积极的影响。诺阿伊（Noailly，2012）采用 7 个欧洲国家 1989～2004 年的数据，实证分析了三种环境政策（建筑能源监管标准、能源价格和政府能源研发支持）对技术创新的影响，其中，技术创新用建筑能源相关技术的专利来衡量，结果发现，提高建筑能源监管标准能显著提高专利数量，而对能源价格的影响并不显著，对政府能源研发支持产生较小的正向作用。

江珂（2009）利用 1995～2007 年中国省级面板数据，以 GDP/Energy 表示环境规制力度，用发明专利授权量表示创新水平，分析了环境规制对技术创新的区域差异。发现环境规制对我国创新水平存在滞后的正向促进作用，具体从区域来看，环境规制只有对东部地区创新起到显著的促进作用，其他地区则不显著。张成等（2011）通过构筑数理模型证明环境规制与生产技术进步之间存在"U"型关系，采用 1998～2007 年的省际面板数据实证检验表明，东、中部地区环境规制与技术进步率之间确实呈现"U"型关系，但在西部地区这种关系尚不明确。马海良等（2012）首先采用产业组织的 SCP 分析框架分析了环境规制对企业绩效的传导路径，其次采用长三角地区 1995～2008 的数据进行了实证检验，结果发现环境规制对技术创新起到正向促进作用，其中环境规制基期和滞后 1、2、3 期对创新的作用大小分别为 2.902%、2.813%、2.227%、1.307%。沈能和刘凤朝（2012）利用非线性面板门槛模型分析了环境规制对技术创新的门限效应，结果表明，环境规制对技术创新存在单一门槛，两者之间呈"U"型关系；而对经济发展水平存在双重门槛效应，当实际人均 GDP 小于 11505 元时，环境规制对技术创新的作用为负；当介于 11505～17979 元时环境规制带来的是正向促进作用；而当大于 17979 元时，这一促进作用达到最大。李平和慕绣如（2013）发现，环境规制对企业技术创新存在区域差异和行业差异。从地区来看，在经济发展水平高的地区加强环境规制有益于技术创新，而在经济发展较为落后的地区则会产生阻碍的作用。从行业来看，环境规制对重度污染产业、中度污染产业和轻度污染产业的技术创新作用分别表现为显著促进、不明显和抑制作用。王锋正和姜涛（2014）利用西部 11 个省份 2001～2011 年的面板数据实证分析了环境规制对西部地区技术创新的影响，结论再一次支持了波特假说在西部地区成立。赵红（2008a、2008b）先后采用 1996～2004 年 30 个省级工业企业数据面板数据和 18 个两位数的产业数据，实证分析了环境规制对 R&D 投入强度及专利授权数量的影响，研究结果表明，环境规制对企业研发投入（支出）、专利申请数量都起到滞后的正向促进作用。江珂（2009）的研究同样证明了环境规制对技术创新的促进作用存在滞后效应，且对不同地区的影响存在区域差异。王兵等（2008）基于 Malmquist-Luenberger 指数方法测度了 APEC 国家及地区的全要素生产率增长及其成分，研究结果表明，在考虑环境规制之后，APEC 国家及地区的 TFP 增长水平提高，而生产技术进步是其增长的源泉。白雪洁和宋莹（2009）采用 2004 年中国火电行业截面数据，运用三阶段 DEA 方法，基于效率视角，从三个层次（非规制、弱规制、强规制）分析环境规制程度与技术效率的关系，结果表明，环境规制由于存在技术创新激励效应从而对技术效率起到促进的作用。李强和聂锐（2009）采用中国 1999～2007 年省际面板数据，以工业污染治理项目本年完成投资额代表环境规制，分析了环境规制对各地区三种技术创新指标（发明专利、实用新型专利和外观设计专利）的影响，研究结果表明，环境规制强度每提高 1%，发明专利数量和实用新型专利数量就会分别增加 0.17% 和 0.07%。潘佳佳（2009）利用 1999～2005 年我国大中型工业企业数据，采用灰色关联度方法探讨三种环境规制手段（环境污染投资总额、工业污染源治理投资和"三同时"项目环保投资总额）与中国工业企业创新强度（新产品所占比重）的关系，结果表明，三种环境规制强度指标与企业创新强度之间存在显著的关系，从大到小分别为工业污染源治理投资、环境污染投资总额、"三同时"项目环保投资总额。周小玲等（2009）采用我国造纸产业 1998～2005 年的数据，分析了环境规制对技术创新的影响，结果同样得出环境规制对造纸产业技术创新具有促进作用，且存在滞后效应。张成等（2010）利用 1996～2007 年中国工业部门的数据，对全要素生产率与环境规制强度的关系进行了研究，发现环境规制不仅给企业带来了一定的"遵循成本"，同时也能够激发企业的"创新补偿"效应，而且"创新补偿"效应大于"遵循成本"，因此，环境规制可以促进生产率的提高。周力（2010）利用我国 34 个工业行业 1996～2004 年数据，采用联立方程模型分析了环境规制对贸易竞争优势的传导路径进行研究，结果显示，环境规制对产业贸易竞争优势产生一定的负作用，对技术进步产生正面影响。黄平和胡日东（2010）采用湖南省 2001～2007 年湖南省洞庭湖区域造纸及纸制品行业数据，检验了环境规制与企业技术创新两者之间的相互关系。结果表明，两者之间存在显著的正相关关系，环境规制能够促进技术创新，技术创新也能够促进环境规制。王国印和王动（2011）采用中国中、东部地区 1999～2007 年省级数据，检验了波特假说，结果发现中部地区并不显著支持波特假说，而经济较发达的东部地区则支持波特假说。

有的学者从地区的层面展开了研究。韩峰和扈晓颖（2011）采用 1988～2008 年山东省的时间序列数据，运用 VAR 模型实证检验了环境规制对技术进步的影响，研究结果显示，山东省环境规制对生产技术进步具有长期稳定的单向因果关系。郭永芹（2012）采用 1990～2009 年的广东省数据，同样证明了环境规制和技术创新之间存在正相关关系。张中元和赵国庆（2012）采用 2000～2009 年中国省级面板数据，采用动态面板模型检验了环境规制强度对工业技术进步的影响。研究结果表明，总体来看环境规制有利于工业技术进步；从企业性质来看，存在明显的异质性，环境规制对国有企业技术进步起到促进作用，对私人企业起到阻碍作用，对"三资"企业作用则不明显。张慧明等（2012）采用 DEA 模型对比分析了 2008 年我国重化工行业在环境规制和非环境规制下生产单元处于效率前沿面数量的变动情况，实证结果表明，环境规制下生产单元处于效率前沿面数量有所增加，即后环境规制促进了技术创新。廖进球和刘伟明（2013）应用地区竞争模型，发现采用环境税更有利于促进地区技术进步，在此基础上，采用 2000～2009 年中国 30 个省份的面板数据，实证分析了环境规制强度与技术进步之间的关系，发现两者的滞后期之间存在显著的正向关系。

有的学者认为，环境规制与技术创新（生产技术进步）之间并非是简单的线性关系，而是呈现出非线性关系。

傅京燕和李丽莎（2010）认为，环境规制强度与中国各行业的国际竞争力呈"U"型关系，在拐点之前，环境规制对竞争力会起到负面作用，在拐点之后则会促进比较优势的形成。张成等（2011）在采用数理模型证明了环境规制强度和企业生产技术进步之间存在"U"型关系的基础上，采用 1998～2007 年中国 30 个省份的工业部门的数据进行了检验，实证结果表明，环境规制强度和企业生产技术进步之间呈现显著的"U"型关系。沈能（2012）通过数理模型与实证检验，认为环境规制强度与技术创新是非线性的，环境规制强度和企业技术创新之间存在"U"型关系，即随着环境规制强度的由弱变强，企业技术创新将会先降低后逐渐升高。刘伟和薛景（2015）构建了空间计量模型，采用2001~2012年我国30个省份的工业行业面板数据实证检验了环境规制对工业行业技术创新的影响。研究表明，全国、东部地区和西部地区的环境规制强度对工业行业技术创新的影响呈现"U"型关系，即随着环境规制强度的由弱变强，对技术创新水平产生先降低后提高的影响，而在中部地区，环境规制与技术创新之间的关系呈现线性关系，没有统计意义上的显著"U"型关系。因此，我国应适当提高环境规制强度，灵活运用各种规制工具，加强环境规制政策与技术创新政策的交互，并根据地区特点制定差异化的环境规制政策，从而有效推动我国工业行业的技术创新能力。董直庆和王辉（2019）基于阿西莫格鲁等（Acemoglu et al.，2012）的理论模型，采用数理分析的方法进行归纳演绎，结合城市面板数据检验环境规制对"本地—邻地"的绿色技术创新的影响。结果发现，环境规制对"本地—邻地"的影响呈现非一致性特点，环境规制并非一定能激励本地绿色技术进步，主要表现为先抑后扬的门槛特征；而环境规制对邻地绿色技术进步的影响表现出倒"U"型效应，且峰值出现在城市经济圈300千米的地域内。张娟等（2019）从微观企业领域层面探讨政府环境规制对企业技术创新的影响，研究从微观视角，通过建立政府与企业间的环境规制博弈模型，运用数据模拟分析了不同企业选择绿色技术创新策略的内在机理，在理论上解决了绿色技术水平下限和环境规制系数阈值的问题。并进一步探讨了政府如何根据经济发展和环境目标选择环境规制系数，以达到既保障经济发展又能有效保护环境的目的。

2. 环境规制阻碍绿色技术创新（不支持波特假说）

部分学者认为，环境规制会阻碍绿色技术创新。格雷（Gray，1987）采用1958~1978年美国450个制造业数据，实证分析了环境规制对制造业部门生产率的影响，结果表明，环境规制和生产率之间存在较大的负相关关系。20世纪70年代由于环境规制导致了制造业生产率下降了30%。巴伯拉和麦康奈尔（Barbera and McConnell，1990）分析了环境规制对美国五个重度污染产业（化学制品业、石材祐土及玻璃制造业、钢铁制造业、造纸业和有色金属造纸业）生产率的直接效应和间接效应。结果表明，环境规制的间接效应不确定，即可正可负或为零三种可能结果；环境规制的直接效应为负；20 世纪 70 年代环境规制导致了 10% ~30% 的生产率下降。杰夫和斯塔文斯（Jaffe and Stavins，1995）发现，环境规制会使企业将更多的资源用来降低污染排放，由此挤占了在生产方面的投资，产生了挤出效应，阻碍了生产技术的提高。格雷和沙德伯吉安（Gray and Shadbegian，1995）分析了 1979 ~1990 年美国三大工业行业（造纸、石油和钢铁）污染减排成本支出对生产率的影响，发现减排支出的增加显著降低了生产率水平。其中，每增加 1 美元的减排成本相当于造纸业生产率损失 1.74 美元，石油行业损失 1.35 美元，钢铁行业损失 3.28 美元。马库斯和瓦格纳（Marcus and Wagner，2007）采用德国制造业企业的数据，应用负二项及二元离散选择模型，实证检验了环境规制与环境绿色技术创新（专利）之间的关系。结果发现，环境规制在一定程度上阻碍了绿色技术创新（专利申请）。潘德杰·钦特拉卡恩（Pandej Chintrakarn，2008）采用美国 48 个州 1982 ~1994 年的数据，运用超越对数随机前沿模型实证检验了环境规制对制造业技术无效率的影响，结果表明，严格的环境规制增加了技术无效率。理查德和爱德华（Richard and Edward，2012）采用英国 2001 ~2006 年制造企业的数据，运用动态模型实证检验了环境规制与创新之间的关系。发现严格的环境规制会给企业带来较大的减排压力，从而增加了研发支出和环保支出，对非环保研发和创新都产生了挤出作用。

许冬兰和董博（2009）采用 1998 ~2005 年省级面板数据，从技术效率和生产力损失角度分析环境规制所带来的影响，研究结果表明，环境规制对于生产力的发展带来了损失，相对于限制 SO_2 排放来说，限制工业废水排放所带来的损失更大。柯文岚等（2011）以山西煤炭产业为例进行实证分析，结果表明，在短时间内，环境规制对煤炭企业技术创新的激励作用不明显，甚至呈现不出激励作用，还会导致一定的环境规制溢出，亏损一部分生产力。吴清（2011）利用 2001 ~2009 年中国 30 个省份的数据，对企业技术进步与环境规制之间的关系进行了实证分析，结果表明环境规制对企业技术进步的影响并不显著。李玲和陶锋（2012）采用2005～2009年中国省级工业面板数据，分析环境规制对地区技术创新的影响，发现环境规制促进了工业技术效率，但抑制了技术进步。李春米和毕超（2012）运用DEA-Malmquist方法分析了环境约束下西部地区的工业全要素生产率变动情况，结果表明，西部地区污染排放效率提升缓慢，制约了工业全要素生产率的提高；工业规模的优化有助于改善污染排放效率，但原有技术的继续使用却导致污染排放效率降低；环境规制对工业技术进步具有显著的负向作用，间接制约了工业全要素生产率的提升。黄庆华等（2018）认为，环境规制具有"成本约束"效应，会迫使污染型企业减产或向外转移，在减少环境非期望产出的同时也在减少期望产出，降低企业生产效率，在全国范围并不能提升绿色发展效率。

部分学者发现环境规制与绿色技术创新之间的关系不确定。杰夫（Jaffe，1995）分析了美国制造业1965～1988年环境规制对企业竞争力的影响，发现环境规制对净出口和贸易流量的影响并不显著，同时也缺乏有效证据支持加强环境规制会刺激技术创新从而提高企业的国际竞争力。杰夫和帕尔默（Jaffe and Palmer，1997）采用工业行业数据对波特假说进行了检验，发现环境规制和工业专利申请之间并没有显著的相关性。切萨罗尼和阿尔杜尼（Cesaroni and Arduini，2001）对欧洲化学工业的研究发现，严厉的环境政策与技术创新之间没有显著的关系，但严格的环境规制和公众环保压力刺激了企业开展环保技术创新活动。中野（Nakano，2002）以污染控制投资占总投资的比重来表示环保强度，运用Malmquist生产率指数，分解为技术变迁和技术效率，对日本纸浆和造纸工业企业展开了实证研究。结果表明，环保强度的增加有助于提高企业的技术效率，但对企业技术变迁的促进作用不明显。这说明环境保护强度的提高，并没有使企业的生产可能性边界发生外移，而是使企业的生产逐步向生产可能性边界逼近。阿尔帕伊等（Alpay et al.，2002）分析了北美贸易自由化后，环境规制会对美国和墨西哥食品制造业所产生的影响。结果发现，美国污染法规对美国的食品制造业的盈利能力和生产率产生明显的影响。阿里穆拉和苏吉诺（Arimura and Sugino，2007）对工业行业的数据进行实证后，同样发现以环保投资作为环境规制代理变量的加强，并没有显著提高研发支出和环保研发支出。现有的实证研究结果因研究主体、研究时段、环境规制类型不同，显示出环境规制对绿色发展效率的作用效果并不统一。或呈"U"型关系，或呈倒"U"型关系（任胜钢等，2016），或呈线性关系（雷玉桃和游立素，2018），或存在门槛效应（邱兆林和王业辉，2018），大都反映出环境规制对绿色发展效率的影响效应与波特假说存在差距。特别是对于欠发达地区和科技含量较低型产业而言，严苛而不合理的环境规制在初期可能对绿色发展效率具有较强的抑制作用（宋德勇等，2017），但对于经济发展程度较高、科技实力较强的地区具有较强的绿色创新激励作用，有利于推动生产技术绿色革新，增强绿色生产能力。

（三）不同类型环境规制对绿色技术创新效率的影响

李婉红等（2013）以造纸及纸制品企业数据为例，采用结构方程模型，分析了命令控制型、市场化型、相互沟通型三种环境规制工具对绿色技术创新的影响，发现并不存在最优的单一环境规制工具。其中，命令控制型环境规制工具有助于末端治理技术创新；市场化型环境规制工具有助于末端治理和绿色工艺技术创新；相互沟通型环境规制工具有助于绿色产品创新和末端治理创新。廖进球和刘伟明（2013）假设只有 N 和 S 两个地区，且市场结构和古诺模型结构相似的情况下，分析了两个地区分别采用环境税和命令控制型环境规制工具对地区产业绩效产生的影响，发现环境税更有助于技术进步。李斌等（2013）采用空间计量方法分析了不同类型环境规制工具对环境技术创新的影响，结果发现，市场激励型环境规制工具要比命令控制型环境规制工具更有利于促进环境技术创新和进步，以及具有更大的减排技术创新间接效应。原毅军和刘柳（2013）分析了费用型环境规制工具和投资型环境规制工具对经济增长的影响，认为费用型环境规制提高了企业生产成本从而抑制了经济增长，而投资型环境规制能促进绿色技术进步，从而促进经济增长。占佳和李秀香（2015）采用我国省际面板数据分析了三种环境规制工具（命令控制型、市场激励型和公众参与型）对技术创新的影响，发现仅有公众参与型环境规制会对当期技术创新产生显著的正向影响，而市场激励型环境规制工具对技术创新存在明显的滞后作用，命令控制型工具的影响作用并不显著。张平等（2016）采用省际面板数据实证分析了费用型（排污费收入）和投资型（城市基础设施投入、"三同时"环保投资和工业污染治理投资）两大类型环境规制对企业技术创新的影响。结果表明，费用型环境规制对企业技术创新作用并不显著；城市基础设施投入、"三同时"环保投资和工业污染治理投资对企业技术创新的影响分别为正向促进、不显著和抑制作用。黄清煌和高明（2016）采用2001～2012年省级面板数据实证分析了三种环境规制工具对节能减排效率的影响，并进一步分析了2001～2006年和2007～2012年两个阶段环境规制工具对节能减排的影响。发现市场激励型环境规制工具与节能减排效率呈"U"型关系，且直到第二阶段市场激励型环境规制工具的促进作用才会显现。命令控制型环境规制工具与节能减排效率呈倒"U"型关系，其促进作用主要在第一阶段。公众参与型环境规制工具与节能减排效率呈倒"U"型关系，其促进作用在第二阶段才出现。彭星和李斌（2016）分析了命令控制型、经济激励型和自愿意识型三种环境规制对工业绿色转型的非线性影响，发现只有经济激励型和自愿意识型环境规制能促进绿色技术创新，从而推动工业绿色转型。

第四节 评 述

综上所述，国内外学者对环境规制与绿色技术创新之间的关系已经进行了大量丰富而系统的研究，但是关于不同环境规制工具对工业绿色技术创新效率影响效果的研究依然缺乏统一的分析框架，无法指导如何选取和使用环境规制工具。目前学术界就不同类型环境规制工具对绿色技术创新的影响方面也存在较大的争议。具体如下所述。

（1）国外对环境规制和绿色技术创新理论的研究相对充分一些，而我国的理论研究只是建立在简单的模型之上；对环境规制与绿色技术创新关系的研究，国外学者主要是以波特假说展开研究，多以发达国家为研究对象进行相关分析，研究发展中国家的比较少，且大多从企业或产业层面上研究，而以国家或区域视角研究的文献相对较少；学者们基于不同的前提假设、分析方法、研究样本和变量构造得到了并不一致的结论。

（2）目前关于创新绩效（研发效率）及其影响因素的研究成果较多，但大多数在构建投入产出模型测算创新绩效（研发效率）时，忽略了环境污染这一非合意产出，从而导致估计出来的参数是有偏的，即测算出来的效率值是不准确的，无法反映真实的情况。

（3）国内外学者对于环境规制与技术创新的研究较多，但针对环境规制与绿色技术创新效率的研究较少，我国对于环境规制与绿色技术创新效率的研究才刚刚起步，现有的少量文献也仅仅集中在考虑了环境因素后的创新效率特征上，还没有开始深入探讨环境规制对绿色技术创新效率的影响机制和传导途径。

（4）现有文献大多是从理论上对比分析不同类型环境规制工具对技术创新的影响差异，采用实证分析的相对较少；而关于不同类型环境规制工具对技术创新影响的最优搭配方式更是鲜有提及。

第二章 中国工业污染和环境规制现状

第一节 工业污染物排放现状

一、各省份主要工业污染物排放总量状况

过去 20 年间随着经济的高速增长，各地区由于经济发展水平和产业结构特点存在较大差异，因此在产业发展过程中对资源的消耗以及污染排放都存在明显的差异。由于目前我国工业污染行业数据仅更新到 2013 年，因此本章仅分析了 2004 ~ 2013 年主要工业污染物排放情况。总体来看，中国各省份 2004 ~ 2013 年工业污染物排放都呈现出先增加后减少的趋势。各污染物的排放情况具体如下所述。

（一）工业废水排放总量

中国各省份 2004 ~ 2013 年工业废水排放总量和中国三大区域工业废水排放总量见表 2 - 1 和表 2 - 2。中国三大区域工业废水排放总量变动趋势如图 2 - 1 所示。

表 2 - 1　　　　中国各省份 2004 ~ 2013 年工业废水排放总量　　　　单位：亿吨

地区	2004年	2005年	2006年	2007年	2008年	2009年	2010年	2011年	2012年	2013年	均值	排序
北京	1.26	1.28	1.02	0.91	0.84	0.87	0.82	0.86	0.92	0.95	0.94	3
天津	2.26	3.01	2.30	2.14	2.04	1.94	1.97	1.98	1.91	1.87	2.13	7
河北	12.74	12.45	13.03	12.35	12.12	11.01	11.42	11.85	12.26	10.99	11.94	23

续表

地区	2004年	2005年	2006年	2007年	2008年	2009年	2010年	2011年	2012年	2013年	均值	排序
辽宁	9.18	10.51	9.47	9.52	8.31	7.52	7.15	9.05	8.72	7.83	8.67	19
上海	5.64	5.11	4.83	4.76	4.19	4.12	3.67	4.46	4.64	4.54	4.48	15
江苏	26.35	29.63	28.72	26.88	26.00	25.62	26.38	24.63	23.61	22.06	25.95	30
浙江	16.53	19.24	19.96	20.12	20.05	20.34	21.74	18.22	17.54	16.37	19.29	28
福建	11.52	13.09	12.76	13.64	14.00	14.27	12.42	17.72	10.63	10.47	13.22	24
山东	12.87	13.91	14.44	16.66	17.70	18.27	20.83	18.72	18.36	18.12	17.44	27
广东	16.47	23.16	23.47	24.63	21.33	18.88	18.70	17.86	18.61	17.05	20.41	29
海南	0.69	0.74	0.74	0.60	0.60	0.70	0.58	0.68	0.75	0.67	0.67	1
东部均值	10.50	12.01	11.88	12.02	11.56	11.23	11.43	11.46	10.72	10.08	11.38	—
山西	3.14	3.21	4.41	4.11	4.12	3.97	4.99	3.97	4.81	4.78	4.26	12
吉林	3.36	4.12	3.93	3.97	3.84	3.76	3.87	4.19	4.48	4.27	4.05	11
黑龙江	4.52	4.52	4.48	3.84	3.89	3.42	3.89	4.41	5.84	4.78	4.34	14
安徽	6.41	6.35	7.01	7.36	6.70	7.34	7.10	7.07	6.72	7.10	6.97	18
江西	5.49	5.40	6.41	7.14	6.87	6.72	7.25	7.12	6.79	6.82	6.72	17
河南	11.73	12.35	13.02	13.43	13.31	14.03	15.04	13.87	13.74	13.08	13.54	25
湖北	9.75	9.24	9.11	9.10	9.37	9.13	9.46	10.44	9.16	8.50	9.28	20
湖南	12.31	12.24	10.00	10.01	9.23	9.64	9.56	9.72	9.71	9.23	9.93	22
中部均值	7.09	7.18	7.30	7.37	7.17	7.25	7.64	7.60	7.66	7.32	7.39	—
内蒙古	2.28	2.50	2.78	2.50	2.92	2.86	3.95	3.94	3.36	3.70	3.17	9
广西	12.27	14.56	12.89	18.40	20.57	16.16	16.52	10.12	11.07	8.95	14.36	26
重庆	8.30	8.49	8.65	6.90	6.70	6.57	4.52	3.40	3.06	3.35	5.74	16
四川	11.92	12.26	11.53	11.47	10.87	10.59	9.34	8.04	7.00	6.49	9.73	21
贵州	1.61	1.49	1.39	1.21	1.17	1.35	1.41	2.06	2.34	2.29	1.63	4
云南	3.84	3.29	3.43	3.54	3.30	3.01	3.09	4.72	4.28	4.18	3.67	10
陕西	3.68	4.28	4.05	4.85	4.85	5.01	4.55	4.08	3.80	3.49	4.33	13
甘肃	1.83	1.68	1.66	1.59	1.64	1.64	1.54	1.97	1.92	2.02	1.74	5
青海	0.35	0.76	0.72	0.73	0.71	0.84	0.90	0.87	0.89	0.84	0.81	2
宁夏	0.95	2.14	1.85	2.11	2.04	2.15	2.20	1.93	1.65	1.57	1.96	6
新疆	1.77	2.01	2.06	2.10	2.29	2.42	2.54	2.88	2.97	3.47	2.53	8
西部均值	4.44	4.86	4.64	5.04	5.19	4.80	4.60	4.00	3.85	3.67	4.52	—

注：表中的排序是按照从小到大的顺序排序；均值采用的都是算术平均值。

资料来源：根据历年《中国环境统计年鉴》数据整理计算得到。

表 2-2　　　　　　　　中国三大区域工业废水排放总量　　　　　　　单位：亿吨

区域	2004 年	2005 年	2006 年	2007 年	2008 年	2009 年	2010 年	2011 年	2012 年	2013 年	均值
东部	115.52	132.13	130.73	132.21	127.17	123.55	125.68	126.04	117.95	110.90	125.15
中部	56.71	57.43	58.37	58.96	57.33	58.01	61.16	60.78	61.24	58.55	59.09
西部	48.82	53.45	51.01	55.39	57.06	52.83	50.57	44.01	42.35	40.34	49.67
全国	221.04	243.01	240.12	246.56	241.56	234.39	237.40	230.84	221.55	209.80	233.91

资料来源：根据历年《中国环境统计年鉴》数据整理计算得到。

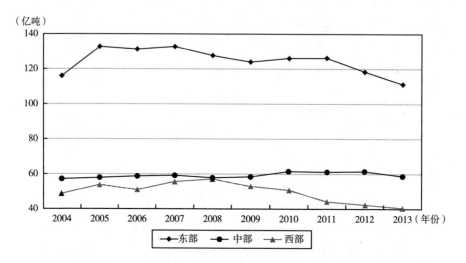

图 2-1　中国三大区域工业废水排放总量变动趋势

资料来源：根据历年《中国环境统计年鉴》数据整理计算得到。

　　工业废水排放总量从区域来看，东部地区 2004~2013 年的平均排放总量达到全国总量的 54%，其次是中部地区 25%，最少的是西部地区 21%。可见东部地区已经远远高于中、西部地区。其中，东部地区的年均工业废水排放总量达到 125.15 亿吨，中部地区年均工业废水排放总量为 59.09 亿吨，西部地区为 49.67 亿吨。

　　从变动趋势来看：东部地区工业废水排放量呈波动下降趋势，2007 年排放量达到最大值 127.17 亿吨，2008 年开始出现明显下降，2013 年达到最小值 110.90 亿吨。这是由于，一方面 2008 年经济危机出现，导致工厂停工，企业减产使得工业废水排放减少；另一方面政府和民众对环境污染越来越重视，而东部地区是污染排放的重要来源，因此对东部地区的环境监管加强，促使东部地区环境污染排放出现明显的下降。中部地区的工业废水排放总量一直呈上升的趋势，虽然 2008 年开始出现过少量下降，接着一直增加到 2012 年最大值 61.24 亿吨。西部地区变化趋势跟东部地区较为相似，2008 年达到最大值 57.06 亿吨后，逐渐开始下降，2013 年达到最小值 40.34 亿吨。

从省级层面来看，东部地区的海南、北京和天津三个地区工业废水排放量明显小于其他省份，平均排放量分别为 0.67 亿吨、0.94 亿吨和 2.13 亿吨，分别排在全国的第 1、第 3、第 7 位（按从小到大排序）；而浙江、广东和江苏是全国工业废水排放量最大的三个省份，分别为 19.29 亿吨、20.41 亿吨和 25.95 亿吨。这三个省的排放量分别达到东部地区排放量的 52.5% 和全国排放量的 28%。中部地区除了河南排放量相对较高之外其他省份的排放量都处于中等。西部地区整体排放量较低，其中，青海、贵州、甘肃和宁夏四个省份的排放量都低于 2 亿吨。

（二）工业废气排放总量

中国各省份 2004 ~ 2013 年工业废气排放总量和中国三大区域工业废气排放总量见表 2 - 3 和表 2 - 4。中国三大区域工业废气排放总量变动趋势如图 2 - 2 所示。

表 2 - 3　　　　　**中国各省份 2004 ~ 2013 年工业废气排放总量**　单位：万亿标立方米

地区	2004年	2005年	2006年	2007年	2008年	2009年	2010年	2011年	2012年	2013年	均值	排序
北京	0.32	0.35	0.46	0.51	0.43	0.44	0.48	0.49	0.33	0.37	0.43	3
天津	0.31	0.46	0.65	0.55	0.60	0.60	0.77	0.89	0.90	0.81	0.69	4
河北	2.17	2.65	3.93	4.80	3.76	5.08	5.63	7.72	6.76	7.91	5.36	30
辽宁	1.30	2.09	2.72	2.39	4.02	2.52	2.70	3.17	3.19	2.94	2.86	26
上海	0.88	0.85	0.94	0.96	1.04	1.01	1.30	1.37	1.34	1.33	1.13	16
江苏	1.78	2.02	2.49	2.36	2.52	2.74	3.12	4.82	4.86	4.98	3.32	28
浙江	1.17	1.30	1.47	1.75	1.76	1.89	2.04	2.48	2.40	2.46	1.95	22
福建	0.50	0.63	0.69	0.92	0.92	1.05	1.35	1.50	1.47	1.62	1.13	15
山东	2.04	2.41	2.58	3.13	3.35	3.51	4.38	5.05	4.54	4.72	3.74	29
广东	1.25	1.34	1.36	1.69	2.05	2.27	2.41	3.15	2.71	2.84	2.20	23
海南	0.06	0.09	0.09	0.11	0.13	0.14	0.14	0.17	0.20	0.47	0.17	1

续表

地区	2004年	2005年	2006年	2007年	2008年	2009年	2010年	2011年	2012年	2013年	均值	排序
东部均值	1.07	1.29	1.58	1.74	1.87	1.93	2.21	2.80	2.61	2.77	2.09	—
山西	1.34	1.51	1.81	2.14	2.32	2.37	3.52	4.22	3.81	4.13	2.87	27
吉林	0.43	0.49	0.54	0.57	0.62	0.71	0.82	1.06	1.03	0.98	0.76	6
黑龙江	0.50	0.53	0.60	0.73	0.78	1.00	1.01	1.04	1.04	1.06	0.87	9
安徽	0.59	0.70	0.87	1.33	1.57	1.53	1.78	3.04	2.96	2.83	1.85	21
江西	0.40	0.44	0.51	0.61	0.75	0.83	0.98	1.61	1.48	1.56	0.97	11
河南	1.31	1.55	1.68	1.89	2.03	2.22	2.27	4.08	3.50	3.77	2.55	25
湖北	0.88	0.94	1.10	1.04	1.16	1.25	1.39	2.28	1.95	2.00	1.46	18
湖南	0.55	0.60	0.60	0.88	0.92	1.10	1.47	1.68	1.59	1.73	1.17	17
中部均值	0.75	0.84	0.96	1.15	1.27	1.38	1.66	2.38	2.17	2.26	1.56	—
内蒙古	1.35	1.21	1.84	1.82	2.02	2.48	2.75	3.01	2.81	3.11	2.34	24
广西	1.07	0.83	0.90	1.27	1.16	1.32	1.45	2.99	2.76	2.14	1.65	19
重庆	0.35	0.37	0.68	0.76	0.74	1.26	1.09	0.91	0.84	0.95	0.84	8
四川	0.75	0.81	1.06	2.30	1.30	1.34	2.01	2.32	2.19	1.98	1.70	20
贵州	0.42	0.39	0.83	1.04	0.68	0.78	1.02	1.08	1.43	2.45	1.08	12
云南	0.49	0.54	0.66	0.81	0.83	0.95	1.10	1.75	1.50	1.60	1.08	13
陕西	0.44	0.49	0.55	0.65	0.97	1.10	1.35	1.57	1.48	1.63	1.09	14
甘肃	0.37	0.43	0.48	0.58	0.57	0.63	0.63	1.29	1.39	1.27	0.81	7
青海	0.12	0.14	0.21	0.25	0.32	0.33	0.40	0.52	0.55	0.56	0.36	2
宁夏	0.23	0.28	0.31	0.40	0.44	0.47	1.63	1.01	0.93	0.89	0.71	5
新疆	0.38	0.45	0.51	0.58	0.62	0.70	0.93	1.19	1.59	1.85	0.93	10
西部均值	0.54	0.54	0.73	0.95	0.88	1.03	1.31	1.60	1.59	1.67	1.14	—

资料来源：根据历年《中国环境统计年鉴》数据整理计算得到。

表2-4　　　　　　　　　中国三大区域工业废气排放总量　　　　　　单位：万亿标立方米

区域	2004年	2005年	2006年	2007年	2008年	2009年	2010年	2011年	2012年	2013年	均值
东部	11.79	14.20	17.37	19.18	20.59	21.24	24.31	30.79	28.70	30.45	22.98
中部	6.00	6.76	7.70	9.18	10.14	11.00	13.24	19.01	17.37	18.05	12.50
西部	5.97	5.94	8.03	10.45	9.65	11.36	14.36	17.63	17.46	18.42	12.59
全国	23.77	26.90	33.10	38.82	40.39	43.61	51.92	67.44	63.54	66.92	48.07

资料来源：根据历年《中国环境统计年鉴》数据整理计算得到。

（万亿标立方米）

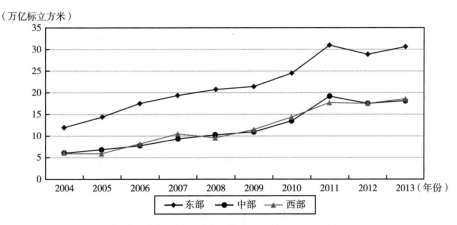

图2-2　中国三大区域工业废气排放总量变动趋势

资料来源：根据历年《中国环境统计年鉴》数据整理计算得到。

中国工业废气排放总量在2004～2013年总体呈上涨的趋势，其中，2011年达到最大值67.44万亿标立方米，2012年降低为63.54万亿标立方米后，2013年又上涨到66.92万亿标立方米，年均增长率达到12.2%。

从区域来看，东部地区工业废气排放总量一直上涨，2013年达到最大值30.45万亿标立方米，占到2013年全国排放总量的45.5%，且2004～2013年十年的年均增长率为11.1%。中部地区的排放总量跟全国的排放趋势一致，2011年上涨到最大值19.01万亿标立方米，2012年降低为17.37万亿标立方米，2013年又上涨为18.05万亿标立方米，占到2013年排放总量的27%，年均增长率为13%。西部地区排放量除了在2008年出现明显下降外，其他时间都是呈上涨的趋势，2013年达到最大值18.42万亿标立方米，占到当年全国排放量的27.5%，年均增长率为13.3%。可见东部地区工业废气排放总量远远大于中西部地区，但年均增长率却小于中西部地区。

从省际层面来看，东部地区工业废气排放量呈现出明显的差异，其中，海南、北京和天津排放量最小，排在全国排放量的第1、第3和第4位（按从小到大排列），2004～2013年十年的平均排放量为0.17万亿标立方米、0.43万亿标立方米和0.69万亿标立方米。而江苏、山东和河北三省是全国排放量最大的地区，其年均排放量分别为3.32万亿标立方米、3.74万亿标立方米、5.36万亿标立方米，占到全国的25.8%。中部地区河南和山西排放量较大，都大于 2.5 万亿标立方米；吉林、黑龙江和江西排放量相对较小，都小于 1.0 万亿标立方米。西部地区年均排放量大于 2 万亿标立方米的省份仅有内蒙古，而小于 1 万亿标立方米的省份有甘肃、青海、宁夏、新疆和重庆。

从年均增长率来看，东部地区海南、河北和福建三省的年均增长率较高，分别为 25.7%、15.5%、14.0%，而北京和上海的年均增长率小于 5%；中部地区年均增长率较高的地区有安徽和江西，分别达到 19.0% 和 16.3%，其他省份年均增长率均介于 8.7% ~ 13.6%；西部地区增长率超过 15% 的地区有贵州、陕西、青海、宁夏和新疆，其他省份排放量介于 8.0% ~ 14.7%。

（三）工业二氧化硫排放总量

中国各省份 2004 ~ 2013 年工业二氧化硫排放总量和中国三大区域工业二氧化硫排放总量见表 2 - 5 和表 2 - 6。中国三大区域工业二氧化硫排放总量变动趋势如图 2 - 3 所示。

表 2 - 5　　　中国各省份 2004 ~ 2013 年工业二氧化硫排放总量　　　单位：万吨

地区	2004年	2005年	2006年	2007年	2008年	2009年	2010年	2011年	2012年	2013年	均值	排序
北京	12.5	10.5	9.4	8.3	5.8	6.0	5.7	6.1	5.9	5.2	7.5	2
天津	20.1	24.1	23.2	22.5	21.0	17.3	21.8	22.2	21.5	20.8	21.4	4
河北	121.5	128.1	132.6	129.4	115.9	104.3	99.4	131.7	123.9	117.3	120.4	27
辽宁	64.9	96.1	103.7	106.7	100.1	91.9	85.9	104.9	97.9	94.7	94.7	22
上海	35.0	37.5	37.4	36.4	29.8	23.9	22.1	21.0	19.3	17.3	28.0	5
江苏	118.3	131.2	124.1	116.1	107.4	101.2	100.2	102.5	95.9	90.9	108.8	25
浙江	78.9	83.1	82.9	77.5	71.6	67.7	65.4	64.7	61.1	57.9	71.1	18
福建	31.0	43.9	44.6	42.7	40.9	39.9	39.1	37.0	35.2	34.2	38.9	8
山东	154.4	171.5	168.7	158.3	146.6	136.6	138.3	162.9	154.4	144.5	153.6	30
广东	112.8	127.4	124.7	117.6	109.7	101.3	98.9	82.6	77.1	73.2	102.5	24
海南	2.2	2.2	2.3	2.5	2.1	2.1	2.8	3.1	3.3	3.2	2.6	1
东部均值	68.3	77.8	77.6	74.4	68.3	62.9	61.8	67.2	63.2	59.9	68.1	—

续表

地区	2004年	2005年	2006年	2007年	2008年	2009年	2010年	2011年	2012年	2013年	均值	排序
山西	109.3	120.0	117.7	111.8	105.8	101.0	114.7	129.4	119.5	114.1	114.3	26
吉林	21.6	30.8	33.6	33.7	31.3	30.0	30.1	36.3	35.2	33.1	31.6	6
黑龙江	29.5	43.1	44.0	44.0	44.1	41.9	41.7	41.5	39.7	35.3	40.5	9
安徽	43.9	51.5	51.9	51.7	50.3	48.7	48.4	48.7	47.0	45.0	48.7	11
江西	46.9	55.5	57.0	55.3	51.1	49.0	47.1	56.8	55.2	54.3	52.8	14
河南	111.3	147.1	146.4	141.0	128.1	117.6	116.3	122.9	113.0	110.3	125.4	29
湖北	60.8	62.6	65.4	60.3	56.2	52.7	51.6	59.5	54.9	52.4	57.6	15
湖南	71.2	75.5	76.6	73.9	67.5	64.9	62.7	63.6	59.3	58.9	67.4	17
中部均值	61.8	73.3	74.1	71.5	66.6	63.2	64.1	69.9	65.5	62.9	67.3	—
内蒙古	103.4	129.6	138.4	128.3	125.9	120.4	119.3	125.0	124.1	123.6	123.8	28
广西	89.7	97.5	94.4	92.6	87.0	83.5	84.8	48.9	47.2	43.8	76.9	19
重庆	64.1	68.3	71.2	68.3	62.7	58.6	57.3	53.1	51.0	49.4	60.4	16
四川	109.9	114.1	112.1	102.3	96.9	94.6	93.8	82.9	79.4	74.6	96.1	23
贵州	60.0	65.9	104.0	92.1	74.1	62.4	63.8	90.3	83.7	77.9	77.4	21
云南	40.0	42.9	45.6	44.5	42.0	41.8	44.0	64.3	62.3	61.3	48.9	12
陕西	70.6	80.0	84.6	84.6	80.7	74.2	70.7	83.1	74.7	70.7	77.4	20
甘肃	43.8	51.7	46.3	43.6	41.2	40.1	45.2	52.8	48.0	47.3	46.0	10
青海	6.4	11.5	12.1	12.5	12.6	12.7	13.3	13.4	12.9	13.1	12.1	3
宁夏	26.0	30.2	35.0	34.0	31.9	27.8	28.0	38.8	38.4	36.8	32.7	7
新疆	31.5	34.8	42.9	47.3	51.0	51.5	51.8	66.9	70.5	73.9	52.2	13
西部均值	58.7	66.0	71.5	68.2	64.2	60.7	61.1	65.4	62.9	61.1	64.0	—

资料来源：根据历年《中国环境统计年鉴》数据整理计算得到。

表2-6 　　　　　中国三大区域工业二氧化硫排放总量　　　　单位：万吨

区域	2004年	2005年	2006年	2007年	2008年	2009年	2010年	2011年	2012年	2013年	均值
东部	751.6	855.6	853.6	818.0	750.8	692.2	679.6	738.7	695.7	659.3	749.5
中部	494.5	586.1	592.6	571.7	534.4	505.9	512.6	558.9	523.7	503.4	538.4
西部	645.4	726.5	786.6	750.1	706.1	667.7	672.0	719.5	692.2	672.4	703.8
全国	1891.5	2168.2	2232.8	2139.8	1991.3	1865.8	1864.2	2017.1	1911.6	1835.1	1991.7

资料来源：根据历年《中国环境统计年鉴》数据整理计算得到。

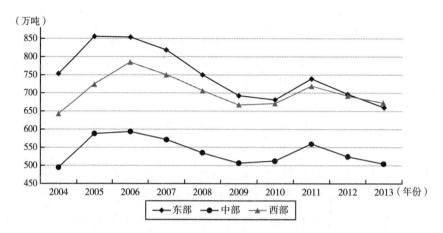

图 2 – 3　中国三大区域工业二氧化硫排放总量变动趋势

资料来源：根据历年《中国环境统计年鉴》数据整理计算得到。

2004～2013 年中国工业二氧化硫排放总量先后经历了 3 个波动阶段，其中，2004～2006 年一直处于上涨阶段，并达到最大值 2232.8 万吨；2007～2010 年排放量逐年递减；2011 年出现了较大幅度增加，此后便开始了下降，2013 年达到最小值 1835.1 万吨。整体来看，中国工业二氧化硫在波动中呈下降的趋势，年均下降率为 0.3%。

从三大区域来看，2004～2013 年东部地区工业二氧化硫平均排放量为749.5 万吨，占到全国的 38%，具体来看，2004～2005 年出现了上涨，并达到最大值 855.6 万吨，2006～2010 年一直处于下降阶段，2011 年排放量略有增加，此后开始逐年下降，2013 年达到最小值 659.3 万吨，整体来看排放量呈下降的趋势，年均下降率为 1.5%。中部地区工业二氧化硫排放量跟全国较为相似，2004 年排放量为最小值 494.5 万吨，一直到 2006 年排放量达到最大值 592.6 万吨，此后开始在波动中下降，中部地区年均排放量在三个地区中最小，仅占到 27%。西部地区工业二氧化硫排放量略低于东部地区，年均排放量为 703.8 万吨，占到全国排放量的 35%，其中 2006 年达到最大值786.6 万吨，此后开始出现了小幅下降，但整体上排放量较高。可见在过去十年随着西部大开发的推进，西部地区在承接外来产业转移过程中，也付出了较大的环境代价。

从省际层面来看，东部地区的海南、北京和天津的工业二氧化硫排放量依然是最低的,河北、山东、江苏和广东依然是排污大省。从年均增长率角度来看,仅有天津、辽宁、福建和海南四个地区为正,其余地区都呈负增长的趋势。其中,北京地区的下降幅度最大,达到近10%。中部地区山西和河南的排污量较大,其他省份排污量处于中等。从年均增长率来看,山西、吉林、黑龙江、安徽和江西增长率为正,而河南、湖北和湖南增长率为负。西部地区内蒙古、四川的排放量相对较大,其中内蒙古的排放量达到年均123.8万吨,仅次于山东和河南。而青海和宁夏的排放量相对较小,都低于33万吨。从增长率来看,仅有广西、重庆和四川增长率总体呈负的趋势,其他的8个省份均为正,其中新疆的增长率最大,达到9.9%,可见西部地区的污染排放量整体上升趋势较为明显。

(四)工业固体废弃物综合利用率

中国各省份2004~2013年工业固体废弃物综合利用率和中国三大区域工业固体废弃物综合利用率见表2-7和表2-8。中国三大区域工业固体废弃物综合利用率变动趋势如图2-4所示。

表2-7　　　中国各省份2004~2013年工业固体废弃物综合利用率　　　单位:%

地区	2004年	2005年	2006年	2007年	2008年	2009年	2010年	2011年	2012年	2013年	均值	排序
北京	73.7	67.9	74.6	74.8	66.4	68.9	65.8	72.4	79.0	86.6	87.7	6
天津	97.3	98.3	98.4	98.4	98.2	98.3	98.6	99.1	99.6	99.4	99.4	1
河北	44.7	50.6	61.7	61.2	64.1	70.9	56.6	47.2	37.8	42.1	42.8	29
辽宁	39.9	41.6	38.0	39.0	46.8	47.2	46.9	45.2	43.4	43.8	37.1	30
上海	97.2	96.3	94.7	94.2	95.5	95.7	96.2	96.6	97.0	96.9	97.5	2
江苏	92.3	94.8	94.1	96.1	96.6	96.6	96.1	93.6	91.1	95.7	95.8	3
浙江	87.8	92.6	91.8	92.2	92.2	91.6	94.3	92.9	91.5	94.8	94.6	5
福建	66.4	68.9	73.1	70.5	72.9	85.4	82.9	86.0	89.1	88.2	87.1	7
山东	88.7	90.5	92.0	94.6	92.6	94.8	94.7	93.3	91.8	93.4	94.9	4
广东	80.3	76.7	84.3	84.2	85.3	90.3	90.2	86.7	83.1	84.8	86.2	8
海南	66.1	68.3	77.1	89.0	90.8	83.6	84.1	70.9	57.6	65.4	53.1	25
东部均值	75.9	77.0	80.0	81.3	81.9	84.0	82.4	80.3	78.3	81.0	79.7	—

续表

地区	2004年	2005年	2006年	2007年	2008年	2009年	2010年	2011年	2012年	2013年	均值	排序
山西	44.1	44.6	45.0	48.9	56.7	60.1	65.5	67.5	69.4	64.6	65.1	15
吉林	52.5	52.5	63.5	65.4	59.7	64.3	67.1	67.4	67.6	78.1	67.1	14
黑龙江	75.9	74.0	71.5	70.8	72.5	71.7	76.5	74.9	73.3	67.7	64.4	16
安徽	78.3	79.3	81.6	82.2	82.8	83.1	84.6	83.1	81.5	84.0	84.4	10
江西	25.3	26.9	35.6	36.4	39.6	41.6	46.5	50.5	54.5	55.7	56.5	22
河南	66.0	66.4	67.6	67.8	73.6	73.7	77.1	76.3	75.5	76.1	76.8	12
湖北	72.0	73.3	72.3	74.9	74.7	74.8	80.5	77.6	74.7	75.1	76.2	13
湖南	66.5	70.0	73.0	74.3	78.9	76.7	81.0	71.8	62.6	63.7	63.1	17
中部均值	60.1	60.9	63.8	65.1	67.3	68.3	72.4	71.1	69.9	70.6	69.2	—
内蒙古	31.5	40.9	44.0	56.7	49.3	52.6	56.3	50.7	45.0	48.7	56.7	21
广西	59.2	61.8	58.1	68.7	61.6	67.3	67.8	65.6	63.3	66.4	62.1	19
重庆	70.9	72.1	73.7	76.7	79.1	79.8	80.2	80.9	81.6	84.2	84.5	9
四川	58.2	59.7	55.0	52.2	61.5	57.5	54.8	50.3	45.7	41.0	42.8	28
贵州	40.3	34.1	36.0	37.5	39.9	45.6	50.9	56.3	61.6	50.4	57.5	20
云南	40.1	35.0	41.0	42.7	47.8	48.9	50.8	49.9	48.9	52.2	49.3	27
陕西	21.7	24.0	38.0	41.6	40.2	54.0	54.4	57.8	61.1	63.4	62.9	18
甘肃	32.6	29.4	27.1	36.1	34.1	33.4	46.3	50.0	53.7	55.7	50.2	26
青海	20.0	21.5	29.4	29.8	31.0	37.3	42.2	48.8	55.4	54.8	56.2	23
宁夏	51.9	53.9	53.9	61.5	61.6	70.6	57.5	63.1	68.6	73.1	77.1	11
新疆	48.3	51.3	47.5	47.3	47.7	47.3	47.6	49.6	51.6	51.8	55.6	24
西部均值	43.2	44.0	45.8	50.1	50.3	54.0	55.3	56.6	57.9	58.3	59.5	—

资料来源：根据历年《中国环境统计年鉴》数据整理计算得到。

表 2-8　　　　　　　中国三大区域工业固体废弃物综合利用率　　　　单位：%

区域	2004年	2005年	2006年	2007年	2008年	2009年	2010年	2011年	2012年	2013年	均值
东部	75.9	77.0	80.0	81.3	81.9	84.0	82.4	80.3	78.3	81.0	80.7
中部	60.1	60.9	63.8	65.1	67.3	68.3	72.4	71.1	69.9	70.6	67.7
西部	43.2	44.0	45.8	50.1	50.3	54.0	55.3	56.6	57.9	58.3	52.5
全国	55.7	56.1	60.2	62.1	64.3	67.0	66.7	61.0	62.2	62.1	61.7

资料来源：根据历年《中国环境统计年鉴》数据整理计算得到。

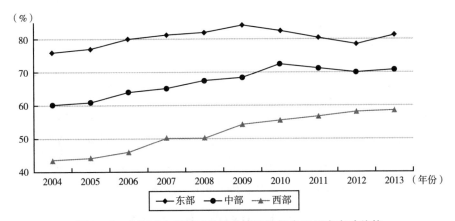

图 2-4 中国三大区域工业固体废弃物综合利用率变动趋势

资料来源：根据历年《中国环境统计年鉴》数据整理计算得到。

全国工业固体废弃物综合利用率 2004～2013 年呈现出先上升后下降的趋势，2009 年达到最大值 67%，此后开始进入下降通道，2013 年的综合利用率为 62.1%，年均增长率为 1.2%。

东部地区工业固体废弃物综合利用率远高于中部地区和西部地区以及全国平均水平，年均值达到 80.7%，其变动趋势跟全国趋势较为一致，其中，2009年达到最大值 84%。但从年均增长率来看东部地区低于中、西部地区，仅为0.7%。中部地区从 2004 年 60.1% 开始一直上涨，2010 年达到最大值 72.4%，此后出现了小幅度下降，2013 年降低为 70.6%，年均工业固体废弃物综合利用率为 67.7%，其年均增长率为 1.8%。西部地区的工业固体废弃物综合利用率相对较低，但 2004～2013 年一直呈上涨的状态，由 2004 年的 43.2% 的综合利用率一直上涨到 2013 年的最大值 58.3%，其年均增长率达到 3.4%，远高于中、东部地区。可见西部地区在样本期间内，一直都很重视资源的回收和综合利用。

从省际层面来看，东部地区出现了比较明显的两极分化，其中，天津、上海、江苏、山东、浙江、北京、福建和广东 8 个省份的工业固体废弃物综合利用率排在全国第 1～8 位，而海南、河北和辽宁排名全国末尾。中部地区江西省的综合利用率相对较低，但江西省的增长率却是最快的，年均增长率达到 9.2%。西部地区除了重庆和宁夏之外，其他省份的综合利用率总体相对较低，排在全国的末尾。从增长率来看，陕西和青海的增长率分别达到12.7% 和 11.9%，增长率位居全国前列。

二、各省份单位工业产值主要污染物排放状况

从全国的单位工业产值污染物排放情况来看，2004～2013 年单位工业产值工业氨氮排放量、单位工业产值工业废水排放量、单位工业产值工业二氧化硫排放量均呈现出明显的下降趋势，而单位工业产值工业废气排放量则有小幅度上升。[①] 中国各省份 2004～2013 年单位工业产值工业氨氮排放量见表 2-9。中国三大区域单位工业产值工业氨氮排放量如图 2-5 所示。

表 2-9　　　　中国各省份 2004～2013 年单位工业产值工业氨氮排放量　单位：吨/亿元

地区	2004年	2005年	2006年	2007年	2008年	2009年	2010年	2011年	2012年	2013年	均值	排序
北京	0.54	0.60	0.30	0.29	0.18	0.18	0.13	0.14	0.11	0.09	0.26	1
天津	2.69	3.12	1.65	1.50	1.01	0.81	0.75	0.66	0.60	0.57	1.34	5
河北	6.70	6.92	5.29	3.45	2.21	2.13	1.94	1.62	1.38	1.20	3.28	19
辽宁	3.32	8.54	3.18	1.88	1.44	1.34	1.04	0.90	0.77	0.62	2.30	15
上海	0.63	0.56	0.61	0.50	0.44	0.37	0.50	0.39	0.35	0.30	0.47	2
江苏	2.13	2.38	1.89	1.24	0.94	0.82	0.79	0.79	0.73	0.61	1.23	4
浙江	5.36	4.36	3.17	2.53	1.96	1.41	1.12	0.91	0.85	0.74	2.24	14
福建	3.25	3.20	2.22	1.37	1.42	1.15	1.00	1.02	0.81	0.67	1.61	9
山东	3.30	3.01	2.00	1.44	1.01	0.81	0.83	0.59	0.52	0.46	1.40	6
广东	1.00	0.82	0.55	0.72	0.63	0.57	0.53	0.70	0.66	0.61	0.68	3
海南	2.20	2.36	2.39	1.55	1.41	1.39	1.02	1.36	1.34	1.30	1.63	10
东部均值	2.83	3.26	2.11	1.50	1.15	1.00	0.88	0.82	0.74	0.65	1.49	—
山西	7.04	6.19	5.15	4.26	2.97	3.18	2.59	1.60	1.51	1.39	3.59	22
吉林	2.82	4.42	3.64	1.44	1.24	0.82	0.73	0.96	0.84	0.76	1.77	11
黑龙江	1.81	4.18	3.05	2.80	2.39	1.84	1.16	1.18	1.18	1.25	2.08	13
安徽	9.46	8.72	8.55	6.43	3.96	3.25	2.14	1.29	1.08	0.91	4.58	25
江西	3.21	3.99	3.49	3.13	2.05	2.06	1.93	2.27	1.79	1.45	2.54	16
河南	10.50	9.80	6.42	3.94	3.07	2.58	1.99	1.08	0.95	0.85	4.12	23
湖北	11.50	9.46	6.56	4.94	3.78	2.76	2.19	2.08	1.61	1.38	4.63	26
湖南	17.01	16.14	12.08	8.46	5.70	4.66	2.71	3.56	3.00	2.47	7.58	27

[①] 单位工业产值污染物排放量计算过程均采用历年的污染物排放总量除以用 2004 年为基期的价格指数进行平减后的工业增加值。

续表

地区	2004年	2005年	2006年	2007年	2008年	2009年	2010年	2011年	2012年	2013年	均值	排序
中部均值	7.92	7.86	6.12	4.43	3.15	2.64	1.93	1.75	1.50	1.31	3.86	—
内蒙古	7.21	10.66	2.87	1.03	0.84	1.01	1.24	1.68	1.54	1.55	2.96	17
广西	40.07	37.95	19.59	10.93	7.83	4.57	3.66	1.79	1.67	1.30	12.94	29
重庆	10.74	9.75	8.62	5.46	3.83	2.32	1.42	0.69	0.63	0.63	4.41	24
四川	9.93	6.71	5.49	4.06	3.22	2.22	2.16	0.62	0.55	0.45	3.54	21
贵州	3.48	2.21	1.82	1.39	0.86	0.70	0.45	1.88	1.64	1.34	1.58	7
云南	2.15	3.07	2.40	2.09	1.63	1.38	1.33	1.60	1.19	1.08	1.79	12
陕西	1.67	1.43	1.63	1.78	1.88	1.88	1.53	1.50	1.31	1.16	1.58	8
甘肃	19.40	25.71	19.57	7.02	6.66	8.59	4.35	7.06	6.53	5.54	11.04	28
青海	0.14	5.36	4.38	3.74	3.44	3.28	3.48	2.34	2.27	2.13	3.05	18
宁夏	16.77	44.81	17.46	9.22	8.15	7.06	12.27	10.48	9.06	8.35	14.36	30
新疆	3.24	3.52	3.16	2.68	2.59	3.34	2.75	4.50	4.13	3.87	3.38	20
西部均值	10.44	13.74	7.91	4.49	3.72	3.30	3.15	3.10	2.77	2.49	5.51	—
全国均值	5.71	6.08	4.19	2.97	2.27	1.92	1.66	1.53	1.37	1.22	2.89	—

资料来源：根据历年《中国环境统计年鉴》数据整理计算得到。

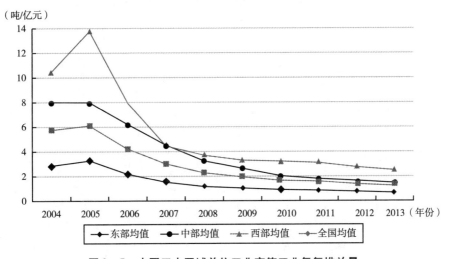

图2-5　中国三大区域单位工业产值工业氨氮排放量

资料来源：根据历年《中国环境统计年鉴》数据整理计算得到。

从全国均值来看，由 2005 年的最大值亿元工业增加值排放 6.08 吨工业氨氮，一直下降到 2013 年最小值 1.22 吨，年均下降了 18.2%。

从三大区域来看，东部地区亿元工业增加值从 2005 年最大值 3.26 吨一直下降到 2013 年的最小值 0.65 吨，年均降低率为 18.3%，略高于全国平均水平；中部地区从 2004 年的最大值 7.92 吨/亿元，一直下降到 2013 年的最小值 1.31 吨/亿元，年均下降率达到 18.1%；西部地区 2005 年单位工业产值工业氨氮排放量达到最大值 13.74 吨/亿元，此后一直下降，2013 年达到最小值 2.49 吨/亿元，年均下降率达到 19.2%。

从省际层面来看，东部地区北京、天津、上海、江苏、山东和广东单位工业产值工业氨氮排放量全国最小，尤其是北京地区 2013 年亿元工业产值氨氮排放量仅为 0.09 吨。中部地区安徽和河南下降较快，年均降低率分别为 24.6% 和 26.3%。西部地区广西、宁夏和甘肃单位工业产值氨氮排放量最高，2013 年均超过了 10 吨/亿元，而从下降率来看广西、重庆、四川和青海年均下降率分别为 32%、27%、29% 和 35%。

中国各省份 2004~2013 年单位工业产值工业废水排放总量见表 2-10。中国三大区域单位工业产值工业废水排放总量如图 2-6 所示。

表 2-10   中国各省份 2004~2013 年单位工业产值工业废水排放总量

单位：吨/万元

地区	2004年	2005年	2006年	2007年	2008年	2009年	2010年	2011年	2012年	2013年	均值	排序
北京	6.81	6.37	4.72	3.85	3.48	3.37	2.76	2.75	2.76	2.70	3.96	1
天津	13.42	14.78	9.40	7.83	5.98	5.39	4.64	3.99	3.50	3.18	7.21	2
河北	29.65	23.99	21.70	18.03	15.45	13.58	12.16	10.80	10.68	9.21	16.52	17
辽宁	29.99	26.79	20.39	17.19	12.38	10.51	8.17	8.90	8.04	6.79	14.91	13
上海	14.48	11.57	9.79	8.85	7.51	7.59	5.80	6.73	7.20	7.00	8.65	3
江苏	30.99	28.84	23.87	19.85	17.46	15.26	13.82	11.69	10.62	9.38	18.18	19
浙江	26.44	27.07	23.88	20.95	19.38	18.89	17.34	13.16	12.36	10.97	19.04	21
福建	41.59	41.24	34.70	31.69	28.93	26.28	18.82	23.36	12.73	11.44	27.08	27
山东	15.18	13.19	11.53	11.91	11.19	10.69	11.18	9.32	8.70	8.17	11.11	5
广东	17.75	20.58	17.79	16.33	12.97	10.75	9.26	8.08	8.20	7.16	12.89	9
海南	37.31	34.02	26.00	17.29	15.43	17.53	11.54	11.41	11.32	9.57	19.14	22
东部均值	23.96	22.59	18.52	15.80	13.65	12.71	10.50	10.02	8.74	7.78	14.43	—
山西	16.36	13.75	16.33	12.64	10.80	11.00	10.86	7.15	8.72	8.70	11.63	7
吉林	25.24	26.26	20.90	16.93	14.01	11.73	9.78	8.93	8.58	7.69	15.00	14
黑龙江	18.17	15.32	13.55	10.98	9.97	9.31	8.53	8.33	11.79	9.99	11.59	6

续表

地区	2004年	2005年	2006年	2007年	2008年	2009年	2010年	2011年	2012年	2013年	均值	排序
安徽	34.72	28.81	26.96	23.63	18.12	16.55	12.57	10.18	8.71	8.44	18.87	20
江西	35.08	28.37	28.11	26.56	22.51	18.96	16.14	13.32	11.92	11.00	21.20	24
河南	28.05	22.57	19.71	17.14	14.22	14.09	12.96	10.75	10.05	9.08	15.86	15
湖北	41.99	33.16	27.58	24.24	21.12	16.72	13.88	12.72	9.98	8.64	21.00	23
湖南	56.21	47.53	32.31	27.01	20.95	18.74	14.84	12.42	11.28	9.91	25.12	26
中部均值	31.98	26.97	23.18	19.89	16.46	14.64	12.45	10.47	10.13	9.18	17.54	—
内蒙古	18.62	14.19	12.17	8.38	7.64	6.19	7.08	5.86	4.66	5.04	8.98	4
广西	97.89	97.16	69.87	80.17	75.80	52.84	41.74	21.33	21.61	16.13	57.45	30
重庆	74.61	67.96	58.67	38.54	30.83	21.06	11.82	7.33	6.25	6.47	32.35	28
四川	47.89	40.29	31.11	26.11	21.01	17.45	12.28	8.72	6.92	5.91	21.77	25
贵州	23.66	18.11	14.46	11.14	9.29	10.09	8.95	11.24	10.66	8.73	12.63	8
云南	29.96	23.17	20.38	18.21	15.07	13.86	10.94	14.94	11.82	10.50	16.88	18
陕西	23.72	23.34	16.89	17.30	14.12	13.08	9.52	7.04	5.75	4.84	13.56	11
甘肃	25.65	20.19	16.17	13.10	12.48	11.85	8.82	9.92	9.00	8.84	13.60	12
青海	16.74	29.02	22.04	18.51	15.00	16.15	13.83	10.64	9.96	8.62	16.05	16
宁夏	38.98	76.74	53.84	49.33	39.37	35.96	30.26	21.84	17.41	15.36	37.91	29
新疆	18.52	17.35	14.34	13.44	12.27	13.87	11.18	10.66	10.42	11.40	13.35	10
西部均值	37.84	38.87	29.99	26.75	22.99	19.31	15.13	11.77	10.40	9.26	22.23	—
全国均值	29.92	28.15	23.70	21.47	18.50	16.45	14.43	12.53	11.49	10.39	18.70	—

资料来源：根据历年《中国环境统计年鉴》数据整理计算得到。

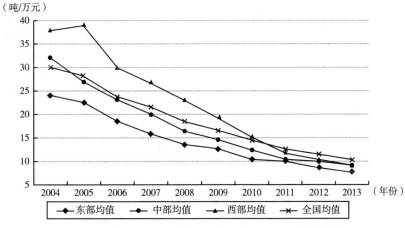

图2-6 中国三大区域单位工业产值工业废水排放总量

资料来源：根据历年《中国环境统计年鉴》数据整理计算得到。

从全国来看，万元工业产值工业废水排放量一直呈下降的趋势，从 2004 年的 29.92 吨一直下降到 2013 年的 10.39 吨。

从三大区域来看，东、中、西部地区的变化呈逐年下降的趋势，2013 年的单位工业产值工业废水排放量分别为 7.78 吨/万元、9.18 吨/万元和 9.26 吨/万元，差距不算太大。

从省际层面来看，重庆地区的万元工业增加值工业废水排放减少最为突出，下降幅度最大，从 2004 年的 74.61 吨，下降到 2013 年的 6.47 吨，年均下降幅度达到 24%，其次是四川、广西、湖南、陕西、湖北、辽宁、天津和安徽，年均下降幅度分别为 21%、18%、18%、16%、16%、15%、15%、15%。从 2013 年各省份万元工业产值工业废水排放量大小来看，北京地区的排放量最小，仅为 2.7 吨，其次是天津、陕西、内蒙古、四川和重庆，其对应的排放量分别为 3.18 吨、4.84 吨、5.04 吨、5.91 吨、6.47 吨；而广西的排放量最大，达到 16.13 吨，是北京的近 6 倍。可见，广西最近十年虽然下降幅度很大，但是一直在高位运行，降低工业废水排放量还有很大的改进空间。

中国各省份 2004～2013 年单位工业产值工业废气排放总量见表 2－11。中国三大区域单位工业产值工业废气排放总量如图 2－7 所示。

表 2－11　　中国各省份 2004～2013 年单位工业产值工业废气排放总量

单位：标立方米/元

地区	2004年	2005年	2006年	2007年	2008年	2009年	2010年	2011年	2012年	2013年	均值	排序
北京	1.73	1.76	2.16	2.17	1.79	1.71	1.60	1.56	0.98	1.05	1.65	2
天津	1.81	2.26	2.66	2.01	1.76	1.66	1.81	1.80	1.65	1.37	1.88	4
河北	5.05	5.11	6.54	7.01	4.79	6.27	6.00	7.03	5.89	6.63	6.03	26
辽宁	4.25	5.33	5.85	4.32	5.99	3.53	3.08	3.12	2.94	2.55	4.10	20
上海	2.27	1.92	1.91	1.78	1.87	1.85	2.05	2.07	2.07	2.06	1.99	7
江苏	2.09	1.97	2.07	1.74	1.70	1.63	1.64	2.29	2.19	2.12	1.94	6
浙江	1.88	1.83	1.76	1.82	1.70	1.75	1.63	1.79	1.69	1.65	1.75	3
福建	1.81	1.97	1.87	2.13	1.89	1.93	2.05	1.97	1.76	1.77	1.92	5
山东	2.40	2.29	2.06	2.24	2.12	2.05	2.35	2.51	2.15	2.13	2.23	10

续表

地区	2004年	2005年	2006年	2007年	2008年	2009年	2010年	2011年	2012年	2013年	均值	排序
广东	1.35	1.20	1.03	1.12	1.25	1.29	1.19	1.42	1.19	1.20	1.22	1
海南	3.43	4.17	3.04	3.23	3.47	3.37	2.72	2.80	2.97	6.70	3.59	18
东部均值	2.55	2.71	2.81	2.69	2.58	2.46	2.37	2.58	2.32	2.66	2.57	—
山西	6.96	6.49	6.72	6.59	6.08	6.56	7.66	7.60	6.91	7.52	6.91	29
吉林	3.25	3.15	2.84	2.45	2.25	2.22	2.08	2.27	1.97	1.77	2.43	11
黑龙江	2.00	1.78	1.81	2.08	2.00	2.72	2.21	1.96	2.11	2.22	2.09	8
安徽	3.22	3.16	3.34	4.26	4.26	3.44	3.16	4.38	3.84	3.37	3.64	19
江西	2.54	2.30	2.24	2.27	2.44	2.34	2.18	3.01	2.60	2.51	2.44	12
河南	3.13	2.83	2.54	2.41	2.16	2.23	1.96	3.16	2.56	2.62	2.56	13
湖北	3.81	3.37	3.33	2.76	2.61	2.29	2.03	2.78	2.13	2.03	2.72	15
湖南	2.52	2.33	1.93	2.36	2.12	2.13	2.28	2.14	1.84	1.86	2.15	9
中部均值	3.43	3.18	3.09	3.15	2.99	2.99	2.95	3.41	3.00	2.99	3.12	—
内蒙古	11.02	6.86	8.06	6.10	5.29	5.37	4.92	4.47	3.90	4.24	6.02	25
广西	8.50	5.56	4.86	5.54	4.29	4.31	3.67	6.29	5.39	3.85	5.23	24
重庆	3.18	2.93	4.58	4.25	3.38	4.04	2.86	1.97	1.71	1.84	3.07	17
四川	3.00	2.68	2.85	5.23	2.51	2.21	2.64	2.51	2.17	1.80	2.76	16
贵州	6.14	4.70	8.66	9.53	5.44	5.83	6.45	5.90	6.52	9.33	6.85	28
云南	3.85	3.83	3.95	4.16	3.80	4.06	3.88	5.55	4.13	4.01	4.12	21
陕西	2.82	2.68	2.31	2.31	2.83	2.88	2.83	2.71	2.23	2.26	2.58	14
甘肃	5.17	5.11	4.65	4.81	4.32	4.57	3.59	6.48	6.52	5.56	5.08	23
青海	5.85	5.22	6.45	6.30	6.84	6.36	6.05	6.41	6.15	5.77	6.14	27
宁夏	9.58	10.19	9.14	9.31	8.48	7.85	22.48	11.39	9.81	8.71	10.69	30
新疆	3.99	3.88	3.53	3.72	3.30	4.00	4.09	4.40	5.56	6.06	4.25	22
西部均值	5.74	4.88	5.37	5.57	4.59	4.68	5.77	5.28	4.92	4.86	5.16	—
全国均值	3.22	3.11	3.27	3.38	3.09	3.06	3.16	3.66	3.30	3.32	3.26	—

资料来源：根据历年《中国环境统计年鉴》数据整理计算得到。

从全国来看，单位工业增加值工业废气排放量的变化出现"下降—上升"交替进行的变动趋势，2009年达到最小值3.06标立方米/元，2011年达到最大值3.66标立方米/元，整体波动频率较快，上升幅度较小。

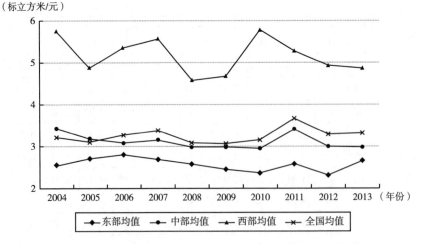

（标立方米/元）

图 2 - 7　中国三大区域单位工业产值工业废气排放总量

资料来源：根据历年《中国环境统计年鉴》数据整理计算得到。

从三大区域来看，2013 年单位工业产值工业废气排放量呈现出东、中、西部依次递减的趋势，对应的平均排放量分别为 2.57 标立方米/元、3.12 标立方米/元和 5.16 标立方米/元。整体变动趋势跟全国较为一致。

从省际层面来看，北京、浙江和广东的排放量排在全国前三，均小于 1.8 标立方米，而山西、宁夏和贵州的排放量较大，排在全国最后三位，均超过了 6.5 标立方米/元。总体来看，2004～2013 年十年中国各地区单位工业增加值工业废气治理成效并不是很明显，下降幅度不大，还有较大的改进空间。

中国各省份 2004～2013 年单位工业产值工业二氧化硫排放总量见表 2-12。中国三大区域单位工业产值工业二氧化硫排放总量如图 2-8 所示。

表 2-12　　　　　中国各省份 2004～2013 年单位工业产值
工业二氧化硫排放总量　　　　　　　　　　　　　　单位：吨/亿元

地区	2004年	2005年	2006年	2007年	2008年	2009年	2010年	2011年	2012年	2013年	均值	排序
北京	67.4	52.2	43.7	35.0	24.0	23.2	19.2	19.5	17.8	14.8	31.7	1
天津	119.2	118.4	94.9	82.2	61.5	48.0	51.3	44.8	39.4	35.3	69.5	5
河北	282.8	246.8	220.8	188.8	147.7	128.7	105.8	120.0	107.9	98.3	164.8	16

续表

地区	2004年	2005年	2006年	2007年	2008年	2009年	2010年	2011年	2012年	2013年	均值	排序
辽宁	212.0	245.0	223.2	192.6	149.1	128.5	98.2	103.2	90.3	82.1	152.4	14
上海	89.9	84.9	75.7	67.7	53.5	44.1	34.9	31.7	30.0	26.6	53.9	2
江苏	139.1	127.7	103.1	85.8	72.1	60.3	52.5	48.6	43.1	38.7	77.1	7
浙江	126.2	116.9	99.2	80.7	69.2	62.9	52.1	46.7	43.0	38.8	73.6	6
福建	111.9	138.3	121.3	99.2	84.6	73.5	59.2	48.8	42.2	37.4	81.6	8
山东	182.1	162.6	134.7	113.2	92.6	79.9	74.2	81.1	73.2	65.2	105.9	9
广东	121.5	113.2	94.5	78.0	66.7	57.7	49.0	37.3	34.0	30.8	68.3	3
海南	119.0	100.8	81.3	72.5	54.6	53.4	55.9	52.0	50.1	44.9	68.5	4
东部均值	142.8	137.0	117.5	99.6	79.6	69.1	59.3	57.6	51.9	46.6	86.1	—
山西	569.4	514.0	436.0	343.6	277.7	279.5	249.8	233.3	216.5	207.7	332.8	25
吉林	162.4	196.4	178.6	143.9	114.4	93.7	76.1	77.5	67.4	59.7	117.0	11
黑龙江	118.6	146.2	133.1	125.8	113.1	114.1	91.3	78.4	80.3	73.7	107.5	10
安徽	238.0	233.7	199.5	166.1	136.0	109.7	85.7	70.1	60.9	53.5	135.3	13
江西	299.4	291.8	250.1	205.7	167.5	138.3	104.8	106.3	96.9	87.6	174.8	18
河南	266.1	268.9	221.6	179.9	136.8	118.1	100.2	95.3	82.7	76.6	154.6	15
湖北	262.0	224.6	197.9	160.6	126.8	96.6	75.7	72.5	59.8	53.2	133.0	12
湖南	325.0	293.1	247.4	199.4	153.1	126.3	97.3	81.3	68.9	63.2	165.5	17
中部均值	280.1	271.1	233.0	190.6	153.2	134.5	110.1	101.8	91.7	84.4	165.1	—
内蒙古	842.6	736.7	605.4	429.8	329.8	260.3	213.6	186.0	172.0	168.3	394.5	28
广西	715.4	650.6	511.6	403.5	320.6	273.1	214.3	103.0	92.1	78.9	336.3	26
重庆	576.0	546.8	482.9	381.5	288.5	187.5	149.6	114.7	104.1	95.6	292.8	24
四川	441.5	375.0	302.3	232.9	187.3	155.9	123.3	89.9	78.5	68.0	205.5	19
贵州	880.5	803.6	1079.6	847.6	588.9	467.1	404.0	492.2	381.3	296.9	624.2	29
云南	312.1	301.8	271.1	229.3	191.7	178.9	155.6	203.2	171.8	153.8	216.9	20
陕西	454.6	436.1	352.9	301.6	234.9	193.6	148.0	143.3	112.9	98.1	247.6	21
甘肃	614.0	621.5	451.9	360.2	313.6	290.3	259.6	265.4	225.1	207.3	360.9	27
青海	302.3	438.1	372.0	316.2	266.5	244.6	203.6	164.7	144.2	134.3	258.7	22

续表

地区	2004年	2005年	2006年	2007年	2008年	2009年	2010年	2011年	2012年	2013年	均值	排序
宁夏	1065.6	1082.4	1018.6	795.2	614.5	464.7	385.5	439.2	404.4	360.0	663.0	30
新疆	330.1	301.2	299.3	303.4	273.6	295.3	227.8	248.0	246.9	242.6	276.8	23
西部均值	594.1	572.2	522.5	418.3	328.2	273.8	225.9	222.7	193.9	173.1	352.5	—
全国	255.9	251.1	220.5	186.3	152.5	130.9	113.3	109.4	99.2	90.9	161.0	—

资料来源：根据历年《中国环境统计年鉴》数据整理计算得到。

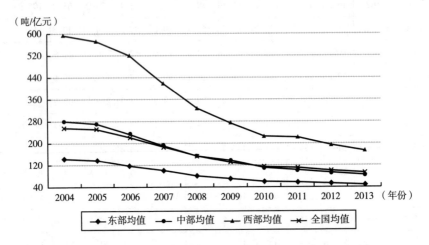

图 2 - 8 中国三大区域单位工业产值工业二氧化硫排放总量

资料来源：根据历年《中国环境统计年鉴》数据整理计算得到。

单位工业增加值二氧化硫排放量下降趋势较为明显，从全国来看，2004年亿元工业增加值排放量为 255.9 吨，一直下降到 2013 年的 90.9 吨，年均下降率为 10.9%。2013 年东部、中部和西部地区单位工业产值工业二氧化硫年均排放量分别为 46.6 吨、84.4 吨、173.1 吨，其中，西部地区的单位工业增加值二氧化硫排放量为东部地区的 3.7 倍，可见区域间差距较大，这可能是因为西部地区承接了过多的污染产业转移的后果。从下降的幅度来看，东部、中部和西部地区年均下降率分别为 10.7%、11.5% 和 12.8%。

从省际层面来看，2013 年北京的单位工业产值工业二氧化硫排放量最小，仅为 14.8 吨/亿元，而宁夏的排放量最大，达到 360 吨/亿元，相差近 24 倍。东部大部分地区排放量都相对较小，排在全国前列，可见东部地区注重环境保护，加快了产业结构调整，对二氧化硫的治理取得明显的成效。中部地区仅有山西省的单位工业产值工业二氧化硫排放量较高，达到 332.8 吨/亿元，其余省份均小于 175 吨/亿元。而广大的西部地区成为二氧化硫高排放地区，其中：宁夏和贵州两省的排放量最高，分别达到 663 吨/亿元和 624 吨/亿元，超过 300 吨/亿元的省有内蒙古、广西和甘肃三省，其余六省也均超过了 200 吨/亿元。从下降率来看，广西、四川和重庆的下降较为明显，年均下降率分别为 21.7%、18.8% 和 18.1%，分别排在全国前三。

从单位工业增加值污染物排放情况来看，东部地区的污染排放要远低于中、西部地区，反映了东部地区随着经济发展，生产方式发生了较大改变，已经从传统粗放型发展模式向资源节约型方式进行转变。而西部地区的污染物排放量最高，说明西部地区在过去追求经济发展过程中，承接了过多的落后污染产业，对环境的污染和损害较大。这也证明了环境库兹涅茨曲线在中国仍然存在。因此，对中央而言，应该进一步完善环境规制实施机制，针对不同地区采用不同的环境规制手段，最大限度刺激东部地区加快绿色技术的研发、生产和运用，促进产业绿色转型和升级，同时避免污染产业过度向中、西部地区转移，逃避环境监管。

三、工业污染源治理投资的主要状况

中国各省份 2004～2013 年工业污染源治理投资总额和中国三大区域工业污染源治理投资见表 2 - 13 和表 2 - 14。中国三大区域工业污染源治理投资变动趋势如图 2 - 9 所示。

表 2 - 13　　　中国各省份 2004～2013 年工业污染源治理投资总额　　单位：亿元

地区	2004 年	2005 年	2006 年	2007 年	2008 年	2009 年	2010 年	2011 年	2012 年	2013 年	均值	排序
北京	4.8	10.9	10.1	8.1	7.8	3.4	1.9	1.1	3.3	4.3	5.6	28
天津	7.3	18.6	15.0	15.1	16.8	18.0	16.5	15.3	12.6	14.8	15.0	14
河北	13.1	25.2	19.1	21.5	20.6	13.2	10.9	24.3	23.6	51.2	22.3	8
辽宁	22.7	36.9	52.0	23.7	20.2	19.7	14.8	11.6	11.9	27.7	24.1	5
上海	4.5	8.8	5.9	16.4	10.4	6.8	9.4	6.4	11.6	5.2	8.5	22

续表

地区	2004年	2005年	2006年	2007年	2008年	2009年	2010年	2011年	2012年	2013年	均值	排序
江苏	22.0	38.9	28.0	53.7	39.7	27.1	18.6	31.0	39.0	59.4	35.7	2
浙江	11.3	19.9	25.0	21.4	14.8	19.4	12.0	17.8	28.3	57.7	22.8	6
福建	22.5	34.5	19.6	13.8	15.6	12.9	15.3	14.3	23.8	38.4	21.1	9
山东	40.3	60.5	59.7	67.3	84.4	51.6	45.7	62.4	67.1	84.3	62.3	1
广东	26.1	37.0	31.4	46.3	40.3	22.7	31.1	16.6	28.1	32.5	31.2	4
海南	0.2	0.4	2.1	0.4	0.4	0.4	0.4	2.8	4.8	3.5	1.5	29
东部均值	15.9	26.5	24.4	26.2	24.6	17.7	16.1	18.5	23.1	34.5	22.7	—
山西	17.7	19.8	36.8	45.7	52.9	38.7	28.0	27.9	32.3	55.6	35.5	3
吉林	4.2	5.2	4.0	8.0	9.4	7.9	6.3	6.6	5.7	9.4	6.7	25
黑龙江	5.4	4.6	5.8	10.2	9.5	9.9	4.9	10.1	3.9	20.7	8.5	23
安徽	6.1	4.5	5.5	11.4	11.5	10.8	5.9	9.3	12.7	41.3	11.9	17
江西	6.0	7.2	6.9	8.3	5.1	4.0	6.4	6.6	3.9	15.5	7.0	24
河南	14.2	20.7	24.7	33.8	24.6	15.4	12.5	21.4	14.8	44.0	22.6	7
湖北	9.8	14.8	14.9	18.9	16.1	28.1	27.7	9.3	14.9	25.2	18.0	12
湖南	7.9	14.1	17.3	13.4	14.4	13.4	13.8	9.7	18.0	23.4	14.5	15
中部均值	8.9	11.4	14.5	18.7	17.9	16.0	13.2	12.6	13.3	29.4	15.6	—
内蒙古	4.3	2.6	17.7	16.7	21.9	17.8	13.2	31.0	19.0	62.7	20.7	10
广西	3.6	10.4	8.7	18.2	15.0	11.7	9.3	8.6	8.6	18.3	11.2	19
重庆	2.9	3.9	3.7	10.0	9.7	7.1	7.8	4.9	3.8	7.9	6.2	26
四川	22.2	20.0	20.3	20.1	19.4	9.6	7.2	16.7	11.1	18.8	16.5	13
贵州	4.1	5.9	10.1	4.6	10.2	8.9	6.8	13.2	12.5	19.6	9.6	20
云南	4.6	6.8	9.4	8.6	10.3	9.5	10.6	13.7	19.7	23.9	11.7	18
陕西	5.4	12.7	7.4	9.7	10.7	20.6	33.7	23.7	27.1	41.8	19.3	11
甘肃	6.0	6.7	13.6	14.9	11.8	12.3	14.6	10.5	21.1	18.2	13.0	16
青海	0.3	0.5	0.8	0.8	1.1	2.9	1.0	2.8	2.2	3.0	1.5	30
宁夏	5.3	1.8	4.0	4.6	9.1	4.3	4.1	3.9	6.9	16.5	6.1	27
新疆	3.8	4.4	4.5	6.7	8.9	14.3	6.7	10.6	7.9	22.0	9.0	21
西部均值	5.7	6.9	9.1	10.4	11.6	10.8	10.5	12.7	12.7	23.0	11.3	—

注：表中的排序是按照从小到大的顺序排序；均值采用的都是算术平均值。

资料来源：根据历年《中国环境统计年鉴》数据整理计算得到。

表 2-14　　　　　　中国三大区域工业污染源治理投资　　　　　　单位：亿元

区域	2004 年	2005 年	2006 年	2007 年	2008 年	2009 年	2010 年	2011 年	2012 年	2013 年	均值
东部	174.8	291.6	267.9	287.7	271.0	195.2	176.6	203.6	254.1	379.0	250.2
中部	71.3	90.9	115.9	149.7	143.5	128.2	105.5	100.9	106.2	235.1	124.7
西部	62.5	75.7	100.2	114.9	128.1	119.0	115.0	139.6	139.9	252.7	124.8
全国	308.6	458.2	484.0	552.3	542.6	442.4	397.1	444.1	500.2	866.8	499.6

资料来源：根据历年《中国环境统计年鉴》数据整理计算得到。

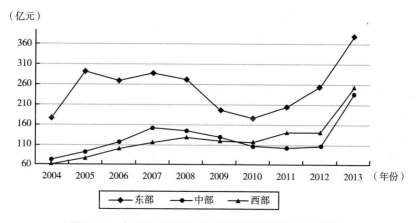

图 2-9　中国三大区域工业污染源治理投资变动趋势

资料来源：根据历年《中国环境统计年鉴》数据整理计算得到。

随着中国经济的快速发展，国家对环境污染的治理投入也越来越大，2004～2013 年中国工业污染源治理投资先后经历了以下几个阶段：2004～2008 年一直呈上涨的趋势，2009 年由于受到经济危机的影响，污染源投资额相比 2008 年下降了将近 100 亿元，2010 年后出现了快速上涨的态势，尤其是 2013 年污染源治理投资达到 866.8 亿元，跟 2012 年相比增加了366.6 亿元。这说明了国家开始注重环境质量，并加大了环境污染治理的力度。从三大区域来看，东部地区的污染治理投资要高于中部和西部地区，2013 年东、中、西部地区的投资额分别为 379 亿元、235.1 亿元和 252.7 亿元，而 2004～2013 年十年间东部地区的投资额大于中、西部地区投资额的总和。与之相反，污染源治理投资的年均增长率变化呈现出东、中、西部地区依次递减的格局，其中，东部地区年均增长率为 9.0%，中部为 14.2%，西部为 16.8%。

从省际层面来看，山东省的工业污染源治理投资总量最大，年均投资额达到62.3亿元，江苏、山西和广东位居其后，年均投资额都超过30亿元；而海南和青海的年均投资额最少，仅为1.5亿元，紧接着是北京、宁夏、重庆、吉林和江西，这五个省份的年均投资额都小于7亿元。从增长率来看，海南的增长率最高，从2004年的0.2亿元，增长到2013年的3.5亿元，年均增长率达到37%，紧接着是内蒙古、青海、陕西、安徽和新疆，年均增长率都超过了20%。仅有北京和四川的年均增长率出现了负值。

四、工业行业污染物排放状况

本章将36个工业行业分成三大类。

第一类是采矿业，包括非金属矿采选业（F1）、黑色金属矿采选业（F2）、煤炭开采和洗选业（F3）、石油和天然气开采业（F4）和有色金属矿采选业（F5）。

第二类是制造业，包括电气机械及器材制造业（F6），纺织服装、鞋、帽制造业（F7），纺织业（F8），非金属矿物制品业（F9），黑色金属冶炼及压延加工业（F10），化学纤维制造业（F11），化学原料及化学制品制造业（F12），家具制造业（F13），交通运输设备制造业（F14），金属制品业（F15），木材加工及木、竹、藤、棕、草制品业（F16），农副食品加工业（F17），皮革、毛皮、羽毛（绒）及其制品业（F18），其他采矿业（F19），石油加工炼焦及核燃料加工业（F20），食品制造业（F21），通信设备计算机及其他电子设备制造业（F22），通用设备制造业（F23），文教体育用品制造业（F24），橡胶和塑料制品业（F25），烟草制品业（F26），医药制造业（F27），仪器仪表及文化办公用机械制造业（F28），饮料制造业（F29），印刷业和记录媒介的复制（F30），有色金属冶炼及压延加工业（F31），造纸及纸制品业（F32），专用设备制造业（F33）。

第三类是电力、热力、燃气及水生产和供应业，包括电力、热力的生产和供应业（F34），燃气生产和供应业（F35），水的生产和供应业（F36）。

2003～2014年各行业工业污染物排放存在较大差异，具体见表2-15。

表 2－15 2003～2014 年中国工业行业工业废水排放总量

单位：亿吨

行业代码	2003 年	2004 年	2005 年	2006 年	2007 年	2008 年	2009 年	2010 年	2011 年	2012 年	2013 年	2014 年	总量	排序
F1	0.861	0.947	1.297	0.984	0.866	0.931	0.772	0.768	0.619	0.737	0.609	0.625	10.016	28
F2	1.303	1.432	1.424	1.543	1.603	1.686	1.555	1.535	2.264	2.277	2.489	1.971	21.082	20
F3	5.317	4.998	4.665	5.402	7.304	7.221	8.024	10.477	14.349	14.222	14.287	14.483	110.749	7
F4	1.064	1.037	1.125	1.118	0.999	1.121	1.020	1.156	0.817	0.937	1.103	0.615	12.112	25
F5	2.286	2.781	3.114	4.230	4.337	4.276	3.731	3.885	5.118	5.086	5.291	4.797	48.932	13
F6	1.025	0.796	0.811	0.824	0.866	0.993	0.932	1.165	0.963	0.937	1.047	1.002	11.361	27
F7	0.527	1.140	0.919	1.369	1.449	1.524	1.473	1.204	1.988	1.707	1.702	1.778	16.780	22
F8	14.126	15.388	17.223	19.793	22.517	23.036	23.912	24.547	24.080	23.725	21.457	19.615	249.419	3
F9	4.718	4.781	4.825	4.307	4.027	3.584	3.278	3.231	2.608	2.944	2.903	2.833	44.039	14
F10	17.746	18.689	16.993	15.673	15.686	14.410	12.598	11.695	12.104	10.615	9.476	8.575	164.260	5
F11	4.885	4.747	4.852	4.954	4.896	4.809	4.386	4.237	4.143	3.531	3.791	3.985	53.216	12
F12	31.283	32.323	33.905	33.596	32.403	30.194	29.706	30.901	28.833	27.434	26.557	26.367	363.502	2
F13	0.039	0.052	0.080	0.093	0.185	0.183	0.186	0.215	0.074	0.065	0.083	0.089	1.344	35
F14	4.081	4.020	2.465	2.571	2.205	2.852	2.742	2.622	1.333	1.248	1.319	1.149	28.607	18
F15	1.591	1.588	2.106	2.245	3.334	2.825	3.135	3.015	2.991	3.359	3.475	3.339	33.003	17
F16	0.685	0.836	0.657	0.522	0.483	0.465	0.614	0.504	0.352	0.478	0.486	0.534	6.616	30
F17	9.638	10.298	11.896	9.441	14.859	15.777	14.384	14.310	13.812	15.657	13.906	13.917	157.895	6
F18	1.311	1.648	1.834	2.034	2.357	2.611	2.496	2.817	2.579	2.652	2.447	2.263	27.049	19

续表

行业代码	2003 年	2004 年	2005 年	2006 年	2007 年	2008 年	2009 年	2010 年	2011 年	2012 年	2013 年	2014 年	总量	排序
F19	0.076	0.025	0.050	0.085	0.134	0.093	0.057	0.038	0.025	0.050	0.026	0.023	0.682	36
F20	5.376	6.142	6.812	7.028	7.313	7.050	6.641	7.002	7.959	8.747	7.690	8.402	86.162	8
F21	3.123	3.730	4.283	4.311	4.282	4.783	5.270	5.455	5.195	5.694	6.038	5.711	57.875	10
F22	1.321	1.421	1.875	2.391	2.962	3.186	3.351	3.597	4.496	4.817	4.993	5.201	39.611	15
F23	1.347	1.960	1.565	1.253	1.218	1.429	1.345	1.306	1.197	1.016	0.964	1.034	15.634	23
F24	0.069	0.073	0.086	0.088	0.093	0.127	0.124	0.107	0.194	0.221	0.196	0.199	1.577	34
F25	0.921	0.884	0.841	0.935	1.058	1.129	1.117	1.200	1.216	1.280	1.262	1.232	13.075	24
F26	0.444	0.311	0.281	0.284	0.287	0.292	0.325	0.267	0.209	0.228	0.236	0.218	3.382	31
F27	3.587	4.298	4.005	4.299	4.289	4.796	5.272	5.261	4.859	5.722	5.396	5.570	57.354	11
F28	0.929	0.990	0.724	0.785	0.720	0.576	0.580	0.497	0.355	0.356	0.325	0.379	7.216	29
F29	3.337	3.357	4.340	5.605	6.316	7.084	6.967	7.552	7.166	7.402	7.268	6.890	73.284	9
F30	0.157	0.138	0.162	0.120	0.196	0.170	0.178	0.158	0.130	0.142	0.151	0.158	1.860	33
F31	3.176	3.557	3.373	3.275	3.181	3.018	2.898	3.112	3.355	2.884	2.760	3.099	37.688	16
F32	31.834	31.871	36.742	37.441	42.460	40.768	39.260	39.370	38.227	34.272	28.545	27.550	428.340	1
F33	1.404	1.046	1.132	1.151	0.944	1.051	1.101	0.971	0.645	0.792	0.840	0.795	11.872	26
F34	24.877	25.157	25.115	21.715	17.480	18.163	14.901	12.962	15.893	9.558	9.593	9.587	205.001	4
F35	0.390	0.350	0.410	0.328	0.284	0.261	0.201	0.193	0.099	0.095	0.100	0.056	2.767	32
F36	1.578	1.260	1.882	1.975	1.593	2.750	2.292	3.119	0.356	0.001	0.001	0.003	16.810	21

2003～2014 年，工业废水排放总量排在前六位的分别是：造纸及纸制品业 428.340 亿吨、化学原料及化学制品制造业 363.502 亿吨、纺织业 249.419 亿吨、电力热力的生产和供应业 205.001 亿吨、黑色金属冶炼及压延加工业 164.26 亿吨、农副食品加工业 157.895 亿吨，这六个行业分别占到全国工业废水排放总量的 17.7%、15%、10.3%、8.5%、6.8% 和 6.5%，共计达到总排放量的 64.8%。工业废水排放量最少的四个行业分别是：印刷业和记录媒介的复制 1.860 亿吨、文教体育用品制造业 1.577 亿吨、家具制造业 1.344 亿吨、其他采矿业 0.682 亿吨，这四个行业的排放总量都小于 2 亿吨，排放总量占到全国的比例都小于 1%。

共有 19 个行业的排放量呈下降的趋势，其中，排放量下降比较明显的行业有水的生产和供应业、燃气生产和供应业、交通运输设备制造业、其他采矿业四个行业；而排放量上涨趋势最明显的两个行业分别是纺织服装鞋帽制造业（F7）和通信设备计算机及其他电子设备制造业，其中，通信设备计算机及其他电子设备制造业的废水排放量从 2003 年的 1.321 亿吨，一直上涨到 2014 年 5.201 亿吨，年均上涨 13.3%。

2003～2004 年中国工业行业工业废气排放总量见表 2－16。

2003～2014 年，工业废气排放总量最大的三个行业分别是黑色金属矿采选业煤炭开采和洗选业（F3）、农副食品加工业（F17）、电力热力的生产和供应业（F34），其对应的排放量分别为 99.793 万亿标立方米、132.225 万亿标立方米、175.812 万亿标立方米，分别占到整个行业排放量的 18.4%、24.3%、32.4%，由此可见，这三个产业的排放量已经占到全国排放量的 75.1%。工业废气排放大户中的其他采矿业，年均排放量竟达到 2.48 万亿立方米。而工业废气排放量最少的行业有通用设备制造业（F23），饮料制造业（F29），非金属矿采选业（F1），家具制造业（F13），燃气生产和供应业（F35），通信设备、计算机及其他电子设备制造业（F22）六个行业，其排放总量分别为 0.095 万亿标立方米、0.119 万亿标立方米、0.168 万亿标立方米、0.308 万亿标立方米、0.331 万亿标立方米、0.350 万亿标立方米，其排放总量都还没占到全国排放总量的 0.1%。

工业废气排放减少趋势比较明显的行业有：电气机械及器材制造业（F6），文教体育用品制造业（F24），皮革、毛皮、羽毛（绒）及其制品业

表 2-16　2003~2014年中国工业行业工业废气排放总量

单位：万亿标立米

行业代码	2003年	2004年	2005年	2006年	2007年	2008年	2009年	2010年	2011年	2012年	2013年	2014年	总量	排序
F1	0.009	0.005	0.007	0.005	0.007	0.01	0.014	0.011	0.025	0.025	0.025	0.025	0.168	34
F2	0.994	1.153	1.318	1.674	1.863	2.056	1.946	2.43	3.189	3.18	3.264	3.617	26.684	5
F3	3.23	4.664	4.986	6.513	6.778	6.815	7.887	8.726	12.985	12.329	12.034	12.846	99.793	3
F4	0.043	0.049	0.085	0.145	0.229	0.216	0.194	0.208	0.887	0.508	0.548	0.568	3.680	11
F5	0.032	0.03	0.025	0.041	0.048	0.051	0.052	0.051	0.054	0.056	0.055	0.056	0.551	30
F6	0.175	0.219	0.195	0.289	0.399	0.403	0.367	0.418	0.217	0.169	0.159	0.154	3.164	13
F7	0.142	0.081	0.093	0.101	0.144	0.181	0.32	0.327	0.235	0.212	0.25	0.237	2.323	16
F8	0.08	0.081	0.084	0.225	0.219	0.151	0.211	0.31	0.222	0.206	0.203	0.215	2.207	18
F9	0.058	0.071	0.06	0.055	0.066	0.062	0.036	0.047	0.024	0.112	0.033	0.128	0.752	27
F10	0.336	0.385	0.452	0.54	0.641	0.532	0.611	0.77	1.709	0.615	0.672	0.67	7.933	7
F11	0.051	0.09	0.074	0.063	0.06	0.066	0.418	0.194	0.307	0.125	0.127	0.106	1.681	22
F12	0.059	0.065	0.062	0.055	0.077	0.104	0.11	0.106	0.152	0.201	0.242	0.225	1.458	24
F13	0.018	0.018	0.035	0.021	0.016	0.028	0.023	0.018	0.064	0.02	0.02	0.027	0.308	33
F14	0.243	0.263	0.302	0.384	0.358	0.337	0.345	0.326	0.434	0.316	0.288	0.286	3.882	10
F15	0.038	0.093	0.127	0.144	0.109	0.081	0.083	0.086	0.061	0.085	0.077	0.13	1.114	26
F16	0.08	0.091	0.094	0.11	0.139	0.223	0.149	0.247	0.287	0.295	0.313	0.316	2.344	15
F17	3.384	4.572	5.619	7.369	8.692	11.059	10.358	12.293	17.322	16.088	17.3	18.169	132.225	2
F18	0.272	0.256	0.289	0.331	0.308	0.269	0.323	0.277	0.207	0.219	0.223	0.222	3.196	12

续表

行业代码	2003年	2004年	2005年	2006年	2007年	2008年	2009年	2010年	2011年	2012年	2013年	2014年	总量	排序
F19	1.199	1.427	1.589	1.926	3.059	2.18	2.317	2.574	3.121	3.061	3.154	4.178	29.785	4
F20	0.178	0.183	0.194	0.228	0.236	0.245	0.233	0.232	0.204	0.325	0.236	0.209	2.703	14
F21	0.049	0.055	0.09	0.088	0.206	0.12	0.149	0.157	0.326	0.271	0.281	0.32	2.112	20
F22	0.012	0.021	0.029	0.025	0.026	0.042	0.033	0.018	0.041	0.033	0.033	0.037	0.350	31
F23	0.001	0.009	0.001	0.002	0.008	0.003	0.002	0.003	0.001	0.058	0.003	0.004	0.095	36
F24	0.053	0.045	0.079	0.074	0.036	0.056	0.076	0.083	0.026	0.034	0.06	0.046	0.668	28
F25	0.083	0.079	0.096	0.1	0.098	0.089	0.109	0.103	0.134	0.19	0.111	0.121	1.313	25
F26	0.738	0.985	0.913	1.023	1.219	1.423	1.58	1.871	2.176	2.038	2.135	2.129	18.230	6
F27	0.066	0.092	0.154	0.207	0.235	0.324	0.339	0.637	0.615	0.575	0.644	0.696	4.584	8
F28	0.054	0.072	0.124	0.116	0.126	0.224	0.193	0.243	0.163	0.113	0.126	0.151	1.705	21
F29	0.005	0.007	0.004	0.003	0.003	0.004	0.008	0.005	0.022	0.019	0.02	0.019	0.119	35
F30	0.067	0.089	0.114	0.124	0.18	0.183	0.156	0.179	0	0.294	0.376	0.394	2.156	19
F31	0.162	0.112	0.113	0.089	0.114	0.145	0.129	0.16	0.36	0.399	0.174	0.314	2.271	17
F32	0.065	0.083	0.053	0.049	0.075	0.066	0.054	0.056	0.01	0.03	0.013	0.017	0.571	29
F33	0.051	0.090	0.074	0.063	0.060	0.066	0.418	0.194	0.307	0.125	0.127	0.106	1.681	23
F34	6.801	7.974	8.835	10.157	12.548	12.191	14.362	18.255	20.291	20.344	22.545	21.509	175.812	1
F35	0.016	0.013	0.031	0.029	0.034	0.023	0.012	0.013	0.029	0.028	0.062	0.041	0.331	32
H36	0.188	0.207	0.245	0.237	0.303	0.346	0.368	0.415	0.547	0.45	0.507	0.574	4.387	9

资料来源：根据历年的《中国环境统计年鉴》数据整理计算得到。

（F18）、造纸及纸制品业（F32）。而排放增长趋势比较明显的行业有：石油和天然气开采业（F4）、医药制造业（F27）、食品制造业（F21）、印刷业和记录媒介的复制（F30），其年均增长率都超过了17.5%，特别是电气机械及器材制造业（F6）年均增长率达到26.4%。

2003~2010年中国工业行业工业固体废物产生量见表2-17。

表2-17　　　　2003~2010年中国工业行业工业固体废物产生量　　　单位：万吨

行业代码	2003年	2004年	2005年	2006年	2007年	2008年	2009年	2010年	总量	排序
F1	1007	868	1218	1170	1572	1388	1455	1780	10458	12
F2	8893	14927	12728	13680	21571	22424	23442	31969	149634	5
F3	13746	15082	18248	19352	18752	19571	23869	27316	155936	3
F4	138	136	149	119	184	145	175	207	1253	24
F5	10543	10691	16313	18339	21044	23589	25848	29338	155706	4
F6	62	50	42	43	58	69	71	81	476	29
F7	33	34	30	64	51	65	47	56	380	31
F8	529	870	690	679	660	790	732	754	5704	14
F9	2457	3208	3237	4224	4164	3944	4359	5161	30754	8
F10	15317	18623	23506	29149	29797	31459	33894	38008	219753	2
F11	288	322	342	376	355	339	373	461	2855	17
F12	7442	8406	9233	10152	11785	12064	12595	14359	86036	6
F13	9	14	42	33	21	18	16	18	171	34
F14	375	330	337	572	390	524	506	562	3596	16
F15	87	101	121	227	403	322	506	364	2131	20
F16	137	149	155	134	160	170	170	210	1285	23
F17	1205	1237	1317	1450	1732	2005	2091	2120	13157	10
F18	44	94	85	59	62	66	80	75	565	28
F19	45	81	58	107	140	46	46	73	595	27
F20	1519	1757	1841	1779	2407	4439	2994	3513	20249	9
F21	340	352	431	362	461	533	532	668	3679	15
F22	63	93	98	115	122	160	173	166	990	25
F23	180	192	478	205	217	392	489	573	2726	18
F24	2	9	9	4	4	4	3	4	39	36
F25	115	129	135	143	186	198	205	215	1326	22

续表

行业代码	2003 年	2004 年	2005 年	2006 年	2007 年	2008 年	2009 年	2010 年	总量	排序
F26	45	55	110	40	47	50	41	41	429	30
F27	259	250	243	258	317	353	346	406	2432	19
F28	61	67	56	46	33	41	26	31	361	32
F29	567	592	675	811	808	881	930	929	6193	13
F30	45	10	8	8	10	11	16	13	121	35
F31	3436	4275	4779	5544	6309	7197	7087	8791	47418	7
F32	1003	1177	1243	1596	1797	1800	1939	2321	12876	11
F33	249	132	168	138	130	124	187	211	1339	21
F34	19026	22770	25638	29135	37586	41726	45131	53823	274835	1
F35	132	164	119	112	133	156	56	73	945	26
H36	5	34	22	14	8	60	19	22	184	33

资料来源：根据历年《中国环境统计年鉴》数据整理计算得到。

　　由于工业固体废物排放量数据指标不完整，因此本书只能选取 2003 ~ 2010 年工业固体废物产生量来替代。从表 2 - 17 来看，工业固体废物产生总量最高的五个行业分别是黑色金属矿采选业、有色金属矿采选业、煤炭开采和洗选业、黑色金属冶炼及压延加工业和电力热力的生产和供应业，对应的固体废物产生量分别为 149634 万吨、155706 万吨、155936 万吨、219753 万吨和 274835 万吨，这五个行业的工业固体废物产生量占到全部行业的 78.5%。尤其是电力热力的生产和供应业，其固体废物年均 34354 万吨，是 36 个行业中最大的，而且其增长率相当高，从 2003 年的 19026 万吨，一直增加到 2010 年的 53823 万吨，年均增长率达到了 16%，可见未来应该加大对电力热力的生产和供应业固体废物的处理和利用。而工业固体废物产生量最少的四个行业分别是文教体育用品制造业、印刷业和记录媒介的复制、家具制造业与水的生产和供应业，这四个行业的固体废物产生量都小于 200 万吨。

　　从工业固体废物产生量增长率的情况来看，只有五个行业出现了显著的负增长趋势，分别是印刷业和记录媒介的复制、仪器仪表及文化办公用机械制造业、燃气生产和供应业、专用设备制造业、烟草制品业，其中仪器仪表及文化办公用机械制造业从 2004 年的 67 万吨一直下降到 2010 年的 31 万吨，下降超过了 50%。

第二节 中国环境规制的现状

一、中国环境规制的历史变迁

中国环境规制的变迁伴随着我国经济体制改变呈现出阶段性特征，即先后经历了改革开放之前的相对匮乏期、起步期、发展期和深化期。

（一）相对匮乏期（1972 年之前）

在中华人民共和国成立初期至 20 世纪 70 年代初，我国都是实行高度集中的计划经济体制，由于经济发展水平落后，工业基础薄弱，环境污染问题不严重，并不存在现代意义上的环境规制。然而作为对计划经济不完善的纠正，此时与环境保护有关的行政机构、条例和准则已经开始出现。1953 年劳动部制定了《工厂安全卫生暂行条例》首次涉及防治大气污染的内容。1955 年制定了《自来水水质暂行标准》，首次对防治水污染做出了规定。1956 年劳动部颁布的《工厂安全卫生规程》首次对防治噪声污染进行了规定。1957 年国务院有关部门颁布的《关于注意处理工矿企业排出有毒废水、废气问题的通知》进一步对防治水污染进行了具体规定。同年制定的《中华人民共和国治安管理处罚条例》也对城市噪声污染进行了处罚规定。1973 年制定的《工业"三废"排放试行标准》以正式的形式对废水、废气和固体废弃物的排放进行了定量的规定。总的来看，这一时期的环境规制机构、部门，以及制定的环境规制章程和条例都相对匮乏，无法适应环境规制的需要。

（二）起步期（1972~1982 年）

随着我国工业化的发展特别是重工业的发展，环境污染问题开始引起政府的重视。随着 1978 年中共十一届三中全会的召开，我国拉开了经济体制改革的序幕。乡镇企业的异军突起有力带动了我国经济发展的同时，也带来了严重的环境污染。为了解决这些问题，政府开始有意识地加强了环境规制。1978 年首次将环境保护写入全国人大会议修订通过的《中华人民共和国宪法》，这也为后来我国各地区和机构出台环境保护的规章和制度提供了宪法依据。1979 年国务院颁布了第一部专门的环境保护法律《中华人民共和国环境保护法（试行）》，明确提出了建立环境保护机构及其工作职能，这为我国的环境保护工作全面开展奠定了法律基础。1981 年国务院发布了《关于在国民经济调整时期加强环境保护工作的决定》。1982 年 6 月国务院发布施行了《水土保持工作条例》；接着全国人大常委会通过了《中华人民共和国海洋环境保护法》，首次专门对我国海洋环境和资源进行了保护；同年又颁布实施了《征收排污费暂行办法》，进一步细化了排污费征收的标准，为各地区开展排污费征收提供了可行性的依据。

（三）发展期（1983～1995 年）

1983 年底国务院召开的第二次全国环境保护会议，确定了将环境保护作为我国必须坚持的一项长期基本国策，并制定了"经济建设、城乡建设、环境建设，同步规划、同步实施、同步发展，实现经济效益、社会效益和环境效益相统一"的指导方针，以及实行"预防为主，防治结合""谁污染，谁治理"和"强化环境管理"的三大政策。此后的几年里出台的重要环境规制法规有：1983 年全国人大常委会通过了《中华人民共和国防止船舶污染海域管理条例》，同年国务院颁布了《中华人民共和国海洋石油勘探开发环境保护管理条例》；1984 年 5 月 11 日全国人大常委会通过了《中华人民共和国水污染防治法》，同年国务院环境保护委员会颁布了《关于防治煤烟型污染技术政策的规定》；1986 年国务院环境保护委员会发布了《关于防治水污染技术政策的规定》；1987 年全国人大常委会通过了《中华人民共和国大气污染防治法》；1988 年国家环境保护局发布了《水污染物排放许可证管理暂行办法》以及国务院环保委员会等部门颁布了《关于防治造纸行业水污染的规定》。

1989 年 4 月第三次全国环境保护会议召开，提出了三大政策和八项制度①，以促进经济与环境的协调发展。这一次会议进一步将环境保护国策具

---

①　三大政策为：一是预防为主，防治结合；二是谁污染，谁治理；三是强化环境管理。八项制度分别是：环境影响评价制度、城市环境综合整治定量考核制度、"三同时"制度、排污收费制度、环境保护目标责任制度、排污申报登记和排污许可证制度、限期治理制度、污染集中控制制度。

体化了，同时也开始了环境保护迈向制度化管理时代，是我国环境保护走向成熟的重要标志。此后一些新的细分环境保护法开始陆续颁布，不断完善和细化了我国的环境保护制度。如：1989 年 7 月国家环境保护局联合卫生部、建设部、水利部、地质矿产部颁布了《饮用水源保护区污染防治管理规定》，接着国家环保局颁布了《中华人民共和国水污染防治法实施细则》，同年 9 月国务院常务会议通过了《中华人民共和国环境噪声污染防治条例》，同年 12 月重新修订并通过了全国人大常委会第十一次会议的《中华人民共和国环境保护法》确立并形成了"统一监管与分级、分部门的监督管理相结合的环境管理体制"。[①] 1991 年 2 月国务院颁布了《中华人民共和国土地管理法实施条例》，接着 6 月全国人大常委会第二十次会议通过了《中华人民共和国水土保持法》。同年也开始细化了一些污染物的排污收费标准，如《超标环境噪声排污费征收标准》《超标污水排污费征收标准》等。1992 年 8 月中国参加了联合国环境与发展大会后颁布了《中国环境保护行动计划》，同年 9 月国务院联合多部门出台了《关于开展征收工业燃煤二氧化硫排污费试点工作的通知》。1993 年 8 月国务院出台了《中华人民共和国水土保持法实施条例》。1994 年 3 月国务院出台了《中华人民共和国矿产资源法实施细则》。1995 年 10 月第八届全国人大常委会第十六次会议通过了《中华人民共和国固体废物污染环境防治法》。

（四）深化期（1996～2016 年）

1996 年 7 月国务院召开了第四次全国环境保护会议，提出"保护环境就是保护生产力"的观点，并将保护环境视为可持续发展的关键，至此我国环境保护翻开了崭新的一页。1996 年 8 月国务院发布了《关于加强环境保护若干问题的决定》和《污染物排放总量控制计划》，同年第八届全国人大常委会第二十一次、第二十二次会议先后通过了《中华人民共和国煤炭法》和《中华人民共和国环境噪声污染防治法》。1997 年 11 月第八届全国人大常委会第二十八次会议通过了《中华人民共和国节约能源法》。1998 年 1 月国家环保

---

① 于文超：《环境规制的影响因素及其经济效应研究》，西南财经大学出版社 2014 年版，第 39 页。

局制定了《酸雨控制区和二氧化硫污染控制区划分方案》，同年国务院发布了《全国生态环境建设规划》。2000年3月国务院颁布了《中华人民共和国水污染防治法实施细则》，同年11月国务院颁布了《全国生态环境保护纲要》。

2002年国务院召开的第五次全国环境保护会议，将环境保护作为政府的一项重要职能。2002年1月国务院颁布了《排污费征收使用管理条例》，同年第九届全国人大常委会第二十八次和第三十次会议先后通过了《中华人民共和国清洁生产促进法》和《中华人民共和国环境影响评价法》。2003年6月第十届全国人大常委会第三次会议通过了《中华人民共和国放射性污染防治法》。2005年2月第十届全国人大常委会第十四次会议通过了《中华人民共和国可再生能源法》。2005年7月国务院发布《关于加快发展循环经济的若干意见》，同年12月国务院发布了《关于落实科学发展观加强环境保护的决定》。除了新的环境规制法规出台外，在1999年和2002年，分别对《中华人民共和国海洋环境保护法》和《中华人民共和国水法》进行了修订。

2006年4月召开的第六次全国环境保护会议，强调将环境保护放在更加重要的战略位置，并提出要将环境保护与经济发展并重，且两者同步发展，同时运用多种手段和途径来解决环境问题。此后，2007年5月国务院发布了《节能减排综合性工作方案》，同年《国家环境保护"十一五"规划》对二氧化硫等污染物排放总量进行了规定。2008年8月第十一届全国人大常委会第四次会议通过了《中华人民共和国循环经济促进法》来促进循环经济和可持续发展。2009年8月国务院颁布了《规划环境影响评价条例》。2009年还对《中华人民共和国可再生能源法》进行了修订。

2011年12月第七次全国环境保护会议，强调了在加快转变经济发展方式时期加快环境保护的紧迫性和重要性。2011年10月国务院颁布了《关于加强环境保护重点工作的意见》。2014年4月第十二届全国人大常委会第八次会议修订了《中华人民共和国环境保护法》。2015年8月第十二届全国人大常委会第十六次会议对《中华人民共和国大气污染防治法》进行了修订。2016年我国加快了环境保护法律修改的进程。7月先后对《中华人民共和国环境影响评价法》《中华人民共和国节约能源法》《中华人民共和国水法》《中华人民共和国防洪法》《中华人民共和国职业病防治法》《中华人民共和国航道法》六部法律进行了修订。

二、中国环境规制历史演进

(一) 中国环境管理机构体系

中国的环境管理体制总体上是实行以中央环境保护行政主管部门统一规制下，各有关部门依照法律规定实施监督管理的地方政府负责制。这种环境分权状态下，地方政府具有较大的自主权和裁量权。各地方政府为了提高本地区环境质量，依法对行政区域内环境资源利用行为进行监督和管理，预防和打击环境污染相关的违法行为。目前中国的环境规制机构有以下三种[①]：环境经济综合管理机关、环境保护统一监督管理机关、环境保护部门监督管理机关（见图2-10）。

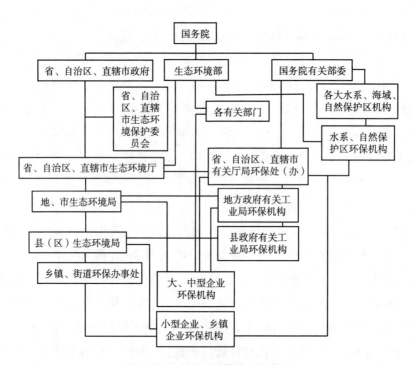

图 2 - 10 中国环境管理机构体系

---

① 张红凤、张细松等：《环境规制理论研究》，北京大学出版社2012年版，第135～136页。

（二）中国环境规制的制度演进

环境污染具有负外部性，仅仅通过市场作用无法将环境污染外部成本内部化，因此为了克服市场失灵、提高资源的配置效率，必须进行适当的政府干预（Pigou，1932）。中国的环境规制起步较晚，环境规制措施经历了从无到有、从弱到强的变化过程，采取的环境规制措施从传统的命令控制型环境规制手段为主，慢慢开始向以市场为基础的经济激励型环境规制手段转变。自1979年我国第一部环境保护法律《中华人民共和国环境保护法（试行）》实行以来，经过不断地发展和完善，逐步形成了以命令控制型环境规制工具、市场激励型环境规制工具和公众参与型环境规制工具为核心的环境规制政策体系。

1. 命令控制型工具

命令控制型环境规制是一直以来应用较为广泛的一种传统型环境规制手段，其主要原理是政府通过各种法律和行政手段，对企业的污染控制目标、技术、标准进行严格限制，以提高环境绩效。从对环境污染施加影响的时间来看，我国的命令控制型环境规制工具分为事前、事中和事后三个阶段。从细分种类来看，我国实行的命令控制型环境规制主要有以下四种。

一是环境影响评价制度。环境影响评价制度最早是在美国实行，该制度要求政府部门在开发或批准建设项目之前，需要先对其预期产生的环境影响进行报告。我国将环境影响评价制度正式纳入法制化的标志是1979年出台的《中华人民共和国环境保护法（试行）》。该法第六条明确规定企业在新建、改建和扩建工程时，必须对环境污染及其影响做出评价报告，并报经环保部和其他相关部门审查获批后才能实行。这是一种典型的事前命令控制型环境规制工具，能有效控制环境污染的发生。此后，我国不断对其基本内容和程序进行了完善，各种类型的环境法律也在环境影响评价上进行了规定。同时，各个省区市也在该法律基础上结合地区实际情况制定了更加详细的实施细则和操作办法。环境影响评价制度实施以来显著降低了我国的污染排放量，在我国环境保护方面占据了主导地位。

二是"三同时"制度。"三同时"制度是我国最早出台的环境管理制度，早在 1973 年国务院颁布的《关于保护和改善环境的若干规定（试行）》对"三同时"制度进行了明确规定。所谓"三同时"制度，是指在建设项目中的水污染、噪声污染和固体废物污染相关的环保设施，必须与主体工程同时设计、同时施工、同时投产使用。"三同时"制度规定所有达不到规定要求的项目不允许进行投产使用，否则环保部门将责令其停止生产或使用，并处以罚款。1979 年，"三同时"制度被列入《中华人民共和国环境保护法》。在实践中，大城市和大中型企业的执行率较高，而小城镇和乡镇企业的执行率较低。①

三是污染物排放标准控制。污染物排放标准管制制度颁布于 20 世纪 80 年代，在各部法律中对污染物排放标准做了严格的规定。规制对象包括了各种污染源，不但制定了国家标准，还制定了地方标准、专业性标准（大气污染标准和水污染标准）。各地方政府可以在国家标准的基础上针对还没有规定的项目，制定更加严格的污染排放标准，但必须报国务院环境保护部门备案。②

四是污染物许可证制度。《中华人民共和国大气污染防治法》和《中华人民共和国水污染防治法》分别是对我国大气污染和水污染进行防治的专门法律。排污许可证制度的实行通常有三个环节：一是排污的申报登记；二是污染物排放总量的规划分配；三是审核发证及许可证的监督管理。对不超过国家和地方规定的污染物排放标准及排放总量指标的可以办理排污许可证。《危险废物经营许可证管理办法》也对危险废物的经营许可证制度的管理进行了法律上的限定。

此外，我国还采取了限期治理、污染集中控制、关停并转和城市环境综合整治定量考核等措施。这些措施都对环境污染影响作出评价，并对严重的污染即生态破坏都进行了限期治理等强制性措施。我国实施的命令控制型环境规制措施见表 2 – 18。

---

① 张红凤、张细松等：《环境规制理论研究》，北京大学出版社 2012 年版，第 138 页。

② 周长富、王竹君：《环境规制下中国制造业转型升级的机制与路径》，南京大学出版社 2016 年版，第 19 页。

表 2 - 18　　　　　　　我国实施的命令控制型环境规制措施

政策工具	实施时间	规制范围
环境影响评价制度	1998 年	主要流域
"三同时"制度	1972 年	局部流域到重点流域
污染物排放标准控制	1979 年	全国
污染物许可证制度	1989 年	全国
限期治理	20 世纪 70 年代	主要流域
污染集中控制	1989 年	全国
关停并转	1996 年	主要城市重点企业
"排污"申报	1992 年	全国

资料来源：周长富、王竹君，《环境规制下中国制造业转型升级的机制与路径》，南京大学出版社 2016 年版，第 20 页。

2. 市场激励型工具

市场激励型环境规制是基于"污染者付费"原则，通过市场信息来激励污染者做出合理的排污决策。跟命令控制型环境规制制定严格的环境标准不同，市场激励型环境规制是基于市场原则，让污染者在追求自身利益最大化的同时，实现污染排放的最优控制，达到经济与环境的双赢目标。因此，市场激励型环境规制工具更能激励污染者采用绿色先进的绿色技术来降低生产成本，从何获得超额收益。目前我国主要的市场激励型环境规制工具有排污收费制度、排污权交易制度、环境补贴制度等。

一是排污收费制度。排污收费制度是指环保部门依据我国相关法律根据污染物排放种类和排放量大小对污染物排放单位征收一定的费用或税收。

中国从 1978 年开始就提出了排污收费制度，1982 年 7 月施行的《征收排污费暂行办法》，明文规定对超过规定的污染排放量进行收税，这标志着中国开始正式实行排污收费制度。然而该办法在实际执行中也存在一些不足，比如：环境规制标准和征收税率相对较低，导致环境污染的边际成本小于单位污染的排污收费，因此无法对污染企业产生明显的减排激励。另外，由于人为因素的影响，不同地区在排污征收标准和实际执行上存在较大的差异，不同地区的污染主体面临不同的污染罚款。针对以上问题，2003 年 7 月开始施行的《排污费征收使用管理条例》，将原先的超标排放收费向以污染物的种类、总量排污收费与超标收费并存的方式转变，并相应地提高了排污收费标准。此后，国务院、财政部、环保总局又相继颁布了《排污费征收标准管理办法》《排污费资金收缴使用管理办法》等法律法规。排污收费制度实施以来，不仅让企业自觉降低了污染排放量，保护了环境，还为治理环境污染提供了资金来源。

二是排污权交易制度。排污权交易理论最早是由美国经济学家戴尔斯（J. H. Dales，1968）提出，该理论认为，在污染排放总量控制的情况下，可以将污染物排放的权利当作商品一样放到市场上进行买入和卖出，污染治理成本较低的企业可以将剩余的排污权转让给污染治理成本较高的企业从而获取收益，以此激励企业减少污染，降低污染治理成本。该理论将通过法律形式将环境使用这一经济权利与市场机制相结合，通过政府"有形之手"和市场"无形之手"相互配合来提高环境规制效率。美国联邦环保局在 1974 年正式将排污权交易机制应用到大气污染治理。此后，其他 OECD 国家也开始纷纷效仿美国，开始尝试将排污权交易运用到国内环境管理制度中。我国早在 20 世纪 80 年代，就在上海、天津和包头等城市开展排污权试点尝试。90 年代，为了控制酸雨，我国先后在本溪和南通两个城市开展 SO_2 排污权交易试点工作。2002 年又进一步在上海、天津、山东、柳州、山西、江苏和河南开展 SO_2 排污权交易试点。2007 年浙江嘉兴排污权交易中心正式挂牌成立，多家企业与中心签订了排污权交易合同，这也意味着我国的排污权交易开始正式走向规范化。目前我国有 11 个省区市被国家批准为排污权交易试点单位，而排污权交易制度还有较大的完善空间。

三是环境补贴制度。为了提高企业环境保护的积极性，世界上很多国家都采用了环境补贴政策。所谓环境补贴政策，是指政府对一些企业为了达到环境规制标准导致治理污染成本上升而进行专门的财政补助。我国自 1982 年开始实施环境补贴政策以来，补贴的领域和范围不断扩大。2009 年和 2010 年先后出台了《环境保护、节能节水项目企业所得税优惠项目（试行）》《环境保护、节能节水项目企业所得税优惠目录（试行）》对一些符合环保部门规定的环保类项目采取税收优惠和减免政策。

此外，我国还采取了押金返还制度、生态环境补偿费等市场激励型环境规制工具。

表 2 – 19 我国实施的市场激励型环境规制措施

政策工具	实施时间	规制范围
超标排污费	1982 年	全国
污水排污费	1991 年	全国
SO_2 排放总量控制及排污权交易政策	2002 年	部分省份
生态环境补偿费	1989 年	部分省份
矿产资源税和补偿费	1986 年	全国
治理设施运行保证金	1995 年	常熟市
补贴	1982 年	全国

资料来源：周长富、王竹君，《环境规制下中国制造业转型升级的机制与路径》，南京大学出版社 2016 年版，第 20 页。

3. 公众参与型工具

一是信息公开制度。中国的环境信息公开在学习、借鉴国外经验的基础上主要通过自上而下来推动，这一点与西方社会自下而上推动环境信息公开的特征有较大的不同。1989 年颁布的《中华人民共和国环境保护法》（以下简称《环境保护法》）在第二章第十一条和第四章第三十一条指出，对于可能造成污染事故的单位，应该向公众及时通告；政府环境保护行政主管部门有义务定期披露与环境有关的信息。政府向公众发布信息一般有两种方式：一种是信息披露，另一种是环境认证。

二是公众参与监督制度。《环境保护法》《国务院关于环境保护若干问题的决定》《环境信访办法》以及《中共中央关于全面深化改革若干重大问题的决定》对公众参与监督的权利、机制以及监督检举内容和检举方式都做了明确说明。由此可见，充分发挥社会团体的参与监督作用是解决环境问题的一种重要方式。总体来看，目前这类环境规制工具取得了长足的进展，但要真正实现有效的公众监督作用尚有很长的路要走。

三是自愿参与型制度。中国自 20 世纪 90 年代中期起开始尝试以开展自愿活动来促进环境保护与可持续发展。比如，在经济领域提倡环境标志产品、绿色食品、有机食品以及环境管理体系的认证，支持生态工业园区与环境友好企业的建设等；在社会层面上利用绿色社区、环境优美乡镇、生态县市、环保模范城市等评选和创建活动，引导大众广泛参与。

三、中国主要环境规制工具执行情况

（一）环境影响评价制度执行情况

由于环境影响评价制度基于"先评价、后建设"的原则可以有效避免或减少建设项目对环境所产生的影响，在国际上越来越受到重视。1979 年颁布的《环境保护法（试行）》使环境影响评价制度化、法律化。而我国真正执行严格的环境影响审批制度是从 1998 年国务院颁布的《建设项目环境保护管理条例》开始，要求对环境有影响的企业，其建设项目都必须通过环境评价制度的审批。由表 2 - 20 可以看出，我国新建项目环境评价执行率[①]呈逐年上升趋势，从 1997 年的 85.4% 上升到 2011 年的 99.9%，说明环境评价影响制度已经较好地落实，有效控制了污染的源头。

表 2 - 20　　　　　　　　　中国主要环境规制措施的执行情况

年份	环境影响评价制度执行情况			"三同时"制度执行情况			排污费征收制度执行情况	
	新开工的建设项目数（万项）	执行环境评价项目数（万项）	环境影响评价制度执行率（%）	实际执行"三同时"项目数（项）	"三同时"执行合格率（%）	当年完成环保验收项目总投资（亿元）	排污费征收金额（亿元）	排污费缴纳单位数（万个）
1997	7.99	6.82	85.4	16650	86.6	2425.2	45.4	56.3
1998	8.32	7.89	94.8	18063	90	3485	49.0	65.3
1999	10.24	9.49	92.7	22522	94.1	4289.9	55.5	72.2
2000	13.93	13.51	97	28709	95	4375.4	58.0	73.9
2001	19.38	18.8	97	36020	96	9349	62.2	77.0
2002	23.72	23.31	98.3	51882	96.1	7550.4	67.4	91.8
2003	28.11	27.8	98.9	63191	96.5	8532.7	—	—
2004	32.32	32.1	99.3	78907	95.7	11802.1	94.2	73.3
2005	31.56	31.4	99.5	70793	94.7	15986.5	123.2	74.6
2006	36.48	36.35	99.7	81480	91.3	76463.7	144.1	67.1

---

① 环境评价执行率等于执行环境评价项目数与新开工的建设项目数的比值。

续表

年份	环境影响评价制度执行情况			"三同时"制度执行情况			排污费征收制度执行情况	
	新开工的建设项目数（万项）	执行环境评价项目数（万项）	环境影响评价制度执行率（%）	实际执行"三同时"项目数（项）	"三同时"执行合格率（%）	当年完成环保验收项目总投资（亿元）	排污费征收金额（亿元）	排污费缴纳单位数（万个）
2007	28.05	27.8	99.1	84217	97.6	27154.4	173.6	63.6
2008	26.83	26.8	99.9	95453	98	33409.1	185.2	49.7
2009	24.9	24.8	99.8	97049	92.9	48393.1	172.6	44.6
2010	39.02	39	99.9	106765	98	49853.7	188.2	40.1
2011	37.82	37.78	99.9	127819	97.9	67446.2	189.9	37.1
2012	—	—	—	132310	97.3	98720.9	188.9	35.1

资料来源：根据1997～2012年《中国环境统计年报》和1998～2013年《中国环境统计年鉴》整理获得。

（二）"三同时"制度执行情况

所谓"三同时"制度，是指环境保护设施的建设必须与主体工程同时设计、同时施工、同时投产使用，保证项目建成后，企业污染物排放必须符合国家或地方规定的排放标准。从表2-20可以看出，自我国"三同时"制度实施以来，我国实际执行"三同时"项目数和"三同时"执行合格率①都有了显著提高。其中，实际执行"三同时"项目数从1997年的16650项增加至2012年的132310项，增加了将近7倍；"三同时"执行合格率也从86.6%上升到97.3%。同时，当年完成环保验收项目总投资也从1997年的2425.2亿元上涨到2012年的98720.9亿元。

（三）排污收费制度执行情况

中国是世界上最早实行排污费征收的国家之一。1979年颁布的《中华人民共和国环境保护法（试行）》正式规定了排污收费制度。1982年颁布的《征收排污费暂行办法》意味着我国开始正式实施排污收费制度。经过30多

---

① "三同时"执行合格率等于"三同时"合格项目数与应执行"三同时"项目数之比。

年的发展和完善，目前我国制定了包括污水、废气、固体废物及危险废物、噪声、放射性废物等五大类污染物排污收费标准。从排污费征收金额来看，1997~2002 年排污费从 45.4 亿元一直上涨到 67.4 亿元，增长了近 50%；而从 2004 年①开始，排污费出现了先快速增加，然后逐渐平缓的趋势，从 2004 年的 94.2 亿元快速上涨到 2008 年的 185.2 亿元，增长了将近 1 倍，此后一直维持在 190 亿元左右。从排污费缴纳单位数来看，1997~2002 年从 56.3 万个一直上涨到 91.8 万个，上涨了 63%，超过了同时期排污费征收额的增长速度；而从 2004 年开始排污费缴纳单位数开始出现了明显下降，特别是 2008 年世界金融危机爆发后，排污费缴纳单位数出现了大幅度下降，从 2007 年的 63.6 万个一直下降到 2012 年的 35.1 万个，减少了将近一半。排污费征收金额上涨，而排污费缴纳单位数量却在下降，对比说明我国排污费征收制度的环境规制力度在不断加强。

第三节 小 结

本章首先采用 2004~2013 年的省际数据，从各省份主要工业污染物排放总量状况、各省份单位工业产值主要污染物排放状况、工业污染治理投资的主要状况、工业行业污染物排放状况四个方面分析了各省份的工业污染状况。研究发现如下所述。

（1）从工业污染物排放总量来看呈现出东部地区最高、中部地区次之、西部地区最少的格局；从增长率来看，则呈现出"西—中—东"依次递减的格局。

（2）从单位工业产值主要污染物排放状况来看，呈现出西部地区最高、中部地区次之、东部地区最低；从下降的幅度来看，呈现出"西—中—东"依次递减的格局。

（3）从工业污染治理投资状况来看，东部地区污染治理投资最高，中部

---

① 2003 年我国颁布的《排污费征收使用管理条例》对原来的《征收排污费暂行办法》进行了修订，对收费标准、收费对象和收费体制进行了修订，因此缺少 2003 年的相关数据。

地区和西部地区基本相同；而从年均增长率变化来看，呈现出"东—中—西"依次递减的格局。

（4）从工业行业污染物排放状况来看，采矿业，制造业，电力、热力、燃气及水的生产和供应业三大类行业的污染排放情况各不相同。其中，化学原料及化学制品制造业、造纸及纸制品业、皮革毛皮羽毛（绒）及其制品业、煤炭开采和洗选业等污染密集型行业的污染物排放量较大。

其次，本章从中国环境规制的历史变迁、中国环境规制历史演进、中国主要环境规制工具执行情况三个方面分析了我国环境规制现状。发现，我国的环境管理体制、环境规制政策经历了从相对匮乏直至日趋完善的过程；环境规制工具选择越来越丰富，环境规制力度也开始逐渐加强。

第三章　中国绿色技术创新现状分析

第一节　我国技术创新现状

一、我国创新投入现状

R&D 人员全时当量和 R&D 经费内部支出是衡量一个国家创新投入的重要指标，根据《中国科技统计年鉴》数据，我国创新投入现状见表 3-1。

表 3-1　　　2004～2020 年我国 R&D 人员全时当量情况

年份	R&D 人员		基础研究		应用研究		试验发展	
	数值 （万人年）	增长率 （%）	数值 （万人年）	比重 （%）	数值 （万人年）	比重 （%）	数值 （万人年）	比重 （%）
2004	115.26	5.26	11.07	9.60	27.86	24.17	76.33	66.22
2005	136.48	18.41	11.54	8.46	29.71	21.77	95.23	69.78
2006	150.25	10.09	13.13	8.74	29.97	19.95	107.14	71.31
2007	173.62	15.55	13.81	7.95	28.60	16.47	131.21	75.57
2008	196.54	13.20	15.40	7.84	28.94	14.72	152.20	77.44
2009	229.13	16.58	16.46	7.18	31.53	13.76	181.14	79.06
2010	255.38	11.46	17.37	6.80	33.56	13.14	204.46	80.06
2011	288.29	12.89	19.32	6.70	35.28	12.24	233.73	81.07
2012	324.68	12.62	21.22	6.54	38.38	11.82	265.09	81.65
2013	353.28	8.81	22.32	6.32	39.56	11.20	291.40	82.48

续表

年份	R&D 人员		基础研究		应用研究		试验发展	
	数值 （万人年）	增长率 （%）	数值 （万人年）	比重 （%）	数值 （万人年）	比重 （%）	数值 （万人年）	比重 （%）
2014	371.06	5.03	23.54	6.34	40.70	10.97	306.82	82.69
2015	375.91	1.31	25.30	6.73	43.00	11.44	307.50	81.80
2016	387.80	3.16	27.50	7.09	43.90	11.32	316.40	81.59
2017	403.40	4.02	29.00	7.19	49.00	12.15	325.40	80.66
2018	438.10	8.60	30.50	6.96	53.90	12.30	353.80	80.76
2019	480.10	9.59	39.20	8.16	61.50	12.81	379.40	79.03
2020	523.50	9.04	42.70	8.16	64.30	12.28	416.50	79.56
均值	306.05	9.74	22.32	7.46	39.98	14.27	243.75	78.28

资料来源：根据《中国科技统计年鉴》数据整理计算得到。

全时当量是国际可比的能反映各国家和地区的企业创新活动人力投入指标，从表 3-1 可知，2020 年我国的 R&D 人员总量达到 523.50 万人年，较 2019 年增加了 43.40 万人年，增速为 9.0%。从年均增长率来看，2020 年我国 R&D 人员全时当量是 2004 年的 4.5 倍，17 年间年均增长率达到 9.74%。从构成来看，R&D 人员全时当量的投入比重从大到小分别是试验发展、应用研究和基础研究，其中试验发展投入比重达到了 70% 以上。

由表 3-2 可知，2004~2020 年我国 R&D 经费内部支出总额逐年增加，从 2004 年的 1966.30 亿元增加到 2020 年的 24393.10 亿元，并且在 2012 年首次超过 10000 亿元。按可比价来计算，这 17 年间，我国 R&D 经费内部支出年均增长率达到 17.82%。

表 3-2　　　　　2004~2020 年我国 R&D 经费内部支出情况

年份	R&D 经费内部支出		基础研究		应用研究		试验发展		投入强度 （%）
	数值 （亿元）	现价增长 率（%）	数值 （亿元）	比重 （%）	数值 （亿元）	比重 （%）	数值 （亿元）	比重 （%）	
2004	1966.30	27.71	117.18	5.96	400.49	20.37	1448.67	73.67	1.23
2005	2450.00	24.60	131.21	5.36	433.53	17.70	1885.24	76.95	1.32
2006	3003.10	22.58	155.76	5.19	488.97	16.28	2358.37	78.53	1.38
2007	3710.20	23.55	174.52	4.70	492.94	13.29	3042.78	82.01	1.38

续表

年份	R&D 经费内部支出		基础研究		应用研究		试验发展		投入强度（%）
	数值（亿元）	现价增长率（%）	数值（亿元）	比重（%）	数值（亿元）	比重（%）	数值（亿元）	比重（%）	
2008	4616.00	24.41	220.82	4.78	575.16	12.46	3820.04	82.76	1.46
2009	5802.11	25.70	270.29	4.66	730.79	12.60	4801.03	82.75	1.68
2010	7062.58	21.72	324.49	4.59	893.79	12.66	5844.30	82.75	1.73
2011	8687.01	23.00	411.81	4.74	1028.39	11.84	7246.81	83.42	1.79
2012	10298.41	18.55	498.81	4.84	1161.97	11.28	8637.63	83.87	1.93
2013	11846.60	15.03	554.95	4.68	1269.12	10.71	10022.53	84.60	2.01
2014	13015.63	9.87	613.54	4.71	1398.53	10.75	11003.56	84.54	2.05
2015	14169.90	8.87	716.10	5.05	1528.60	10.79	11925.10	84.16	2.06
2016	15676.70	10.63	822.90	5.25	1610.50	10.27	13243.40	84.48	2.11
2017	17606.10	12.31	975.50	5.54	1849.60	10.50	14781.40	83.96	2.37
2018	19677.90	11.77	1090.40	5.54	2190.90	11.13	16396.70	83.33	2.38
2019	22143.60	12.53	1335.60	6.03	2498.50	11.28	18309.50	82.69	2.24
2020	24393.10	10.16	1467.00	6.01	2757.20	11.30	20168.90	82.68	2.40
均值	10948.54	17.82	581.23	5.31	1253.45	11.45	9113.88	83.24	1.85

资料来源：根据《中国科技统计年鉴》数据整理计算得到。

从 R&D 经费内部支出构成来看，这 17 年间，试验发展支出占到 80% 以上，其次是应用研究，最少的是基础研究。

R&D 经费投入强度作为国际上通用的反映国家创新能力的指标，具体计算是采用研发经费支出占地区 GDP 的比重来表示。由表 3 - 2 可知，近 17 年我国研发经费投入强度逐渐增加，从 2004 年的 1.23% 一直上升到 2020 年的 2.40%，上涨了将近 69%，且年均值为 1.85%。其中 2013 年投入强度首次超过了 2.0%，达到 2.01%，2014 年又上升到 2.05%，此后一直上涨到 2.40%。

表 3 - 3 显示了 2004 ~ 2019 年我国按执行部门分的 R&D 经费内部支出统计结果。从 R&D 活动执行部门来看，企业、研究与开发机构、高等学校以及其他部门构成了我国 R&D 活动的主要执行部门，各部门的 R&D 经费支出均呈逐年上涨的趋势。企业作为我国 R&D 活动重要的执行部门，其 R&D 经费内部支出所占比重呈逐年增加的趋势，从 2004 年的 66.83% 上升至 2019 年的

76.42%。其中企业 R&D 经费内部支出绝大部分来自大中型工业企业。相比之下，研究与开发机构、高等学校的支出比重则出现了一定幅度的下降，其中研究与开发机构从 2004 年的 21.96%，一直下降到 2019 年的 13.91%，下降了 8.05%；高等学校支出从 2004 年的 10.22%，先下降到 2014 年的 6.90%，此后呈现出缓慢增长的趋势，2019 年达到 8.11%。

表 3-3　　2004~2019 年按执行部门分我国 R&D 经费内部支出情况

| 年份 | 企业 | | 大中型工业企业 | | 研究与开发机构 | | 高等学校 | | 其他 | |
	数值(亿元)	比重(%)	数值(亿元)	比重(%)	数值(亿元)	比重(%)	数值(亿元)	比重(%)	数值(亿元)	比重(%)
2004	1314.0	66.83	954.4	48.54	431.7	21.96	200.9	10.22	19.7	1.00
2005	1673.8	68.32	1250.3	51.03	513.1	20.94	242.3	9.89	20.8	0.85
2006	2134.5	71.08	1630.2	54.28	567.3	18.89	276.8	9.22	24.5	0.82
2007	2681.9	72.28	2112.5	56.94	687.9	18.54	314.7	8.48	25.7	0.69
2008	3381.7	73.26	2681.3	58.09	811.3	17.58	390.2	8.45	32.9	0.71
2009	4248.6	73.29	3210.2	55.33	996.0	17.17	468.2	8.07	89.4	1.54
2010	5185.5	73.42	4015.4	56.85	1186.0	16.80	597.3	8.46	93.4	1.32
2011	6579.3	75.74	5030.7	57.91	1306.7	15.04	688.9	7.93	112.1	1.29
2012	7842.2	76.15	5992.3	58.19	1548.9	15.04	780.6	7.58	126.7	1.23
2013	9075.9	76.61	6744.1	56.93	1781.4	15.04	856.7	7.23	132.6	1.12
2014	10060.6	77.30	7319.7	56.24	1926.2	14.80	898.1	6.90	130.7	1.00
2015	10881.3	76.79	7792.4	54.99	2136.5	15.08	998.6	7.05	153.5	1.08
2016	12144.0	77.47	8289.5	52.88	2260.2	14.42	1072.2	6.84	200.4	1.28
2017	13660.2	77.59	8976.2	50.98	2435.7	13.83	1266.0	7.19	244.2	1.39
2018	15233.7	77.42	9542.7	48.49	2691.7	13.68	1457.9	7.41	294.6	1.50
2019	16921.8	76.42	9996.9	45.15	3080.8	13.91	1796.6	8.11	344.3	1.55
均值	7688.7	74.37	5346.2	53.93	1522.6	16.42	769.1	8.06	127.8	1.15

资料来源：根据《中国科技统计年鉴》数据整理计算得到。

表 3-4 显示了 2004~2019 年按资金来源分我国 R&D 经费内部支出的统计情况。从资金来源看，企业和政府是我国 R&D 活动经费的主要来源，其次是其他资金和国外资金。其中，企业的资金呈逐年增加的趋势，从 2004 年的 1291.30 亿元一直增加到 2019 年的 16887.2 亿元，16 年间增加了 13.1 倍，

其所对应的比重也从 65.57% 上升到 76.26%。可见，企业是我国 R&D 经费的最大来源。而相对来说，政府资金虽然在数值上呈逐年上涨的趋势，从 2004 年的 523.60 亿元一直上涨到 2019 年的 4537.3 亿元，但其所占比重却从 26.63% 一直下降到 20.49%。其他资金所占的比重则出现了先下降，后上升的趋势。国外资金所占比重也呈逐年下降的趋势。

表 3-4　　　2004～2019 年按资金来源分我国 R&D 经费内部支出情况

年份	政府资金		企业资金		国外资金		其他资金	
	数值（亿元）	比重（%）	数值（亿元）	比重（%）	数值（亿元）	比重（%）	数值（亿元）	比重（%）
2004	523.60	26.63	1291.30	65.67	25.20	1.28	126.20	6.42
2005	645.40	26.34	1642.50	67.04	22.70	0.93	139.40	5.69
2006	742.10	24.71	2073.70	69.05	48.40	1.61	138.90	4.63
2007	913.50	24.62	2611.00	70.37	50.00	1.35	135.80	3.66
2008	1088.90	23.59	3311.50	71.74	57.20	1.24	158.40	3.43
2009	1358.27	23.41	4162.72	71.74	78.10	1.35	203.02	3.50
2010	1696.30	24.02	5063.14	71.69	92.14	1.30	210.99	2.99
2011	1882.97	21.68	6420.64	73.91	116.20	1.34	267.20	3.08
2012	2221.39	21.57	7625.02	74.04	100.40	0.97	351.59	3.41
2013	2500.60	21.11	8837.70	74.60	105.90	0.89	402.50	3.40
2014	2636.10	20.25	9816.50	75.42	107.60	0.83	455.50	3.50
2015	3013.20	21.26	10588.60	74.73	105.20	0.74	462.90	3.27
2016	3140.80	20.03	11923.50	76.06	103.20	0.66	509.20	3.25
2017	3487.40	19.81	13464.90	76.48	113.30	0.64	540.50	3.07
2018	3978.60	20.22	15079.30	76.63	71.40	0.36	548.60	2.79
2019	4537.30	20.49	16887.30	76.26	23.90	0.11	695.20	3.14
均值	1473.56	23.45	4805.07	71.39	73.08	1.19	235.41	3.97

资料来源：根据《中国科技统计年鉴》数据整理计算得到。

二、我国企业创新活动产出现状

由表 3-5 可知，2004～2020 年底，我国专利授权量累计共受理 3740.56 万件，其中，发明专利 1294.91 万件，实用新型专利 1618.63 万件，外观设计 827.06 万件，对应的比重分别为 34.62%、43.27% 和 22.11%。2020 年我国专利授权数为 363.92 万件，和 2019 年相比增加了 104.76 万件。其中，发明专利 53.01 万件，和 2019 年相比增加了 7.73 万件，增长率为 17.1%，占到当年授权总量的 14.6%；实用新型专利授权 237.72 万件，比 2019 年增加了 79.5 万件，占到当年授权总量的 50.2%；外观设计授权量为 73.19 万件，和 2019 年相比增加了 17.54 万件，占到当年授权总量的 20.11%。

表 3 - 5　　　　　　　　**2004～2020 年我国专利申请与授权量**　　　　单位：万件

年份	专利申请受理数	发明	实用新型	外观设计	专利申请授权数	发明	实用新型	外观设计
2004	35.38	13.01	11.28	11.08	19.02	4.94	7.06	7.03
2005	47.63	17.33	13.96	16.34	21.40	5.33	7.93	8.13
2006	57.32	21.05	16.14	20.13	26.80	5.78	10.77	10.26
2007	69.39	24.52	18.13	26.74	35.18	6.79	15.00	13.38
2008	82.83	28.98	22.56	31.29	41.20	9.37	17.67	14.16
2009	97.67	31.46	31.08	35.13	58.20	12.85	20.38	24.97
2010	122.23	39.12	40.98	42.13	81.48	13.51	34.45	33.52
2011	163.33	52.64	58.55	52.15	96.05	17.21	40.81	38.03
2012	205.06	65.28	74.03	65.76	125.51	21.71	57.12	46.69
2013	237.71	82.51	89.24	65.96	131.30	20.77	69.28	41.25
2014	236.12	92.82	86.85	56.46	130.27	23.32	70.79	36.16
2015	279.85	110.19	112.76	56.91	171.82	35.93	87.62	48.27
2016	346.48	133.85	147.60	65.03	175.38	40.42	90.34	44.61
2017	369.78	138.16	168.76	62.87	183.64	42.01	97.33	44.3
2018	432.31	154.20	207.23	70.88	244.75	43.20	147.91	53.63
2019	438.05	140.07	226.82	71.16	259.16	45.28	158.23	55.65
2020	519.42	149.72	292.66	77.04	363.92	53.01	237.72	73.19
累计	3740.56	1294.91	1618.63	827.06	2165.08	401.43	1170.41	593.23

资料来源：根据《2020 知识产权统计年报》整理计算得到。

三、我国省域工业企业技术创新现状

由表 3 - 6 可知，2020 年，国内专利授权总量为 5016030 件，其中，发明专利授权总量为1344817件，占到专利总授权量的26.81%；实用新型总授权量为2918874件，占到总授权量的58.19%；外观设计总授权量752339件，占到总授权量的15.00%，可见我国专利授权中主要是以实用新型为主。而从增长率来看，2020年发明专利同比增长达到8.14%，实用新型同比增长29.17%，外观设计同比增长8.76%。其中实用新型专利授权量的快速增长，说明我国创新主体的创新能力不断提升。

表3-6　　　　　　2020年中国各省份三种专利申请授权情况

地区	发明		实用新型		外观设计		三种合计	
	数量（件）	同比增长（%）	数量（件）	同比增长（%）	数量（件）	同比增长（%）	数量（件）	同比增长（%）
合计	1344817	8.14	2918874	29.17	752339	8.76	5016030	19.57
北京	145035	11.63	73021	37.15	24551	6.00	242607	17.58
天津	22057	-10.24	64871	38.48	5632	-14.67	92560	18.64
河北	22131	7.77	63798	158.86	18314	8.11	104243	67.80
山西	9472	12.44	20938	164.67	2800	19.50	33210	77.80
内蒙古	5381	10.06	13895	147.73	2096	-8.27	21372	67.19
辽宁	21830	-3.37	41694	113.22	6467	18.75	69991	47.06
吉林	11113	-1.38	17280	135.26	2773	10.79	31166	47.59
黑龙江	13163	0.29	20406	20.65	4031	6.58	37600	11.17
上海	81042	13.51	80604	93.13	24460	13.32	186106	38.14
江苏	177995	3.24	373495	142.09	52292	8.16	603782	60.99
浙江	129708	14.81	218628	45.59	109574	5.08	457910	24.63
安徽	69663	11.03	90655	75.83	14908	10.65	175226	37.14
福建	32929	9.69	87345	96.99	36071	0.84	156345	41.97
江西	20285	43.86	53552	187.60	25419	6.71	99256	75.54
山东	74420	7.31	166858	94.31	29234	8.26	270512	48.45
河南	32609	7.76	96203	135.92	19187	9.35	147999	67.07
湖北	47767	0.67	81197	127.60	12910	1.86	141874	48.09
湖南	48530	24.10	48462	104.99	19164	3.33	116156	42.89
广东	215926	6.20	369143	171.99	281223	19.54	866292	50.85
广西	12854	3.56	22026	126.14	8072	8.17	42952	45.04
海南	2618	19.93	6073	299.28	1038	-0.76	9729	104.82

续表

地区	发明		实用新型		外观设计		三种合计	
	数量（件）	同比增长（%）	数量（件）	同比增长（%）	数量（件）	同比增长（%）	数量（件）	同比增长（%）
重庆	22273	10.79	39566	2.68	7937	4.41	69776	5.34
四川	41417	4.75	71474	70.75	21368	4.15	134259	31.74
贵州	10693	-0.71	28364	241.04	5327	2.56	44384	82.79
云南	9753	8.41	22765	148.88	3716	7.68	36234	67.80
西藏	477	4.61	1296	1340.00	453	-17.93	2226	102.73
陕西	38262	9.91	40395	88.33	6072	-64.03	84729	15.84
甘肃	5684	-6.14	19226	181.70	2558	8.62	27468	80.28
青海	1417	15.02	3396	186.82	349	-10.28	5162	84.03
宁夏	2574	1.94	6249	292.77	592	18.16	9415	103.92
新疆	3776	6.55	9936	56.37	1099	-14.87	14811	32.37

资料来源：根据《2020 知识产权统计年报》整理计算得到。

2020 年，我国实用新型专利授权量排名前十位的省份依次为：江苏（373495 件）、广东（369143 件）、浙江（218628 件）、山东（166858 件）、河南（96203 件）、安徽（90655 件）、福建（87345 件）、湖北（81197 件）、上海（80604 件）、北京（73021 件）。其中排名前十位的省份，有 8 个都来自东部地区，而中部地区仅有安徽和湖北两个省。而从实用新型专利同比增长率来看，排名前十位的省依次为：西藏（1340.00%）、海南（299.28%）、宁夏（292.77%）、贵州（241.04%）、江西（187.60%）、青海（186.82%）、甘肃（181.70%）、广东（171.99%）、山西（164.67%）、河北（158.86%）。总体来看，中西部地区发明专利的同比增长率相对较高。

四、我国分行业技术创新现状

由表 3 - 7 可知，2013 年，我国规模以上工业企业共获得专利授权 400382 件，占当年国内专利授权总量 1313000 件的 30.5%。其中，发明专利 42353 件，占 10.6%，低于上年的 11.9%，也低于当年国内专利授权数中发明专利所占比重（11.7%）。按单个企业计算，2013 年规模以上工业企业平均专利授权量为 1.1 件，平均发明专利授权量为 0.1 件，均与上年大体持平；在有专利授权的规模以上工业企业中，平均专利授权量为 8.7 件，平均发明专利授权量为 0.9 件，分别比上年减少 0.7 件和 0.2 件。

表 3-7 　　2013 年我国分行业规模以上工业企业技术创新情况

行　业	专利授权数（件）	发明（件）	发明比重（%）	实用新型（件）	外观设计（件）
全国总计	400382	42353	10.6	245008	113021
采矿业	2616	370	14.1	2239	7
煤炭开采和洗选业	1182	83	7.0	1098	1
石油和天然气开采业	45	34	75.6	11	0
黑色金属矿采选业	491	99	20.2	392	0
有色金属矿采选业	130	21	16.2	109	0
非金属矿采选业	187	32	17.1	154	1
开采辅助活动	577	100	17.3	472	5
其他采矿业	4	1	25.0	3	0
制造业	389061	41624	10.7	234620	112817
农副食品加工业	6017	993	16.5	2651	2373
食品制造业	4509	962	21.3	1407	2140
酒、饮料和精制茶制造业	3291	292	8.9	743	2256
烟草制品业	1740	259	14.9	1338	143
纺织业	21028	302	1.4	3717	17009
纺织服装、服饰业	11340	102	0.9	1266	9972
皮革、毛皮、羽毛及其制品和制鞋业	5455	76	1.4	1643	3736
木材加工和木、竹、藤、棕、草制品业	2675	146	5.5	1376	1153
家具制造业	8824	53	0.6	1746	7025
造纸和纸制品业	3307	171	5.2	1770	1366
印刷和记录媒介复制业	2553	122	4.8	1549	882
文教、工美、体育和娱乐用品制造业	13420	225	1.7	3575	9620
石油加工、炼焦和核燃料加工业	553	123	22.2	413	17
化学原料和化学制品制造业	15114	4480	29.6	8483	2151
医药制造业	7873	2824	35.9	3698	1351
化学纤维制造业	1794	152	8.5	994	648
橡胶和塑料制品业	12448	816	6.6	8261	3371

续表

行　业	专利授权数（件）	发明（件）	发明比重（%）	实用新型（件）	外观设计（件）
非金属矿物制品业	11427	1096	9.6	7445	2886
黑色金属冶炼和压延加工业	7540	988	13.1	6100	452
有色金属冶炼和压延加工业	6006	686	11.4	4335	985
金属制品业	15816	806	5.1	10548	4462
通用设备制造业	36936	2354	6.4	29157	5425
专用设备制造业	36713	3593	9.8	29471	3649
汽车制造业	27414	1498	5.5	21119	4797
铁路、船舶、航空航天和其他运输设备制造业	11382	1007	8.8	7970	2405
电气机械和器材制造业	56159	4263	7.6	38835	13061
计算机、通信和其他电子设备制造业	43453	11961	27.5	25419	6073
仪器仪表制造业	12147	1098	9.0	8097	2952
其他制造业	1399	105	7.5	853	441
废弃资源综合利用业	339	41	12.1	294	4
金属制品、机械和设备修理业	389	30	7.7	347	12
电力、热力、燃气及水生产和供应业	8705	359	4.1	8149	197
电力、热力生产和供应业	8337	324	3.9	7818	195
燃气生产和供应业	195	5	2.6	189	1
水的生产和供应业	173	30	17.3	142	1

资料来源：根据《专利统计简报》（2015 年第 13 期）（2015 年第 21 期）和国家知识产权局统计年报数据计算。

分行业看，2013 年专利授权数最多的行业是电气机械和器材制造业（56159 件），计算机、通信和其他电子设备制造业（43453 件），通用设备制造业（36936 件），专用设备制造业（36713 件），汽车制造业（27414 件），纺织业（21028 件）。其中，发明专利授权数最多的行业分别是计算机、通信和其他电子设备制造业（11961 件）、化学原料和化学制品制造业（4480 件）、电气机械和器材制造业（4263 件）、专用设备制造业（3593 件）、医药制造业（2824 件）、通用设备制造业（2354 件）。

从行业发明专利授权量所占比重大小来看，最高的行业是石油和天然气开采业（75.60%），医药制造业（35.90%），化学原料和化学制品制造业（29.60%），计算机、通信和其他电子设备制造业（27.50%），其他采矿业（25.00%）。

第二节 我国绿色技术创新现状

一、产业绿色专利授权量

由于我国目前还没有专门的关于绿色技术创新的统计，本书根据绿色技术创新的内涵，选择产业绿色专利授权量来进行比较分析。国家知识产权局2012年颁布施行的《发明专利申请优先审查管理办法》首次对绿色技术发明专利进行了界定，即：一是涉及节能环保、新一代信息技术、生物、高端装备制造、新能源、新材料、新能源汽车等技术领域的专利申请；二是涉及低碳技术、节约资源等有助于绿色发展的专利。因此，本书从降低资源消耗、减少环境污染、节约利用资源三个方面考虑，选择对节能环保产业、新能源产业和新能源汽车产业的专利授权状况来表征我国绿色技术发展现状。2010~2014年绿色专利授权状况见表3-8。

表3-8　　　　　　　　2010~2014年绿色专利授权状况

项　　目	2010年	2011年	2012年	2013年	2014年	年均增长率（%）
节能环保产业发明专利授权量（件）	12070	16069	21881	23170	23797	18.5
新能源产业发明专利授权量（件）	2400	3742	5870	6413	6607	28.8
新能源汽车产业发明专利授权量（件）	940	1272	1771	2110	2118	22.5
绿色专利授权量（件）	15410	21083	29522	31693	32522	20.5
发明专利授权总量（件）	135110	172113	217105	207688	233228	14.6
绿色专利授权量占发明专利总授权量的比重（%）	11.4%	12.2%	13.6%	15.3%	13.9%	—

资料来源：根据《专利统计简报》（2016年第3期）和国家知识产权局统计年报数据计算。

（1）2010~2014年，我国绿色专利授权量呈逐年快速增长趋势，从15410

件增加到 32522 件，年均增长率达到 20.5%，占发明专利总授权量的比重从 11.4% 上升到 13.9%。可见我国开始重视绿色经济发展，加大了对绿色技术研发活动的关注和支持力度。其中，节能环保产业发明专利授权量从 12070 件上升到 23797 件，年均增长率达到 18.5%；新能源产业发明专利授权量从 2400 件一直增加到 6607 件，增速达到 28.8%，在三个产业增速最快；新能源汽车产业发明专利授权量从 940 件增加到 2118 件，年均增长率为 22.5%。

（2）从整体年均增长率来看，绿色专利的年均增长率为 20.5%，比发明专利授权总量的年均增长率 14.6% 高了将近 6%。

（3）从绿色专利授权的构成来看，2014 年节能环保产业发明专利授权量占到整个绿色专利授权量的 73.17%，新能源产业发明专利占到 20.32%，新能源汽车产业发明专利占到 6.51%。可见我国还是以节能环保产业发明为主，其次是新能源产业发明专利和新能源汽车产业发明专利。

二、绿色专利国内外在华数量分布

从国内外在华发明专利授权数量分布情况来看（见表 3－9），2011 ~ 2014 年绿色专利国内授权量与国外在华授权量比值从 3.03 倍下降为 1.90 倍，国内优势逐渐下降。其中，节能环保产业国内发明专利授权量与国外在华授权量比值在 2012 年达到 4.00，此后一直下降，直到 2014 年的 2.10，两年之间下降了将近一半。新能源产业国内发明专利授权量与国外在华发明专利授权量的总比值从 2011 年的 3.74 一直下降到 2014 年的 2.05。新能源汽车产业国内发明专利授权量与国外在华授权量比值从 2011 年的 0.62 上升到 2013 年的 0.72，不过 2014 年出现了下降，仅为 0.53，反映出国内新能源汽车产业的发展国外技术要走在国内的前面。

表 3－9　　　　　　　　绿色专利国内外在华数量分布

产业	年份	国内（件）	国外（件）	国内与国外比值
节能环保产业 发明专利授权量	2011	7738	1998	3.87
	2012	10508	2630	4.00
	2013	15833	7337	2.16
	2014	16114	7683	2.10

续表

产业	年份	国内（件）	国外（件）	国内与国外比值
新能源产业发明 专利授权量	2011	1628	435	3.74
	2012	2500	756	3.31
	2013	4452	1961	2.27
	2014	4440	2167	2.05
新能源汽车产业发明 专利授权量	2011	517	828	0.62
	2012	793	1148	0.69
	2013	884	1226	0.72
	2014	736	1382	0.53
绿色专利授权量	2011	9883	3261	3.03
	2012	13801	4534	3.04
	2013	21169	10524	2.01
	2014	21290	11232	1.90

资料来源：根据《专利统计简报》（2016 年第 3 期）的数据计算而来。

三、分省绿色专利授权量

由表 3-10 可知，从省级层面来看，由于地理位置、经济发展水平和技术创新能力均存在差异，因此各地区绿色技术创新能力也存在明显不同。从三大区域来看，2013 年东部地区的绿色专利授权量为 14424 件，占到全国的 69.87%。其中节能环保产业发明专利授权量为 10649 件，占到全国的 68.85%；新能源产业发明专利授权量为 3196 件，占到全国的 74.03%；新能源汽车产业发明专利授权量为 579 件，占到全国的 67.17%。可见东部地区由于经济发展水平较高，基础设施完善，人才资源丰富，研发创新投入高等因素，使得东部地区绿色技术创新水平遥遥领先于中西部地区。此外，东部地区长期粗放式发展带来的环境污染已经逼近生态承载力极限，民众对绿色发展的呼唤，也会促使地区加大对绿色技术创新活动支持以及绿色技术的应用。中部地区 2013 年的绿色专利授权量占到全国的 17.18%，其中，节能环保产业发明专利授权量占到全国的 17.54%，新能源产业发明专利授权量占到全国的 14.76%，新能源汽车产业发明专利授权量占到全国的 22.74%。西部地区2013年的绿色专利授权量占到全国的12.96%，其中，节能环保产业发明专利授权量占到全国的13.60%，新能源产业发明专利授权量占到全国的11.21%，新能源汽车产业发明专利授权量占到全国的10.09%。

表3-10　　　　　　　2013年中国各省份绿色专利授权量　　　　　　单位：件

省份	节能环保产业发明专利授权量	新能源产业发明专利授权量	新能源汽车发明专利授权量	绿色专利授权量合计
北京	2208	708	116	3032
天津	342	99	25	466
河北	278	123	8	409
辽宁	617	116	19	752
上海	986	299	79	1364
江苏	1904	622	80	2606
浙江	1082	318	69	1469
福建	384	76	6	466
山东	1137	279	42	1458
广东	1678	549	134	2361
海南	33	7	1	41
东部地区	10649	3196	579	14424
山西	199	52	5	256
吉林	155	38	17	210
黑龙江	243	53	13	309
安徽	463	115	84	662
江西	151	31	4	186
河南	433	124	18	575
湖北	499	105	40	644
湖南	570	119	15	704
中部地区	2713	637	196	3546
内蒙古	83	19	5	107
广西	161	36	3	200
重庆	274	67	54	395

续表

省份	节能环保产业发明专利授权量	新能源产业发明专利授权量	新能源汽车发明专利授权量	绿色专利授权量合计
四川	563	144	7	714
贵州	103	12	0	115
云南	248	41	6	295
陕西	395	116	6	517
甘肃	135	26	4	165
青海	16	2	0	18
宁夏	20	11	0	31
新疆	104	10	2	116
西藏	2	0	0	2
西部地区	2104	484	87	2675

资料来源：根据《专利统计简报》（2016 年第 3 期）的数据计算而来。

第三节　小　结

本章第一节从我国创新投入现状、我国企业创新活动产出现状、我国省域工业企业技术创新现状、我国分行业技术创新现状四个方面介绍了我国技术创新现状。研究发现如下所述。

（1）R&D 人员全时当量的投入比重从大到小分别是试验发展、应用研究和基础研究，其中试验发展投入比重达到了 80% 以上；从 R&D 经费内部支出构成来看，试验发展支出占到 80% 以上，其次是应用研究，最少的是基础研究；R&D 经费投入强度逐年增加；我国 R&D 经费内部支出按资金来源分类来看，企业是最大的来源部门和执行部门。

（2）从我国专利申请累计受理量来看，发明专利、实用新型专利、外观设计三种专利差异并不明显；从我国专利申请授权量来看，实用新型专利授权量最多，占的比重最高。

（3）从区域来看，我国三种专利申请授权量同样呈现出"东—中—西"

依次递减的格局；从工业行业来看，制造业的专利授权量最高，采矿业的发明专利所占比重最高。

　　本章第二节从产业绿色专利授权量、绿色专利国内外在华数量分布、各省份绿色专利授权量三个方面来分析了我国的绿色技术创新现状。得出如下结论：我国绿色技术创新专利呈逐年增长的趋势；绿色专利国外在华数量跟国内相比增长更快，国内的优势逐渐消失；绿色专利授权总量按地区来分依然呈现出"东—中—西"依次递减的格局。

第四章 环境规制影响绿色技术创新效率的作用机理

第一节 环境规制对绿色技术创新效率的作用机制分析

随着我国经济发展步入新常态，过去粗放式发展导致的环境污染开始集中显现，特别是近几年中东部地区持续出现的雾霾天气，不仅造成了巨大的经济损失，更给广大人民群众的生命健康造成了直接的威胁。为了控制环境污染和顺应民意，政府相继出台了一系列污染防治计划，并加大了环境规制力度，淘汰或关闭了一批高污染、低效率的企业，同时大力发展绿色技术创新。因此，在治理污染的过程也会直接或间接地对绿色技术创新效率产生影响。那么，环境规制究竟是如何影响绿色技术创新效率的，这种影响是直接的还是间接的，还是通过其他因素进行传导的？能否找到提高绿色技术创新效率的有效路径？因此，本章将着重探讨环境规制对绿色技术创新效率的影响机制。环境规制对绿色技术创新效率的作用机制，是指政府环境规制的制定实施过程中对绿色技术创新效率所产生的影响，即环境规制的传导机制。本章将从企业环境成本、消费者行为、产业集聚、外商直接投资四个角度来分析环境规制对绿色技术创新效率的传导机制。

一、环境规制对绿色技术创新效率的作用机制：基于环境成本视角

（一）企业环境成本构成

企业环境成本是指企业在生产经营过程中，为了达到国家环境规制标准，在降低资源消耗、减少污染排放以及治理环境污染、修复生态破坏过程中所产生的总费用。包括显性成本和隐性成本两个部分（江珂，2015）。具体的环境成本构成见表 4 - 1。

表 4 - 1　　　　　　　　　　企业环境成本构成

成本性质	成本内容构成
显性成本	（1）环境规制成本：与环境规制部门规制政策相关的费用，如污染税、企业污染控制设备的更新投入等； （2）技术创新成本：企业为应对环境规制政策进行的绿色技术创新的投入成本； （3）污染危害成本：产品生产、使用和回收过程中的相关环境污染成本和环境净化成本； （4）原材料和能源成本：消耗资源应付出的补偿
隐性成本	（1）损失的机会成本：在非规制的领域内，企业的环境污染直接影响其社会形象，使其失去某些机会； （2）损失的社区信任成本：为了避免企业对环境的危害，社区里会出现一些不配合的行为； （3）损失的企业形象成本：企业因环境污染问题而破坏了其在员工和客户心中的形象，导致员工激励效应下降和产品销量的下降等； （4）道德成本：因环保工作不当，导致员工、客户和社区等对其产生的不认可而形成的无形成本

（二）环境规制对企业环境成本的影响

企业面对环境规制时，首先要从成本—收益角度进行全面的考虑。作为市场经济中最重要的经济主体，当政府实行环境规制时，企业必须从有限的生产资源中，将一部分人力、物力、财力以及技术资源投入环保中，以达到政府的环保标准。而这些用于环保的资源短时间内无法产生直接的经济收益，因而导致企业的环保成本增加，经济收益下降。针对环境规制对企业环境成

本的影响，部分学者根据环境成本对企业发展影响时间长短，将环境成本区分为显性成本和隐性成本。也有人根据企业生产阶段和环节，从生产前、生产中和生产后三个阶段分析了环境成本发生的变化。本章根据生产的各个阶段分析了企业所承担的全部成本。具体的构成见表4-2。

表4-2 环境规制对企业环境成本的影响

影响环节	影响内容
生产前	企业为满足环保标准购置生产机器所花费的成本、更新投入污染控制设备增加的成本、使用污染相对较少的替代生产要素增加的成本以及职工环境保护教育费等
生产中	政府向企业征收的污染排放费、企业购买排污许可证的支出、环境污染的监测计量成本、环境管理体系的认证成本、为满足环境规制政策对生产工艺进行技术创新投入的成本以及对环保产品的设计成本等
生产后	对于环境造成污染投入的净化成本，如废弃物回收成本。对周围环境实施绿化保护等发生的环保支出、提高社会环境保护效益支出的成本、支付的污染损害赔偿金等

资料来源：牛丽娟，《环境规制对西部地区能源效率影响研究》，兰州大学博士学位论文，2016年，第44页。

（三）企业环境成本变化对绿色技术创新效率的影响

通过分析环境规制对企业成本的影响可知，政府采取环境规制措施，会使得企业产生的环境外部费用进入它们的生产决策中，增加了企业的生产成本，尤其是那些高消耗、高排放的企业。在此基础上，进一步探讨企业环境成本变化对绿色技术创新效率的影响。环境规制力度的加强会迫使企业购买更环保的生产设备或增加生产投入要素到污染治理中。在短期内给定生产要素且技术条件不变的情况下，环保相关支出的增加会降低企业的生产投入，减少产品产量，导致企业利润下降，从而使得可以用于绿色技术创新的资源也会减少。因此，短期内环境规制会抑制绿色技术创新效率的提高。但是从长期来看，考虑到隐性成本后，生产企业会将环境成本纳入生产决策中，最终反映到商品价格上。在生产成本增加和利润最大化动力驱动下，生产企业一方面会改进生产工艺和流程，另一方面也会加大对绿色技术研发投入力度，通过提高绿色技术创新效率来降低资源消耗和环境污染，从而降低环境成本，提高竞争力。

由此可见，短期内环境规制带来企业环境成本增加会对绿色技术创新效率产生抑制的作用，而从长期来看生产企业可以通过绿色技术创新来将环境规制产生的环境成本转移或内部化，从而导致绿色技术创新效率的提高（见图 4-1）。

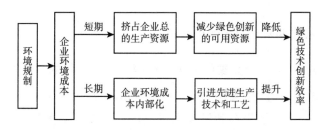

图 4-1　环境规制通过企业环境成本影响工业绿色技术创新效率的传导机制

二、环境规制对绿色技术创新效率的作用机制：基于消费者行为视角

消费者处于社会大环境下，随着政府环境政策的制定，以及消费者个人收入增加，环保意识增强，消费理念和消费模式也会逐渐趋向绿色化。随着绿色化意识逐步向生产、消费和贸易等领域的渗透，消费者对绿色产品的关注和需求越来越强烈，从而形成了巨大的绿色消费市场，因此企业要想在激烈的竞争中脱颖而出，就必须利用绿色理念这一重要的竞争手段，通过加大绿色技术积累，提高其整体的竞争实力。另外，环境规制措施的制定、环境成本的上升和消费者偏好的改变，为企业创造了一个崭新的竞争舞台，将从根本上影响企业战略决策的制定。在新的竞争机会面前，企业需要充分利用绿色技术和先进管理，创造属于自己的独特竞争优势。同时，随着环境规制力度的提高和社会环保意识的增强，绿色化的企业无疑更容易融资，获得政府财政支持、金融支持，获得同行认可、市场认可和消费者信赖。这些综合的影响因素都会激励企业积极开展绿色技术创新活动，提高绿色技术创新效率，提升自身的环保形象。[①]

---

① 赵细康：《环境保护与产业国际竞争力——理论与实证分析》，中国社会科学出版社 2003 年版，第 58~64 页。

三、环境规制对绿色技术创新效率的作用机制：基于产业集聚视角

（一）环境规制对产业集聚的影响

关于环境规制对产业集聚的影响存在两种截然不同的看法。一种观点认为，环境规制会降低产业集聚。由于环境规制的加强会增加企业的生产成本和运营成本，企业为了生存和发展会通过产业转移来对区位进行重新选择。一般来说随着环境规制的加强，会迫使本地区环境污染严重的企业向环境规制较弱的地区转移，从而导致规制较为严格的地区产业集聚减弱，而环境规制相对较弱的地区产业集聚加强。另一种观点认为，环境规制会提高地区的产业集聚。面对环境规制，污染企业通过加强产业集聚来应对环境规制带来的成本增加，通过规模经济来降低生产成本，实现污染治理技术的共享，以及对污染物的集中处理。同时产业集聚所带来的人力资源优势、基础设施优势以及便利的生产条件都会对外部产业产生足够的吸引力，从而进一步提高产业集聚水平。

（二）产业集聚对绿色技术创新效率的影响

由于知识具有固有黏性和共享性，因此在集聚经济体内部各种沟通交流活动的增加，有助于科技知识的传递和分享。此外，集聚经济体内技术人才的交流合作，容易碰撞出新的思想，有助于新技术的产生。从微观个体来讲，集聚经济区内企业之间面临的竞争加大，且容易受周边企业的影响，因此技术落后企业会主动向高技术企业看齐，积极吸收和引进先进的生产技术。同时，企业为了获得更大的生产优势，获取超额的市场份额，也会不断加强自身的技术优势。从创新辅助条件来讲，集聚区内不断完善的金融、保险、信息咨询等生产性服务业也有助于降低企业技术创新成本；同时集聚区内较为完善的基础设施和制度环境为企业提供了良好的创新环境。这些都有助于绿色技术创新效率的提高。

四、环境规制对绿色技术创新效率的作用机制：基于 FDI 视角

（一）环境规制对外商直接投资的影响

目前学术界关于环境规制对外商直接投资的影响尚未形成一致的结论，主要包括两种截然不同的看法。一种认为，环境规制会对绿色技术创新效率产生积极的作用；另一种观点认为会产生抑制的作用。具体如下所述。

（1）环境规制对外商直接投资带来抑制作用。由于不同国家和地区的环境规制政策存在差异，而严格的环境规制力度会增加企业的生产成本，降低企业的利润。因此，在利润最大化驱动下，部分跨国企业尤其是那些环境绩效较差的污染型企业为了降低成本，选择在环境规制标准较低的国家或地区进行生产或投资。沃尔特和乌格罗（Walter and Ugelow, 1979）提出的"污染避难所假说"理论有力地支持了这一观点。不少学者也认为，环境规制力度越大，会导致外商直接投资企业使用环境要素的成本越高，使得外商直接投资企业不得不重新考虑生产决策，将新的生产地址设在环境规制力度相对较弱的广大落后地区与发展中国家。因此，广大落后地区和发展中国家也就成了外资竞相进入的"污染天堂"。与此同时，这些经济发展相对落后的国家和地区，为了尽快摆脱当前贫穷的现状，不得不接受以牺牲环境和资源为代价来推动经济的快速发展。因此，这些国家和地区一般会采取放松环境管制的方式吸引外资的流入，从而出现污染密集型产业和资源密集型产业从环境规制严格的发达国家和地区向环境规制较弱的发展中国家和地区转移。可见，环境规制力度与外商直接投资之间是负相关的关系，加强环境规制会限制外商直接投资的流入。

（2）环境规制对外商直接投资具有促进作用。东道主国家在加强环境规制力度的同时，通常也会制定有偏向性的外资流入政策，通过金融、财政、税收等手段制定优惠的政策来吸引环境友好型外资企业来投资生产，从而导致本地区外商直接投资增加。同时，东道国环境规制力度的增强，也会激励外资企业加快采用绿色技术创新，由此产生的绿色技术溢出效应，也会吸引更多的外资流入。

（二）外商直接投资对工业绿色技术创新效率的影响

目前学术界关于外商直接投资对地区绿色技术创新效率带来的影响尚未达成一致的结论。即外商直接投资有可能提高工业绿色技术创新效率，也有可能会降低绿色技术创新效率。

一方面，外商直接投资带来的技术效应有助于绿色技术创新效率的提高。伴随着外商直接投资的增加不仅带来了丰裕的资本，更带来了先进的生产技术和管理技术。外商直接投资一般通过直接和间接两种渠道对地区的绿色技术创新效率产生影响。所谓直接渠道是指外商直接投资企业的生产技术本身就高于国内企业，在生产过程中资源消耗更少，产出效率更高，且重视绿色技术的研发，因此有助于提高本国企业的绿色技术创新效率。而间接渠道是指由于知识存在特有的黏性和非对抗性，因此外资企业生产过程中不可避免地产生技术溢出效应并导致国内企业的绿色技术提高。绿色技术溢出效应主要通过以下三个方面对国内企业产生影响：第一，国内企业可以模仿国外企业先进的研发技术和产品提高自身的绿色技术创新效率；第二，外资企业进入带来的竞争压力，迫使国内企业加快吸收和引进国外先进的绿色生产技术和管理方式；第三，外资企业对国内劳动力的职业培训和教育也在一定程度上提高了国内劳动力的整体素质和创新能力。[1]

另一方面，外商直接投资带来的结构效应会对国内企业绿色技术创新效率产生抑制作用。首先，一些落后的发展中国家和地区为了尽快摆脱贫困现状，竞相放松环境规制来吸引外资企业办厂落户。随着国外大量高能耗、高污染产业的迁入，会造成本地区资源消耗加剧、环境污染恶化，抑制了地区的绿色技术创新效率。其次，外资企业的进入还会抢占本国市场，导致本国企业市场份额下降，效益降低，从而绿色研发投入降低。最后，随着国外技术向国内转移，国内企业对外资企业的绿色技术依赖，也会降低国内企业自主研发的积极性。

环境规制通过外商直接投资影响绿色技术创新效率的传导机制如图 4 - 2 所示。

---

① 田素华：《外商直接投资对中国技术进步效应的结构分析》，载于《世界经济研究》2007 年第 3 期。

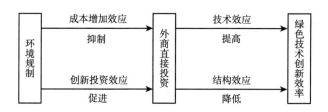

图4-2　环境规制通过外商直接投资影响绿色技术创新效率的传导机制

第二节　环境规制下厂商选择绿色技术创新的理论模型

一、模型假设

本节在张成等（2011）、阿西莫格鲁等（Acemoglu et al.，2012）和许启琪（2015）等的研究成果基础上，构建了包含政府和企业两部门的绿色技术创新模型。具体假设如下。

假设市场上只存在政府和企业两个部门。其中，政府部门主要是制定环境规制标准，对企业的生产进行环境规制和约束。企业以长期经营为愿景，追求利润最大化目标，将资本要素和劳动要素按比例投入生产中。市场中每一个经济体都是相对独立的生产单位，虽然生产函数形式并不一定相同，但基本都符合C-D生产函数形式。[①] 因此，本节基于内生增长理论模型，从数理上考察环境规制对绿色技术创新效率的影响。

假设1：企业内部包含三个部门，分别是产品生产部门、绿色技术研发与应用部门、污染治理部门。这三个部门分工明确，分别承担着产品生产、技术研发和污染物处理的职责。

假设2：产出包括"好"产出和"坏"产出（主要是污染物），"坏"产

---

① Beckerman W. Economic Growth and the Environment：Whose Growth? Whose Environment? ［J］. World Development，1992，20（4）：481-496.

出伴随着"好"产出而发生，两者之间符合零零关联假设，且两者之间呈正的线性关系，即"好"产出增加的同时也会导致"坏"产出的增加。

假设3：环境规制属于外生变量，不直接纳入生产函数中，而是作为控制变量对生产要素和环境污染产生影响。

假设4：考虑到 C-D 生产函数中资本投入和劳动投入对产出作用具有对称性，为了简化模型，可以将劳动投入标准化为 1 处理。受政府环境规制的影响，企业的资本主要投入三个部门：一部分用于产品生产部门购买原材料进行产品生产（假定这部分所占的比例为 ρ_1）；一部分用于绿色技术研发与应用部门，作为研发资本（假定这部分所占的比例为 ρ_2）；一部分用于污染治理部门，对污染物进行末端处理（假定这部分所占的比例为 ρ_3）。这三个比例系数满足：ρ_1，ρ_2，$\rho_3 \geqslant 0$，$\rho_1 + \rho_2 + \rho_3 \leqslant 1$。

模型主要涉及如下变量：一是投入变量资本（K）；二是产出变量，包括"好"产出（Y）和"坏"产出（W_r）；三是一些中间变量，包括绿色技术（G）、治污技术（M）、实际污染排放量（W）。这里要指出的是，绿色技术研发与应用部门研发出来的绿色技术主要是针对产品开发和产品生产环节，通过采用新的生产技术或改进新的生产工艺，降低产品生产过程中的资源消耗和污染排放，提高产品生产过程中的生产效率。而治污技术更多的是针对生产过程中产生的"坏"产出，通过对这些"坏"产出的末端处理，减少实际污染物的排放量。因此，政府实施环境规制政策有可能促进企业绿色技术创新，也有可能促进企业末端治理的治污技术创新。

二、企业三大部门

（一）绿色技术研发与应用部门

企业内部的绿色技术研发与应用部门主要负责绿色技术研发。绿色技术是内生的。绿色技术的提高既能降低单位投入的"好"产出量，也能减少生产单位"好"产出过程中伴随产生的"坏"产出（污染物）量。t 期绿色技术增量的 C-D 生产函数形式为：

$$\dot{G}(t) = B \cdot (\rho_2 K(t))^\theta \cdot G(t)^\mu \qquad (4.1)$$

其中，B 为除资本和技术存量之外的影响绿色技术研发的其他因素，满足 $B > 0$；θ 为研发资本对绿色技术增量的弹性系数，满足 $\theta \geq 0$；指数 μ 反映了绿色技术存量对绿色技术增量的弹性系数，满足 $0 < \mu < 1$；绿色技术生产函数中资本和绿色技术存量的规模报酬为 $\theta + \mu$。绿色技术存量作为一种共享技术，可以被各个部门同时使用。

（二）产品生产部门

产品生产部门主要负责企业产品生产。虽然各个经济体的技术进步形式存在差异，但生产函数都基本满足 C－D 生产函数形式。对于产品生产部门而言，在 t 时期，产品生产部门的生产函数为：

$$P(t) = F(K(t), G(t)) = (\rho_1 K(t))^\alpha \cdot G(t)^{(1-\alpha)}, 0 < \alpha < 1 \qquad (4.2)$$

其中，α 表示企业生产资本对"好"产出影响的弹性系数，$(1-\alpha)$ 表示绿色技术对企业"好"产出的弹性系数；产品生产部门的生产函数存在规模报酬不变。

（三）污染治理部门

企业污染治理部门主要负责将生产过程中产生的污染物进行统一处理，减少最终污染物的排放量，使之达到环境规制标准。因此，企业的实际污染物排放量（W），等于生产过程中总污染物排放量（W_T）减去污染治理量（W_D）。企业实际污染排放函数为：

$$W(t) = W_T(t) - W_D(t) = e(G) \cdot P(t) - g(M) \cdot \rho_3 K(t) \qquad (4.3)$$

其中，W_T 表示污染物产生总量，$e(G)$ 表示线性系数，根据福斯特（Forster，1973）、陆旸（2008）、张成（2011）等的研究，假定总的污染物产生量与"好"产出之间是呈正的线性相关关系。其中，线性系数 $e(G)$ 的大小受企业绿色技术影响。绿色技术越高，企业生产过程中产生的污染排放总量越下降，即 $e(G) > 0$，$e'(G) < 0$。

W_D 表示污染治理量，$g(M)$ 表示线性系数，很显然线性系数的大小跟治污技术（M）有关。当企业治污投入（$\rho_3 K$）越大，治污部门的污染物治理量就越多，即 $g(M) > 0$。与污染物产生总量函数不同的是，当企业治污技术越先进，在同样的治污投入情况下污染物的治理量就越多，即 $g'(M) > 0$。

三、环境规制下企业的最优资源配置

根据理性经济人假说，企业生产的目的是追求利润最大化，而实现最优化的路径是通过最优化资源配置。假设企业"好"产出（产品）的价格为 p_1，那么企业的收益为 $p_1 \cdot P$。假设市场是完全竞争的，企业的利润函数为：

$$\prod = p_1 \cdot P - (\rho_1 + \rho_2 + \rho_3)K \tag{4.4}$$

由于污染物的排放具有负的外部性，因此政府必然会对企业的生产和污染物排放进行规制，假设政府限定企业的污染物排放量不能超过限定的配额量 R。在此情形下，企业选择最优的投入比例实现利润最大化：

$$\max \prod = p_1 \cdot P - (\rho_1 + \rho_2 + \rho_3)K$$
$$\text{s. t.} \, \rho_1 + \rho_2 + \rho_3 \leqslant 1 \tag{4.5}$$
$$e(G) \cdot P - g(M) \cdot \rho_3 K \leqslant R$$

建立拉格朗日函数：

$$L = p_1 \cdot P - (\rho_1 + \rho_2 + \rho_3)K - \lambda [e(G) \cdot P - g(M) \cdot \rho_3 K - R]$$
$$- v(\rho_1 + \rho_2 + \rho_3 - 1) \tag{4.6}$$

此时企业的最优化条件为对拉格朗日函数进行一阶求导：

$$p_1 \cdot \frac{\partial P}{\partial \rho_1} - K - \lambda \cdot e(G) \cdot \frac{\partial P}{\partial \rho_1} - v = 0$$

$$p_1 \cdot \frac{\partial P}{\partial \rho_1} - K - \lambda \left[e(G) \cdot \frac{\partial P}{\partial \rho_1} + e'(G) \cdot \frac{\partial G}{\partial \rho_2} \right] - v = 0$$

$$- K + \lambda \cdot g(M) \cdot K - v = 0$$

$$e(G) \cdot P - g(M) \cdot \rho_3 K - R = 0$$

$$\rho_1 + \rho_2 + \rho_3 = 1$$

由上式可见，企业的最优资本投入系数 ρ_1、ρ_2、ρ_3 求解异常复杂。因此，接下来考虑没有环境规制和没有污染配额两种情况下的最优资本要素投入系数。

四、两种简化情形下环境规制对企业最优资源配置

（一）不考虑环境规制的简化模型及分析

当不考虑环境规制（即 $R = 0$）时，企业不再受到污染物排放量配额限制，可以任意产生和排放污染，此时企业不需要投入治污资本，企业的最优化条件为：

$$\max \prod = p_1 \cdot P - (\rho_1 + \rho_2)K$$

$$\text{s. t. } \rho_1 + \rho_2 \leqslant 1 \tag{4.7}$$

建立拉格朗日函数 $L = p_1 \cdot (\rho_1 K)^\alpha \cdot G(\rho_2)^{(1-\alpha)} - (\rho_1 + \rho_2)K - v(\rho_1 + \rho_2 - 1)$，并分别对 ρ_1、ρ_2 和 v 和求一阶偏导。求得的最优资本配置比为：

$$\rho_1 = \frac{(1-\mu)\alpha}{(1-\mu)\alpha + (1-\alpha)\theta} \tag{4.8}$$

$$\rho_2 = \frac{(1-\alpha)\theta}{(1-\mu)\alpha + (1-\alpha)\theta} \tag{4.9}$$

式（4.8）和式（4.9）中，μ 表示绿色技术 $G(t)$ 对绿色技术增量的影响程度，α 表示生产资本 $\rho_1 K(t)$ 对"好"产出的影响程度，θ 表示生产资本 $\rho_1 K(t)$ 对绿色技术增量的影响程度，$(1-\alpha)$ 表示绿色技术 $G(t)$ 对"好"产出的影响程度。

由式（4.8）和式（4.9）可以看出，用于生产要素的资本投入弹性越大（即 α 越大），企业用于生产部门的资本投入比例（ρ_1）也越大；同理，从式（4.9）可以看出，当绿色技术的产出弹性（$1-\alpha$）越大，则企业用于绿色技术研发部门的资本投入比例（ρ_2）就越小。由于 $\rho_1 + \rho_2 = 1$，因此企业为了实现利润最大化目标，会对比生产资本和绿色技术对产出影响程度来决定资本在产品生产部门和绿色技术研发与应用部门的分配。

（二）不考虑绿色技术的简化模型及分析

当不考虑绿色技术（$G(t) = 0$）时，企业内部就只剩下产品生产部门和污染治理部门。资本投入比例只需要考虑 ρ_1 和 ρ_3，产出函数就简化为 $P = \rho_1 K$，企业的最优化条件为：

$$\max \prod = p_1 \cdot \rho_1 K - (\rho_1 + \rho_3) K$$
$$\text{s. t. } e \cdot \rho_1 K - g(M) \cdot \rho_3 K \leqslant R \qquad (4.10)$$
$$\rho_1 + \rho_3 \leqslant 1$$

建立拉格朗日函数

$L = p_1 \cdot \rho_1 K - (\rho_1 + \rho_3) K - \lambda [e \cdot \rho_1 K - g(M) \cdot \rho_3 K - R] - v(\rho_1 + \rho_3 - 1)$，并分别对 ρ_1、ρ_3、λ 和 v 求偏导。由一阶条件可解得，厂商的资本投入配置比为：

$$\rho_1 = \frac{g(M) \cdot K + R}{[e + g(M)] \cdot K} \qquad (4.11)$$

$$\rho_3 = \frac{e \cdot K - R}{[e + g(M)] \cdot K} \qquad (4.12)$$

由式（4.11）和式（4.12）可以看出，当不考虑绿色技术时，政府环境规制力度越强，即污染配额（R）越小，企业用于生产部门的资本投入比例（ρ_1）也越小。与此相反，企业将更多的资本投入污染治理部门，治污资本投入比例（ρ_3）也就越大。可见，政府规制越严格，企业会将更多的生产资本转移到治污部门，以达到污染排放标准。

（三）一般情形分析

在实际经济发展过程中，政府完全不实行环境规制或企业完全不从事绿色技术研发都是不太可能存在的情况。在经济发展的初始阶段，人们对环境问题不够重视，因此环境规制力度较弱，此时企业将少量资本投入污染末端的治理就能轻松达到政府设定的排污标准。很显然这种加大环境治理末端投入的做法并不会从本质上增加企业产品的竞争力，更不会提高企业的生产效率。因此这只是一种短期行为。从长期来看，随着经济的不断发展，人们对环境越来越重视，政府环境规制力度也会越来越强。而企业治污技术的研发成本也会越来越高，治污技术研发陷入"瓶颈"时，资本的治污边际成本大于或等于资本的边际收益，加大治污资本投入反而会影响企业的效益。

　　企业为了实现利润最大化目标，追求企业的长期发展，会考虑进行绿色技术的自主研发，从源头上降低单位产出成本，减少单位产出的污染排放量，提高生产效率。从长远来看，当环境规制达到一定程度的时候，企业会更偏向于绿色技术创新。

　　综上分析，当环境规制力度较弱的时候，企业会将资本投入污染治理部门，此时 ρ_3 较大，ρ_2 相对较小。而随着环境规制力度的加强，资本的治污成本太高，企业不得不着眼将来，选择将大部分的资本投入绿色技术研发中来，此时 ρ_2 较大，ρ_3 相对较小。最理想的状态是仅通过绿色技术创新就能使污染排放量达到环境规制标准，此时各部门的资本投入比例满足式（4.8）和式（4.9）。

　　由此可见，从长远来看环境规制与绿色技术创新之间是呈非线性的关系。刚开始环境规制力度较小，对绿色技术创新的影响并不明显，甚至是负向的作用；但随着环境规制力度达到一定程度，对绿色技术创新带来了正向的促进作用。

　　现实经济中，企业的末端治理大多是通过从环保厂商购买或引进先进的治污技术和治污设备来实现。在一定程度上政府环境规制力度的提高，迫使企业的治污技术和设备不断更新改善，从而促进了我国环保产业的发展。环境规制的传导机制如图 4 - 3 所示。

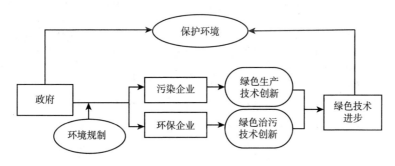

图 4 - 3　环境规制政策传导机制

資料来源：许启琪，《环境规制下绿色技术创新数理模型构建与实证检验》，吉林大学硕士学位论文，2015 年。

第三节 小 结

本章首先从环境成本视角、消费者行为视角、产业集聚视角以及外商直接投资（FDI）视角四个方面分析了环境规制对绿色技术创新效率的影响作用机理。通过分析发现环境规制通过不同的传导路径对绿色技术创新效率产生有差异的影响。

（1）从环境成本视角看，短期内环境规制带来企业环境成本增加会对绿色技术创新效率产生抑制作用，而从长期来看生产企业可以通过绿色创新来将环境规制产生的环境成本转移或内部化，从而提高了企业绿色技术创新效率。

（2）从消费者行为视角来看，随着消费者个人收入增加，环保意识增强，消费理念和消费模式趋向"绿色化"，企业为了获得市场认可和消费者信赖也会增加绿色技术研发，提高绿色技术创新效率。

（3）从产业集聚视角来看，一方面，环境规制会迫使地区污染性产业发生转移，降低工业集聚；另一方面，也会促使工业企业加强产业集聚，降低企业的环境成本。而产业集聚的提高加快了知识信息分享、人才流动以及配套基础设施建设，这些都为绿色技术创新活动的开展提供了有利条件。

（4）从FDI视角来看，环境规制对外商直接投资产生的影响具有不确定，即既有可能产生积极的促进作用，也有可能产生抑制作用。而外商直接投资带来的技术效应和结构效应也会对工业绿色技术创新效率的提高产生不同的影响。技术效应会促进绿色技术效率的提高，结构效应则会降低绿色技术效率。因此，外商直接投资的作用具有不确定性。

其次，构建了数理模型分析了企业在面对政府环境规制下的资源分配比例。最后的结论表明：短期内环境规制较弱时，企业更多的是选择将资源投入污染治理部门，通过末端治理达到环境标准；从长期来看随着环境规制的加强，企业末端治理成本过高，更多的是考虑将资源投入绿色技术研发中来。

第五章 环境规制对省际工业绿色技术创新效率的影响

第一节 模型、方法与数据

一、计量模型设定

(一) 绿色技术创新效率测算模型

本章采用基于松弛方向性距离函数 (slacks-based measure, SBM) 的 Global Malmquist-Luenberger (GML) 生产率增长指数的方法测度了包含二氧化碳和工业 SO_2 排放作为非期望产出的绿色技术创新效率, 并对其进行分解。和传统的 M 指数、ML 指数不同, 基于 SBM 的 GML 指数通过构造全局生产技术集, 能够有效克服跨期测度中可能存在的线性规划无解问题, 使得不同时期的决策单元之间能够进行比较, 避免了生产效率的 "被动" 提高和 "技术倒退" 现象的出现。为了定义和分解 GML 指数, 最重要的是对两种生产技术集进行界定: 当期生产技术集和全局生产技术集。

当期生产技术集定义为: $P^t(x^t) = \{(y^t, b^t) : x^t \text{ 生产} y^t, b^t\}$, 其中 $t = 1, \cdots,$ T. $x = (x_1, \cdots, x_N) \in R_N^+$, 表示有 N 种非负的投入要素; $y = (y_1, \cdots, y_M) \in R_M^+$, 表示有 M 种 "好" 产出; $b = (b_1, \cdots, b_I) \in R_I^+$, 表示有 I 种 "坏" 产出。当期生产技术集构建了一个所有生产单元在同一时期 t 的生产函数。

全局生产技术集定义为：$P^G(x) = P^1 X^1 \cup P^2 X^2 \cup \cdots \cup P^T X^T$，这是在帕斯托尔和洛弗尔（Pastor and Lovell，2005）提出的 Global Malmquist 模型基础上进行了改进。本章将 GML 指数表示如下：

$$GML_t^{t+1}(x^t\,y^t, b^t, x^{t+1}\,y^{t+1}, b^{t+1}) = \frac{1 + D^G(x^t\,y^t, b^t)}{1 + D^G(x^{t+1}\,y^{t+1}, b^{t+1})} = \frac{1 + D^t(x^t\,y^t, b^t)}{1 + D^{t+1}(x^{t+1}\,y^{t+1}, b^{t+1})} \times$$

$$\left[\frac{1 + D^G(x^t\,y^t, b^t)/1 + D^t(x^t\,y^t, b^t)}{1 + D^G(x^{t+1}\,y^{t+1}, b^{t+1})/1 + D^{t+1}(x^{t+1}\,y^{t+1}, b^{t+1})} \right] = EC^{t,t+1} \times TECH^{t,t+1}$$

$$(5.1)$$

方向距离函数 $D^G(x^t, y^t, b^t) = max\{\beta | (y + \beta y, b - \beta b) \in P^G(x)\}$，当一个生产活动中如果出现"好"产出增加（减少）、"坏"产出减少（增加）时，则 $GML^{t,t+1} > (<)1$，意味着生产率提高（降低）。$EC^{t,t+1}$ 表示全域效率变化指数，$TECH^{t,t+1}$ 表示全域技术变化指数，当 $EC^{t,t+1}$ 和 $TECH^{t,t+1}$ 大于 1，则分别表示绿色技术创新技术效率提高和绿色技术创新技术进步。反之则相反。

（二）计量回归模型

现有文献表明，环境规制、研发投入以及其他诸多因素都会对绿色技术创新效率产生促进或阻碍的作用，因此，接下来构建实证模型来检验环境规制对绿色技术创新效率的影响，设定基准模型为：

$$gml_{it} = \alpha_0 gml_{i,t-1} + \alpha_1 er_{it} + \alpha_2 er_{i,t-1} + \alpha_3 rd_{it} + \alpha_4 er_{it} \times rd_{it} + \alpha_5 rgdp_{it}$$
$$+ \alpha_6 er_{it} \times rgdp_{it} + \alpha_7 soer_{it} + \alpha_8 er_{it} \times soer_{it} + \alpha_9 x_{it} + \mu_i + \varepsilon_{it} \quad (5.2)$$

其中，i 为个体，t 为时期，μ_i 为个体效应，ε_{it} 为随机扰动项，gml 为绿色技术创新效率衡量指标，er 表示环境规制水平，rd 表示研发投入，$rgdp$ 表示人均收入水平，$soer$ 表示所有制结构。考虑到环境规制发生作用可能具有一定的滞后作用，本章采用了滞后一期的环境规制水平。同时，鉴于环境规制对绿色技术创新效率的影响存在明显的研发投入门限、经济发展门限和所有制结构门限，因此本章也分别引入环境规制与研发投入（rd）、经济发展水平（$rgdp$）和所有制结构（$soer$）的交叉项，初步检验环境规制对绿色技术创新效率的影响。x_{it} 表示影响绿色技术创新效率的其他控制变量。

（三）门槛回归模型

汉森（Hansen，2000）提出的面板数据门槛模型，其核心思想是将门槛值作为一个未知变量纳入实证模型中，构建变量系数的分段函数，并对门槛值及"门槛效应"进行一系列的估计和检验。该方法具有两方面的优点：一方面，该方法不需要给定线性方程的形式，门槛值及其数量完全由样本数据内生决定；另一方面，该方法提供了一个渐进分布理论去建立待估参数的置信区间，同时还可以运用"自举法"（bootstrap）来估计门槛值的统计显著性。该方法克服了"交叉乘积项法"和"分组检验法"的主观性和缺乏可靠参数估计的缺点。

根据研究主题本章设定计量模型如下（以双重门槛模型为例）：

$$gml_{it} = \beta_0 + \beta_1 indus_{it} + \beta_2 open_{it} + \beta_3 gov_{it} + \beta_4 edu_{it} + \beta_5 er_{it} \times I(thr \leq \lambda_1)$$
$$+ \beta_6 er_{it} \times I(\lambda_1 < thr \leq \lambda_2) + \beta_7 er_{it} \times I(thr > \lambda_2) + \mu_i + \varepsilon_{it} \qquad (5.3)$$

其中，下标 i 是地区，t 是时间，$I(\cdot)$ 为门槛示性函数，thr 表示门槛变量，λ 为具体的门槛值。当 $thr < \lambda$ 时，$I(\cdot) = 0$；当 $thr > \lambda$ 时，$I(\cdot) = 1$。根据相关理论，本章分别以研发投入强度（rd）、经济发展水平（$rgdp$）和所有制结构（$soer$）为门槛变量，考察上述约束情况下环境规制强度（er）对绿色技术创新效率的非线性影响效应。

二、变量选取与数据来源

目前为止，学者们尚未对绿色技术创新效率形成统一的理解和认识。本章综合已有关于绿色技术创新的相关内容，借鉴韩晶（2012）、张江雪和朱磊（2012）、任耀等（2014）、王惠等（2016）等的研究成果，指标选择如下。

投入变量：绿色技术创新投入主要包括人力投入、资金投入和能源投入三个方面。其中，人力投入反映了地区绿色技术创新投入的能力，本章采用国际上通用的研发（R&D）人员全时当量来表示；资金投入代表了地区绿色技术创新投入的规模，虽然研发资本存量要比研发资本流量更能反映现实情况，但考虑到研发存量在不同的假定和计算方法下计算出来的结果不尽相同，对最终测度结果的准确性也会有影响。因此，本章选用研发（R&D）经费内部支出来表示。能源投入选择能源消费总量，并统一折算成标准煤来表示。

产出变量：包括期望产出和非期望产出两部分。同经济利益至上的观念不同，绿色技术创新的内涵要求不仅要考虑经济发展，同时也要关注资源节约、环境友好。因此，本章的期望产出采用第二产业的增加值和专利申请数量来表示。目前温室气体和二氧化硫排放被国际社会公认为是环境污染的最主要原因，因此本章选择地区 CO_2 排放量和工业 SO_2 排放总量来作为非期望产出。其中，CO_2 排放量参照《2006 年 IPCC 国家温室气体清单指南》所提供的参考方法和参数的做法进行计算，并结合我国已公布的相关参数来进行计算。绿色技术创新投入产出统计性描述见表 5 - 1。

表 5 - 1　　　　　　绿色技术创新投入产出变量的统计特征

变量	Obs	Mean	Std. Dev.	min	max
R&D 人员全时当量（人年）	300	74061	82968	1209	501718
R&D 经费内部支出（亿元）	300	198	264	1.6	1490
能源消费量（万吨标准煤）	300	11604	7609	742	38899
第二产业增加值（亿元）	300	6173	5906	180	29427
专利申请数量（件）	300	32759	60972	124	504500
CO_2 排放量（万吨）	300	29475	19326	1886	98804
工业 SO_2 排放量（吨）	300	663909	395205	21204	17150

被解释变量：绿色技术创新效率，采用上面基于 SBM 的 Global Malmquist-Luenberger（GML）指数测度出来的 GML 值来表示。

核心解释变量：环境规制水平是本章的核心解释变量，对于环境规制强度本章借鉴了张成等（2011）、余长林和高宏建（2015）、尤济红和王鹏（2016）等的做法，采用各地区工业污染治理项目本年完成投资占规模以上工业企业的主营业务成本的比重来表示，并记为 er。

　　门槛变量：本章选取研发投入强度（*rd*）、经济发展水平（*rgdp*）和所有制结构（*soer*）3 个变量作为门槛变量，从不同角度深入分析环境规制对绿色技术创新效率的影响效应。之所以选择研发投入强度（*rd*）作为门槛变量，是因为大多数研究都认为内部研发支出是自主创新的源泉，与创新效率之间是正相关的关系，如（Mueller，1996；Koeller，1995；刘志强等，2013）；但也有人认为，内部研发支出与创新效率之间呈非线性的关系（孙晓华和辛梦依，2013）。选择经济发展水平为门槛变量的原因如下。董直庆等（2015）认为，只有越过一定的经济发展阶段才能发挥环境规制对清洁技术创新的作用。而选择所有制结构作为门槛变量，是因为目前关于所有制结构跟绿色技术创新之间的关系还没有一致的结论。有人认为，国有企业比重越高，意味着资本越充裕，越有利于绿色技术创新（李春涛和宋敏，2010；尤济红和王鹏，2015）；但也有人认为，国有企业与生俱来的垄断性质会导致企业低效，不利于创新活动的开展（吴延兵，2014；刘伟和薛景，2015）。结合我国实际情况来看，对于一个地区来说，国有企业比重并不是越高越好，也并不是越低越好。

　　其中，研发投入强度（*rd*）采用各地区研发经费内部支出占工业增加值的比重来表示；经济发展水平（*rgdp*）采用以 2010 年为基期的消费者价格指数进行折算后的数据来表示；所有制结构（*soer*）采用规模以上企业中国有及国有控股企业所占的比例来表示。

　　控制变量：除了上述核心解释变量外，还需要考虑一些相关的控制变量。在借鉴相关研究（聂辉华等，2008）的基础上，本章分别选取对外开放程度（*open*）、产业结构（*indus*）、政府干预（*gov*）和受教育程度（*edu*）四个指标作为控制变量。其中，对外开放程度（*open*）采用按照当年汇率进行换算后的地区进出口总额占地区 GDP 的比重来表示。产业结构（*indus*）采用第二产业增加值所占的比重来表示。政府干预（*gov*）采用政府总支出占地区 gdp 的比重来表示。受教育程度（*edu*）采用就业人员人均受教育年限来表示，其中，文盲接受教育年限为 0 年，小学教育为 6 年，初中教育为 9 年，高中教育为 12 年，大专及以上教育为 16 年。

　　以上数据主要来源于 2010~2019 年《中国统计年鉴》《中国环境统计年鉴》《中国人口与就业年鉴》《中国工业统计年鉴》《中国科技统计年鉴》

等。变量的描述性统计特征见表 5 – 2。

表 5 – 2　　　　　　　　　　　变量的统计特征

变量	Obs	Mean	Std. Dev.	min	max
gml	300	1.050	0.119	0.582	2.001
er	300	0.198	0.168	0.008	1.237
open	300	0.334	0.382	0.025	1.668
soer	300	0.138	0.103	0.011	0.533
rgdp	300	2.427	1.566	0.405	7.594
rd	300	0.030	0.039	0.006	0.272
edu	300	9.815	0.762	8.732	13.361
gov	300	0.196	0.086	0.079	0.612

第二节　实证分析

一、绿色技术创新效率的测算结果与分析

采用 GML 指数方法测算的 30 个省份的绿色技术创新效率及分解项见表 5 – 3。

从整体来看，2010～2019 年中国绿色技术创新效率 GML 指数均值为 1.040，整体绿色技术创新效率呈改进趋势，且年均增长率为 4.0%。其中，绿色技术创新技术效率指数（EC）为 1.015，绿色技术创新技术进步指数（TC）为 1.024，说明绿色技术创新技术效率和技术进步均呈改善状态，绿色技术创新技术进步对我国绿色技术创新效率增长的作用更大，达到 61.5%。因此，提高绿色技术创新技术效率应该是今后绿色技术创新活动过程中关注的一个重要方面。分区域来看：（1）绿色技术创新技术效率变化指数（EC）均值从高到低分别为西部 1.030、中部 1.014 和东部 1.002。这反映了近十几

表5-3 我国30个省份绿色技术创新效率：2010~2019年

	东部				西部				中部		
省份	EC	TC	GML	省份	EC	TC	GML	省份	EC	TC	GML
北京	1.000	1.088	1.088	内蒙古	1.000	1.036	1.036	山西	1.012	1.023	1.035
天津	0.978	1.043	1.020	广西	1.000	1.031	1.031	吉林	1.047	1.024	1.072
河北	1.000	1.013	1.013	重庆	1.029	1.012	1.041	黑龙江	0.972	1.000	0.972
辽宁	1.040	1.022	1.063	四川	1.063	1.017	1.082	安徽	1.050	1.019	1.070
上海	1.000	1.065	1.065	贵州	1.039	1.015	1.055	江西	1.027	1.017	1.045
江苏	1.000	1.055	1.055	云南	0.988	1.014	1.002	河南	1.000	1.000	1.000
浙江	1.000	1.025	1.025	陕西	1.069	1.049	1.121	湖北	1.002	1.011	1.013
福建	1.000	1.026	1.026	甘肃	1.036	1.020	1.058	湖南	1.004	1.009	1.014
山东	1.000	1.038	1.038	青海	1.092	1.018	1.111	中部均值	1.014	1.013	1.027
广东	1.000	1.025	1.025	宁夏	1.015	1.005	1.020	—	—	—	—
海南	1.000	1.000	1.000	新疆	1.000	1.011	1.011	—	—	—	—
东部均值	1.002	1.036	1.038	西部均值	1.030	1.021	1.051	全国均值	1.015	1.024	1.040

注：所有均值为几何平均。

年来随着我国西部大开发战略的持续推进，东部产业向中西部地区转移过程中，也给这些地区带来了先进的生产研发技术和创新理念。同时，地区间生产要素流动加快也促进了资源的合理配置，这些因素都使得中西部地区绿色技术创新技术效率提高较为明显。样本期间 30 个省份中有 14 个省份处于绿色技术创新技术效率改善状态，13 个省份技术效率没有明显发生改变，仅有 3 个省份（天津、云南、黑龙江）绿色技术创新技术效率小于1，出现了恶化。（2）绿色技术创新技术进步指数（TC）均值从高到低排列为东部 1.036、西部 1.021 和中部 1.013，这说明过去十年间经济发展水平较高的东部地区，通过加大研发投入，加快绿色技术创新来改变地区经济发展方式，因此绿色技术创新技术进步遥遥领先于其他地区。而中西部地区受资金、人才、地理位置等因素的限制，创新意识和创新能力不强，跟东部地区存在一定的差距。30 个省份中，仅有海南、黑龙江和河南三个省的绿色技术创新技术进步指数等于 1，没有明显的技术进步，其余 27 个省份的绿色技术创新技术进步指数都大于 1，都存在不同程度的技术进步。其中，北京、上海、江苏和陕西的绿色技术创新技术进步指数排在最前列，北京技术进步年均增长率为 8.8%，已经遥遥领先于其他地区；上海排在第二位，年均技术进步率达到 6.5%；江苏和陕西的年均绿色技术进步率分别为 5.5% 和 4.9%。（3）全域绿色技术创新效率（GML）均值从高到低排列为西部 1.051、东部 1.038 和中部 1.027，可见在 2010～2019 年观察期内，西部地区的创新水平有了较大进步，后发优势明显。其中，仅有黑龙江省绿色技术创新效率小于 1，出现了倒退；河南省的绿色技术创新效率等于 1，没有发生变化；其余 28 个省份的绿色技术创新效率都有所提高。绿色技术创新效率最高的两个省都来自西部地区，分别是陕西和青海，其年均增长率分别为 12.1% 和 11.1%。

二、全样本和分区域的实证检验

环境规制对中国绿色技术创新效率是否有影响，影响程度和方向如何？不同地区之间是否存在差异？这些都对我国及各地区的工业环境规制的制定和实施具有重要的理论借鉴和现实意义。本章在前面分析的基础上，利用我国 30 个省份工业企业的面板数据，采用动态面板估计方法进行了估算。

由于静态面板方法可能会遗漏一些与解释变量相关的变量，从而导致估计结果出现有偏。而当这些遗漏变量短期内不会发生改变时，可以加入被解释变量的滞后一期作为解释变量来克服上述问题。考虑到创新活动的开展存在时间上的惯性，因此加入滞后一期的被解释变量构建动态面板模型，结果更加准确。为了克服被解释变量的内生性问题，本章采用两步 SYS – GMM 方法进行估计，估计结果见表 5 – 4。

表 5 – 4　　　　　　　　　　系统 GMM 估计结果

变量	全国	东部	中西部
L. *gml*	0.092 *** (8.760)	0.113 * (10.670)	0.055 * (2.600)
er	− 0.301 *** (− 2.370)	− 0.207 *** (− 2.660)	− 0.551 *** (− 2.320)
er(− 1)	0.081 *** (2.640)	0.303 *** (3.030)	0.071 ** (1.980)
rd	0.085 ** (2.030)	0.061 * (1.870)	0.103 *** (2.560)
er × rd	− 0.041 ** (− 2.040)	− 0.024 * (− 1.870)	0.017 *** (2.810)
rgdp	0.502 ** (2.120)	0.955 *** (3.060)	− 0.684 (− 0.410)
er × rgdp	− 0.217 ** (1.991)	0.153 *** (3.462)	− 0.116 (1.485)
soer	0.072 ** (2.070)	0.016 (1.260)	0.012 *** (2.520)
er × soer	− 0.011 (1.498)	0.032 (1.613)	0.008 *** (2.912)
edu	0.011 *** (3.200)	0.070 *** (3.380)	0.006 (1.290)

续表

变量	全国	东部	中西部
open	0.413 *** (4.550)	−0.031 (−0.790)	0.541 *** (4.610)
indus	0.101 (1.640)	−0.201 (−0.940)	0.019 (1.340)
gov	−0.004 *** (−2.890)	−0.002 *** (−3.120)	−0.752 (−0.320)
_cons	0.008 *** (2.650)	0.008 *** (2.640)	0.805 (0.250)
Sargan	27.3226 [0.9700]	28.0341 [0.9622]	16.7946 [0.9999]
AR (1)	−1.9221 [0.0481]	−1.7804 [0.0750]	−2.5007 [0.0034]
AR (2)	−0.6340 [0.5261]	−0.7483 [0.4543]	−0.5838 [0.9534]

注: *** 、 ** 和 * 分别表示 1% 、5% 和 10% 的显著性水平，圆括号内为 z 值，方括号内为统计量的 p 值。

从全国样本来看，滞后 1 期的绿色技术创新通过了 1% 的显著性水平。Sargan 检验的 p 值为 0.97，大于 0.05，因此无法拒绝原假设"所有工具变量均有效"，即不存在工具变量过度识别的问题。Arellano-Bond 序列自相关检验的 AR (2) p 值为 0.5261，大于 0.05，因此，扰动项不存在二阶自相关的关系。整体来看模型估计效果较好。从变量的估计系数来看，当期环境规制对工业绿色技术创新水平产生显著的负向影响，而滞后一期的环境规制水平对工业绿色技术创新水平带来显著的正向影响。这可能是由于当期的环境规制会使企业增加资金用来治理末端污染。这种环境规制所带来的"遵循成本"，会对企业技术研发支出产生挤出作用，导致企业技术创新能力下降（Rhoades，1985）。而滞后一期的环境规制会使企业从利益最大化角度进行考虑，选择通过购买先进的生产设备和生产工艺，或是加大绿色研发投入，来实现企业经济效率增长和环境污染控制的平衡。而从分区域的估计结果来看，对东部沿海地区和中西部地区而言，当期环境规制都会对绿色技术创新带来负向的作用，而滞后一期的环境规制会对绿色技术创新带来促进的作用。只不过东部沿海地区由于经济发展和研发实力都高于中西部地区，当期环境规制带来的负面作用更小，滞后一期的促进作用也更大。

从研发投入（*rd*）来看，研发投入对全国、东部和中西部地区的绿色技术创新都带来显著的促进作用。其中，中西部地区研发投入对绿色技术创新产生的边际作用为 0.103，远高于东部沿海地区的 0.061。这可能是由于广大的中西部地区，尤其是西部地区，长期以来研发投入较少，创新能力较为薄弱，因此研发投入所带来的边际效应更大。而从环境规制与研发投入的交叉项来看，全国和东部地区的交叉项显著为负，而中西部地区的交叉项显著为正，且影响大小不同，说明环境规制对绿色技术创新的影响，还跟各地区的研发投入大小有关，即存在研发投入门槛效应。

经济发展水平（*rgdp*）对全国和东部地区起到正向的促进作用，而对中西部地区起到负向作用。这说明收入水平越高越有利于绿色技术创新活动的开展。可见经济发展对绿色技术创新活动同样存在门槛的作用，只有当地区经济收入水平跨越这道门槛时，才能对绿色技术创新产生积极的作用。而从环境规制与经济发展水平的交叉项来看，全国和中西部地区均为负，而东部地区为正，可见只有在经济发展水平高、研发实力强的地区才能发挥环境规制与经济发展的互补作用。

所有制结构（*soer*）对全国以及西部地区都起到正向的显著的促进作用，而对东部地区的影响并不显著。这可能是由于中西部地区发展较为落后，企业发展过程中国有企业比重较高，相对于民营企业而言，国有企业的研发规模和研发实力相对较强，因此对绿色研发的作用更为显著。从环境规制与所有制结构的交叉项来看，只有中西部地区显著为正，这可能是由于中西部地区绿色技术创新活动大都是依赖于较大型国有企业，因此对中西部地区加大环境规制会极大地刺激绿色技术创新效率提高。

就业人口受教育程度（*edu*）对全国和东部地区的绿色技术创新都起到显著的促进作用，而对西部地区的绿色技术创新作用却并不明显。这可能是由于一方面中西部地区承接产业较为落后，对劳动力的受教育水平需求并不高；另一方面中西部地区就业人口中，高学历人才相对匮乏，因此对绿色技术创新的作用相对并不明显。

对外开放程度（*open*）变量对东部地区呈并不显著的负向作用，而对中西部地区的影响显著为正，说明对外贸易的发展可能会导致国外污染行业和商品服务流入内地，造成污染转移，但同时也会带来先进的生产设备及清洁型生产技术。从总体来看，发展对外贸易有利于绿色技术创新的提高。

产业结构（*indus*）对绿色技术创新效率的影响不显著。这可以从两个方面来理解，一方面，由于长期以来的粗放型发展模式，导致工业发展过程中对能源的高度依赖，以及由此产生的大量污染，降低了绿色技术创新效率；另一方面，工业发展引发的"干中学效应"有助于技术的进步，导致整体上产业结构对绿色技术创新效率并不显著。

政府干预程度（*gov*）在表全国和东部地区中显著为负，可见过去地方政府更多的是注重本地区的经济发展，而对加强环境污染监管、增加绿色技术创新投入的激励不足；同时，过多的政府干预容易出现权力寻租，从而导致资源配置效率低下，这些都不利于绿色技术创新活动的开展。

系统 GMM 估计结果表明，不同地区间环境规制对绿色技术创新的影响各不相同。为什么会出现这种差异？我们认为，环境规制对绿色技术创新可能存在门限效应，只要迈过这道"门槛"，才能充分发挥环境规制对绿色技术创新的促进作用。因此本章接下来就要探究制约绿色技术创新能力的门槛值和不同区间的作用系数。

三、面板门槛估计

在使用面板门槛模型之前，首先需要进行门槛效应检验，以便确定是否存在门槛及存在门槛的个数，最终选择相应的模型形式。为了保证数据的平稳，对所有变量均做了对数处理。利用汉森（Hansen, 2000）提出的"bootstrap"（自举法），通过 1000 次的 bootstrap 重复模拟似然比检验统计得到对应的 *P* 值和 *F* 值，分别对单门槛、双门槛和三门槛进行了检验，最终结果见表 5 –5。

表 5 - 5　　　　　　　　　　　各变量门槛检验

变量	检验结果	*rgdp*	*rd*	*soer*
单门槛	*F* 值	11.7537	6.1439	4.5974
	P 值	0.0010	0.0260	0.0051
双门槛	*F* 值	4.4375	5.7146	3.7721
	P 值	0.0380	0.0190	0.0270
三门槛	*F* 值	3.9897	5.0146	2.3020
	P 值	0.0590	0.0220	0.1230

注：BS 次数为 1000 次。

　　由表 5 - 5 检验结果可知，所有制结构门槛（*soer*）变量分别在 1% 和 5% 的显著性水平下通过了单门槛和双门槛检验；研发投入强度（*rd*）门槛变量分别在 5% 的显著性水平下通过了单门槛、双门槛和三门槛检验；人均收入水平（*rgdp*）门槛变量分别在 1% 和 5% 的显著性水平下通过了单门槛和双门槛检验，在 10% 的显著性水平下通过了三门槛检验。可见所有制结构和经济发展水平都存在双重门槛，研发投入存在三重门槛。进一步采用"格栅搜索法"确定门槛值，发现所有制结构对应的门槛值是 ln*soer* = -2.8679 和 ln*soer* = -1.6555，相应的所有制结构比重为 5.7% 和 19.1%；经济发展水平对应的门槛值是 ln*rgdp* = 0.5407 和 ln*rgdp* = 1.7750，相应的实际人均收入水平为 17172 元和 59003 元；研发投入对应的门槛值是 ln*rd* = -4.8665、ln*rd* = -4.2248 和 ln*rd* = -2.9906，相应的研发投入比重为 0.8%，1.5% 和 5.0%。

　　确定门槛值以后，对式（5.3）进行门槛参数估计。表 5 - 6 报告了人均收入、研发投入和所有制结构门槛变量下的回归结果。

表 5 - 6　　　　　　　　　　　面板门槛估计结果

变量	研发投入（*rd*） 为门槛变量	人均收入（*rgdp*） 为门槛变量	所有制结构（*soer*） 为门槛变量
indus	-0.097 (-0.931)	-0.026 (-0.235)	-0.197 (-1.437)
open	0.013 * (1.812)	0.012 ** (2.046)	0.021 * (1.786)

变量	研发投入 (rd) 为门槛变量	人均收入 (rgdp) 为门槛变量	所有制结构 (soer) 为门槛变量
gov	−0.030 (−0.486)	−0.141 ** (−2.485)	−0.089 * (−1.617)
soer	0.073 *** (2.785)	0.060 *** (2.591)	0.013 (0.584)
er_1	−0.102 *** (−3.865)	−0.021 * (−1.659)	−0.055 *** (−3.000)
er_2	−0.048 *** (−2.827)	−0.044 *** (−3.210)	−0.030 * (−1.968)
er_3	−0.013 (−0.862)	0.033 ** (2.114)	0.015 ** (2.192)
er_4	0.027 ** (2.413)	— —	— —

注：括号内的数值表示 t 值，*** 、 ** 和 * 分别表示 1%、5% 和 10% 的显著性水平。

经济发展水平面板门限模型的回归结果表明经济发展水平存在两个门槛：（1）当人均收入低于 1.7172 万元时，环境规制对绿色技术创新效率的弹性影响系数为 −0.021，对于经济发展水平较低的地区，由于产业发展落后，地理位置较为偏僻，人才匮乏，人们的绿色技术创新意识较为落后，同时绿色技术创新投入相对较少，研发能力较为薄弱，因此加强环境规制会对绿色技术创新效率产生抑制作用。（2）当人均收入水平介于 1.7172 万 ~ 5.9002 万元时，环境规制对绿色技术创新效率的影响系数继续下降至 −0.044，抑制作用进一步加大。这说明对于中等收入水平的地区而言，随着经济发展水平的提高，产业规模和产能日趋扩大，部分吸收和引进的落后产能，对资源的消耗越来越多，环境污染也逐步增加，加上地区自身研发资本相对薄弱，经济发展与环境污染双重矛盾开始集中体现，因此环境规制对绿色技术创新效率的抑制作用也最为明显。对于这些地区而言，环境规制对绿色技术创新效应存在经济发展水平"门槛陷阱"。（3）当人均收入水平越过 5.9002 万元时，由于人们的收入水平较高，开始注重生活品质，对绿色生活和环境保护有了更高的要求，同时随着政府环境规制措施实施力度的加强，以及企业实施清洁生产内在动力的增加，都会进一步促进绿色技术创新活动的开展。加快产业结构调整，创新绿色发展模式成为地区新的发展方向和目标。同时，随着环保支出的不断加大以及绿色研发投入的增加，环境规制对绿色技术创新效率出现了正向促进作用。

研发投入门槛变量的回归结果表明研发投入存在三个门槛变量：（1）当研发投入小于 0.77%（自然对数值为 -4.8665 时），影响系数为 -0.102，通过了 1% 的显著性检验，表明在研发投入最为薄弱的地区，加强环境规制力度对绿色技术创新效率产生显著的负向影响；（2）当研发投入介于 0.77% ~ 1.46% 时，影响系数为 -0.048，相比前面环境规制的抑制作用有所减弱；（3）当研发投入介于 1.46% ~5.02% 时，影响系数为 -0.013，但并不显著，说明环境规制对绿色技术创新效率的抑制作用不明显；（4）而当研发投入大于 5.02% 时，影响系数为 0.027，环境规制对绿色技术创新效率开始出现了明显的促进作用。由此可见，随着地区研发投入力度的加大，环境规制对绿色技术创新效率的抑制作用逐渐减弱，当超过第三个门槛值 5.02% 时，会带来显著的正向促进作用。2019 年仅有 5 个地区（北京、天津、上海、江苏和陕西）研发投入达到 5.02% 。因此，进一步加大各地区的研发投入，是提高绿色技术创新效率最有效的途径之一。

所有制结构门槛变量的回归结果表明所有制结构存在两个门槛变量：（1）当所有制结构比重小于 5.68% 时，环境规制对绿色技术创新效率的弹性系数为 -0.055，环境规制的增加会抑制绿色技术创新效率。（2）当所有制结构比重介于 5.68% ~ 19.10% 时，环境规制的抑制作用开始减弱，弹性系数为 -0.030。（3）而当所有制结构比重大于 19.1% 时，环境规制对绿色技术创新效率有显著的促进作用，这跟聂辉华（2008）、李宇和张瑶（2014）、尤济红和王鹏（2016）等的研究结果一致。可见国有企业在绿色技术创新方面有较大的优势。

第三节　小　结

本章采用基于松弛的方向性距离函数（SBM）的 Global Malmquist-Luenberger 指数测算了 2010～2019 年中国 30 个省份的绿色技术创新效率，通过数理模型推导了环境规制对绿色技术创新的促进作用，最后采用面板门槛模型分别估计了在经济发展水平、研发投入强度和所有制结构为门槛变量条件下环境规制对绿色技术创新效率的非线性关系。得出的结论如下所述。

（1）从整体上看，我国绿色技术创新效率（GML）偏低，还有较大的提高空间。绿色技术创新技术效率（EC）呈现出"西—中—东"依次递减的格局；而绿色技术创新技术进步（TC）呈现出"东—西—中"依次递减的格局；而绿色技术创新效率（GML）呈现出"西—东—中"依次递减的格局。

（2）在不同经济发展水平下，环境规制对绿色技术创新效率的影响存在门槛效应，随着收入水平的提高环境规制对绿色技术创新效率的抑制作用逐渐降低，只有当收入水平跨过 5.9002 万元这个门槛后，环境规制对绿色技术创新效率才会产生正向的促进作用。在研发投入门槛条件下，存在 3 个门槛区间，只有当研发投入比重超过 5.02% 时，环境规制才能促进绿色技术创新。同样在所有制结构门槛条件下，只有当国有企业比重超过 19.1% 时，环境规制才能促进绿色技术创新。对于北京、天津和上海等发达地区而言，已经跨越了经济发展水平和研发投入的制约因素，尚未达到所有制结构的拐点；而广大的中西部地区，主要受到经济发展水平和研发投入的双重制约，因此，加大对中西部地区的财政金融支持力度，创造条件使其跨越"门槛陷阱"才能发挥环境规制的积极作用。

（3）产业结构对绿色技术创新效率产生并不显著的负向影响，对外开放程度有助于提高绿色技术创新活动，政府干预会对绿色技术创新产生明显的抑制作用。

基于以上结论本章提出以下建议。

（1）由于东部地区在绿色技术创新上优势较为明显，而在绿色技术创新技术效率上相对落后，因此，作为绿色技术创新的引领者，东部地区一方面要注重加快总结、运用和推广绿色技术，不断提高全国的绿色技术标准；另一方面要进一步提高创新过程中的管理效率，合理利用地区人才、资源和地理优势，充分挖掘地区的绿色技术创新潜力。而广大的中西部地区应努力借鉴、吸收和引进东部地区以及国内外先进的绿色研发模式和制度安排，提高地区绿色研发效率。

（2）不同经济发展水平地区环境规制给绿色技术创新带来了异质效应，因此，应该针对不同地区采取有差异化的环境规制政策。具体来说，应该加大对经济发达地区的环境规制力度；适度降低低收入水平地区，尤其是中等收入水平地区的环境规制力度，缓解这些地区产业发展和转型过程中带来的阵痛。另外，要灵活运用多种环境规制手段，实现环境规制类别和力度的互补。东部地区经济发展水平高，市场体系完善，采用市场型环境规制工具；中部地区应该降低环境规制力度，减轻工业企业的合规成本；西部地区经济发展落后，一方面要严格限制高污染、高排放产业的进入，另一方面要加大科技投入和人才储备，为技术创新提供良好条件。

（3）增加绿色技术研发的预算投入，完善以绿色技术创新为导向的财政补贴政策。财政政策应重点支持绿色低碳技术的关键和共性技术，特别是那些具有国际先进性的绿色低碳前沿技术的研发，促进绿色技术实现"蛙跳式"发展。同时对企业的绿色研发和创新活动给予税收优惠，如：将企业的研发费用加计扣除，以及将有关绿色技术咨询、培训和转让所获得的收入纳入所得税优惠范围等。①

（4）扩大对外开放水平，积极吸纳外资进入。本章结果表明扩大对外开放水平整体上是有利于绿色技术创新的提高，因此，一方面要创造良好的投资条件和税收环境，吸引外资流入；另一方面也需要提高对外贸易的"绿色门槛"，避免本国外资"污染天堂"现象的发生。

（5）改变政府和企业领导考核评价体制，精简政府规模，提高地方政府行政效率。过大的政府规模和扭曲的评价机制都会抑制绿色技术创新活动，因此采用以绿色生产和绿色生活为重心的考核体制，能有效激励绿色技术创新活动的开展。

2010～2019年基于GML指数分解的中国省际绿色技术创新技术效率指数（EC）、绿色技术创新技术进步指数（TC）、绿色技术创新效率（GML）见表5-7、表5-8和5-9。

---

① 国务院发展研究中心、施耐德电气：《以创新和绿色引领新常态》，中国发展出版社2015年版，第329～330页。

表 5-7　　基于 GML 指数分解的中国省际绿色技术创新技术效率指数 (EC) (2010~2019 年)

省份	EC (2010 TO 2011)	EC (2011 TO 2012)	EC (2012 TO 2013)	EC (2013 TO 2014)	EC (2014 TO 2015)	EC (2015 TO 2016)	EC (2016 TO 2017)	EC (2017 TO 2018)	EC (2018 TO 2019)	均值
北京	1.0000	1.0000	1.0000	1.0000	1.0000	1.0000	1.0000	1.0000	1.0000	1.0000
天津	0.9776	1.0058	0.9899	1.1104	1.0000	1.0000	1.0000	0.9869	0.7669	0.9779
河北	1.0000	1.0000	1.0000	1.0000	1.0000	1.0000	1.0000	1.0000	1.0000	1.0000
辽宁	0.9471	0.9957	1.0170	1.1252	1.0005	1.0339	1.1392	0.9563	0.9144	1.0118
上海	1.0000	1.0000	1.0000	1.0000	1.0000	1.0000	1.0000	1.0000	1.0000	1.0000
江苏	0.8793	1.0050	1.0433	1.0768	1.0898	1.1621	1.1295	1.0000	1.0000	1.0397
浙江	0.8992	1.0327	1.0840	1.1010	0.8999	1.5147	1.0000	1.0000	1.0000	1.0469
福建	0.8333	1.2000	0.7614	0.8865	0.8932	1.0128	1.5375	0.9158	0.9040	0.9724
山东	1.0000	1.0000	1.0000	1.0000	1.0000	1.0000	1.0000	1.0000	1.0000	1.0000
广东	0.7821	1.0871	1.1760	1.0000	1.0000	1.0000	1.0000	1.0000	1.0000	1.0000
海南	0.9658	0.9928	1.0429	1.0000	1.0000	1.0000	1.0000	1.0000	1.0000	1.0000
山西	0.8244	1.0273	1.1457	1.1101	1.1408	1.3073	0.9893	0.9890	0.9871	1.0500
吉林	1.0000	1.0000	1.0000	1.0000	1.0000	1.0000	1.0000	1.0000	1.0000	1.0000
黑龙江	0.8917	1.4226	1.0000	1.0000	1.0000	1.0000	1.0000	1.0000	1.0000	1.0268
安徽	1.0000	1.0000	1.0000	1.0000	1.0000	1.0000	1.0000	1.0000	1.0000	1.0000
江西	1.0000	1.0000	1.0000	1.0000	1.0000	1.0000	1.0000	1.0000	1.0000	1.0000
河南	0.8982	1.0052	1.0489	0.9815	0.9967	1.0072	1.0169	1.0634	1.0113	1.0022
湖北	0.9513	1.0401	0.9697	0.9427	1.0043	0.9945	1.0806	0.9812	1.0852	1.0043
湖南	1.0000	1.0000	1.0000	1.0000	1.0000	1.0000	1.0000	1.0000	1.0000	1.0000

续表

省份	EC (2010 TO 2011)	EC (2011 TO 2012)	EC (2012 TO 2013)	EC (2013 TO 2014)	EC (2014 TO 2015)	EC (2015 TO 2016)	EC (2016 TO 2017)	EC (2017 TO 2018)	EC (2018 TO 2019)	均值
内蒙古	0.8071	1.2390	1.0000	0.8116	1.2321	1.0000	1.0000	1.0000	1.0000	1.0000
广西	1.0000	1.0000	1.0000	1.0000	1.0000	1.0000	1.0000	1.0000	1.0000	1.0000
重庆	0.8678	0.9853	0.9913	1.0108	1.2814	1.0863	1.0799	1.0000	1.0000	1.0285
四川	0.9753	1.0647	1.1009	1.0508	1.0712	1.0993	1.2265	1.0000	1.0000	1.0631
贵州	0.9757	0.9699	1.0910	0.9485	1.0339	0.9847	1.4207	1.0000	1.0000	1.0394
云南	0.7386	1.1696	1.0223	1.0036	1.1919	1.0218	0.8912	1.0011	0.9317	0.9880
陕西	0.9699	1.0804	1.1289	1.0727	1.0638	1.0918	1.0844	1.0548	1.0851	1.0694
甘肃	1.0191	0.8579	1.0987	1.0429	1.0593	1.0628	1.1767	1.0204	1.0196	1.0365
青海	1.0482	1.1993	1.0630	1.6544	1.0000	1.0000	1.0000	1.0000	1.0000	1.0922
宁夏	0.9488	0.9570	0.9738	1.0996	1.0681	0.8854	1.0122	1.1915	1.0334	1.0153
新疆	1.0000	1.0000	1.0000	1.0000	1.0000	1.0000	1.0000	1.0000	1.0000	1.0000
均值	0.9366	1.0398	1.0223	1.0274	1.0312	1.0371	1.0526	1.0045	0.9896	1.0151

注：所有均值均为几何均值。

表 5 - 8　基于 GML 指数分解的中国省际绿色技术创新技术进步指数（TC）（2010～2019 年）

省份	TC (2010 TO 2011)	TC (2011 TO 2012)	TC (2012 TO 2013)	TC (2013 TO 2014)	TC (2014 TO 2015)	TC (2015 TO 2016)	TC (2016 TO 2017)	TC (2017 TO 2018)	TC (2018 TO 2019)	均值
北京	1.2027	1.0944	1.0965	1.2022	0.9867	1.0185	1.0672	1.0314	1.1150	1.0882
天津	1.0513	0.9513	1.0139	0.9157	1.0128	1.1062	1.1285	0.9965	1.2451	1.0427
河北	0.8116	0.9018	1.0628	1.1647	0.8474	1.4618	1.0000	1.0000	1.0000	1.0129

续表

省份	TC (2010 TO 2011)	TC (2011 TO 2012)	TC (2012 TO 2013)	TC (2013 TO 2014)	TC (2014 TO 2015)	TC (2015 TO 2016)	TC (2016 TO 2017)	TC (2017 TO 2018)	TC (2018 TO 2019)	均值
辽宁	1.0677	0.9881	0.9344	1.0985	0.9159	1.0732	0.9907	1.0525	1.1010	1.0225
上海	0.9668	1.1371	1.0663	1.1770	0.7192	1.2701	1.0948	1.0000	1.0000	1.0364
江苏	1.1088	1.0186	0.9523	0.9508	0.8997	1.0250	1.1217	1.0765	1.0713	1.0223
浙江	1.1327	1.0420	0.9299	0.9993	0.8816	0.8400	1.0918	1.1024	1.2692	1.0243
福建	0.8029	0.8161	1.2851	1.0425	0.9662	1.0646	0.9606	1.0727	1.0700	0.9995
山东	1.1267	0.9726	1.0782	1.0614	1.0111	1.0940	1.1280	1.0442	1.0780	1.0649
广东	1.3613	0.9942	0.9548	1.0300	1.0246	1.0818	1.0998	1.0000	1.0000	1.0552
海南	1.0648	0.9808	1.0057	1.0507	0.9754	1.0197	1.1095	1.0013	1.0231	1.0249
山西	1.1546	0.9985	0.9277	1.0013	0.9141	1.0866	1.0203	1.0600	1.0300	1.0190
吉林	0.9683	0.9625	1.0047	1.0075	0.9662	1.0945	1.1518	1.0370	1.0532	1.0256
黑龙江	1.0100	0.6612	0.9541	0.9064	1.0831	1.2387	1.5061	1.0000	1.0000	1.0173
安徽	1.0322	1.1185	0.9957	0.9530	1.1193	1.0868	1.0509	1.0000	1.0000	1.0381
江西	1.0000	0.8242	1.0417	1.1647	0.7918	1.1839	1.0668	1.0000	1.0000	1.0000
河南	1.0561	0.9990	0.9723	1.0035	0.9585	1.0095	1.0674	0.9933	1.0450	1.0110
湖北	1.0368	0.9731	0.9756	0.9807	0.9076	1.1233	1.0095	1.0287	1.0648	1.0094
湖南	1.2477	0.9346	0.9346	0.9665	0.9199	1.1127	1.0815	0.9900	1.0101	1.0249
内蒙古	1.1936	0.8541	1.2912	0.9878	0.6364	1.0313	1.2165	1.0659	1.1896	1.0310
广西	1.0000	1.0000	1.0000	1.0000	0.9475	0.8533	1.1048	0.9538	1.1738	1.0000
重庆	1.0694	0.9976	0.9610	1.0023	0.8825	1.0329	1.0519	1.0297	1.0975	1.0120

续表

省份	TC (2010 TO 2011)	TC (2011 TO 2012)	TC (2012 TO 2013)	TC (2013 TO 2014)	TC (2014 TO 2015)	TC (2015 TO 2016)	TC (2016 TO 2017)	TC (2017 TO 2018)	TC (2018 TO 2019)	均值
四川	1.0909	1.0044	0.9574	1.0190	0.9277	0.9730	1.0445	1.0500	1.1028	1.0173
贵州	1.0845	0.9953	0.9711	0.9937	0.9244	1.0690	0.7989	1.0825	1.2854	1.0151
云南	1.0661	0.9991	0.9408	1.1073	0.7732	1.0574	1.0620	1.0152	1.1628	1.0144
陕西	1.1567	1.0824	1.0087	1.0526	0.9187	1.0739	1.1169	1.0564	0.9911	1.0487
甘肃	1.1596	0.9679	0.9493	1.0224	0.9617	1.0868	0.9637	1.0436	1.0468	1.0203
青海	1.3396	0.9788	0.9955	0.6866	0.6999	0.9834	1.1567	1.1593	1.4154	1.0177
宁夏	1.1531	0.9727	0.9690	1.0373	0.8800	0.8518	1.0430	1.0568	1.1198	1.0047
新疆	1.1027	1.0000	1.0000	1.0000	0.6826	1.2199	1.0993	1.0419	1.0485	1.0109
均值	1.0805	0.9714	1.0043	1.0147	0.8970	1.0674	1.0750	1.0339	1.0893	1.0242

注：所有均值均为几何均值。

表 5-9　基于 GML 指数分解的中国省际绿色技术创新效率（GML）（2010~2019 年）

省份	GML (2010 TO 2011)	GML (2011 TO 2012)	GML (2012 TO 2013)	GML (2013 TO 2014)	GML (2014 TO 2015)	GML (2015 TO 2016)	GML (2016 TO 2017)	GML (2017 TO 2018)	GML (2018 TO 2019)	均值
北京	1.2027	1.0944	1.0965	1.2022	0.9867	1.0185	1.0672	1.0314	1.1150	1.0882
天津	1.0278	0.9568	1.0036	1.0168	1.0128	1.1062	1.1285	0.9834	0.9548	1.0196
河北	0.8116	0.9018	1.0628	1.1647	0.8474	1.4618	1.0000	1.0000	1.0000	1.0129
辽宁	1.0112	0.9839	0.9502	1.2360	0.9164	1.1096	1.1286	1.0065	1.0067	1.0346

续表

省份	GML (2010 TO 2011)	GML (2011 TO 2012)	GML (2012 TO 2013)	GML (2013 TO 2014)	GML (2014 TO 2015)	GML (2015 TO 2016)	GML (2016 TO 2017)	GML (2017 TO 2018)	GML (2018 TO 2019)	均值
上海	0.9668	1.1371	1.0663	1.1770	0.7192	1.2701	1.0948	1.0000	1.0000	1.0364
江苏	0.9750	1.0237	0.9936	1.0238	0.9805	1.1911	1.2669	1.0765	1.0713	1.0630
浙江	1.0185	1.0760	1.0079	1.1002	0.7933	1.2723	1.0918	1.1024	1.2692	1.0723
福建	0.6690	0.9793	0.9785	0.9241	0.8631	1.0782	1.4769	0.9824	0.9673	0.9719
山东	1.1267	0.9726	1.0782	1.0614	1.0111	1.0940	1.1280	1.0442	1.0780	1.0649
广东	1.0648	1.0808	1.1229	1.0300	1.0246	1.0818	1.0998	1.0000	1.0000	1.0552
海南	1.0284	0.9737	1.0489	1.0507	0.9754	1.0197	1.1095	1.0013	1.0231	1.0249
山西	0.9518	1.0257	1.0628	1.1116	1.0428	1.4205	1.0094	1.0483	1.0167	1.0700
吉林	0.9683	0.9625	1.0047	1.0075	0.9662	1.0945	1.1518	1.0370	1.0532	1.0256
黑龙江	0.9006	0.9407	0.9541	0.9064	1.0831	1.2387	1.5061	1.0000	1.0000	1.0446
安徽	1.0322	1.1185	0.9957	0.9530	1.1193	1.0868	1.0509	1.0000	1.0000	1.0381
江西	1.0000	0.8242	1.0417	1.1647	0.7918	1.1839	1.0668	1.0000	1.0000	1.0000
河南	0.9486	1.0043	1.0198	0.9849	0.9553	1.0168	1.0854	1.0563	1.0569	1.0133
湖北	0.9863	1.0122	0.9461	0.9245	0.9115	1.1171	1.0909	1.0094	1.1555	1.0138
湖南	1.2477	1.0000	0.9346	0.9665	0.9199	1.1127	1.0815	0.9900	1.0101	1.0249
内蒙古	0.9634	1.0582	1.2912	0.8017	0.7841	1.0313	1.2165	1.0659	1.1896	1.0310
广西	1.0000	1.0000	1.0000	1.0000	0.9475	0.8533	1.1048	0.9538	1.1738	1.0000

续表

省份	GML (2010 TO 2011)	GML (2011 TO 2012)	GML (2012 TO 2013)	GML (2013 TO 2014)	GML (2014 TO 2015)	GML (2015 TO 2016)	GML (2016 TO 2017)	GML (2017 TO 2018)	GML (2018 TO 2019)	均值
重庆	0.9280	0.9829	0.9526	1.0132	1.1309	1.1221	1.1359	1.0297	1.0975	1.0409
四川	1.0639	1.0694	1.0540	1.0708	0.9937	1.0696	1.2811	1.0500	1.1028	1.0815
贵州	1.0581	0.9654	1.0595	0.9426	0.9558	1.0526	1.1350	1.0825	1.2854	1.0551
云南	0.7873	1.1686	0.9617	1.1112	0.9216	1.0805	0.9464	1.0163	1.0834	1.0022
陕西	1.1219	1.1694	1.1388	1.1292	0.9773	1.1725	1.2112	1.1143	1.0755	1.1215
甘肃	1.1818	0.8304	1.0429	1.0663	1.0187	1.1550	1.1341	1.0649	1.0673	1.0576
青海	1.4042	1.1738	1.0582	1.1359	0.6999	0.9834	1.1567	1.1593	1.4154	1.1114
宁夏	1.0941	0.9309	0.9436	1.1406	0.9399	0.7542	1.0558	1.2592	1.1572	1.0200
新疆	1.1027	1.0000	1.0000	1.0000	0.6826	1.2199	1.0993	1.0419	1.0485	1.0109
均值	1.0120	1.0101	1.0267	1.0425	0.9250	1.1070	1.1315	1.0386	1.0780	1.0397

注：所有均值均为几何均值。

第六章 不同类型环境规制工具对工业绿色技术创新效率的影响

前面几章，我们从理论和实证角度分析了环境规制强度与绿色技术创新效率之间的关系。绿色技术创新效率不仅受到环境规制强度的影响，还与环境规制工具的选择密切相关。考虑到环境规制政策工具的多样性和异质性，以及不同类型环境规制手段的应用范围以及作用途径均存在显著的差异，因此，接下来有必要进一步对环境规制分类展开研究。国外有学者虽然分析了不同类型环境规制工具对技术创新的影响效应，但仅仅停留在理论层面，而实证层面的证据相对较少。鉴于此，本章在参考现有文献的基础上，将环境规制分为命令控制型环境规制工具、市场激励型环境规制工具和公众参与型环境规制工具三大类，对比分析不同类型环境规制工具对绿色技术创新效率的影响差异。

第一节 模型设定与变量说明

一、模型设定

从第五章的内容中可以知道，我国绿色技术创新效率从整体来看有所提高，且以污染治理投资占工业总产值比重来表征的环境规制确实能够对绿色技术创新起到促进作用。那么我们不禁要问，不同类型环境规制工具是否产生一致的作用？怎样搭配环境规制工具才能最有效地提高绿色技术创新效率。

由于绿色技术创新活动的开展是一个连续的过程，存在时间上的惯性，因此前一期的绿色技术创新水平对当期的结果存在着不可忽视的影响，因此本章采用被解释变量的滞后项来考察绿色技术创新效率的动态延续性。动态模型设定如下：

$$gml_{it} = \alpha_0 gml_{i,t-1} + \alpha_1 er_{jit} + \alpha_2 er_{jit}^2 + \alpha_3 is_{it} + \alpha_4 open_{it}$$
$$+ \alpha_5 rgdp_{it} + \alpha_6 soer_{it} + \alpha_7 gov_{it} + \mu_i + \varepsilon_{it} \tag{6.1}$$

其中，变量的下标 i 表示省份，t 表示时间，gml 表示绿色技术创新效率，$er_j (j = 1, 2, 3)$ 分别表示命令控制型环境规制工具、市场激励型环境规制和公众参与型环境规制，is 表示工业结构，$open$ 表示对外开放程度，$rgdp$ 表示人均收入水平，$soer$ 表示所有制结构，gov 表示政府干预。

二、变量说明

由于我国排污费征收制度是从 2003 年才开始实施的，因此考虑到数据的可获取性，本章选取 2010～2019 年我国 30 个省份的面板数据作为样本。西藏地区由于数据的严重缺失，所以排除在外。相关的数据主要来源于《中国环境统计年鉴》《中国环境科学年鉴》《中国统计年鉴》《中国科技统计年鉴》《中国工业经济统计年鉴》《中国能源统计年鉴》。各变量的描述性统计见表 6－1。

表 6－1　　　　　　　　　变量的统计特征

变量名称	样本	均值	标准差	最小值	最大值
gml	300	1.050	0.119	0.582	2.001
mer	300	5.053	4.401	0	35
ser	300	5.484	4.795	0.156	27.686
cer	300	1.640	1.881	0.052	11.793
is	300	0.725	0.101	0.392	0.968
open	300	0.334	0.382	0.025	1.668
rgdp	300	2.427	1.566	0.405	7.594
soer	300	0.138	0.103	0.011	0.533
gov	300	0.196	0.086	0.079	0.612

（一）被解释变量

本章的被解释变量绿色技术创新效率仍然采用前文 Global Malmquist-Lu-enberger 测算出来的 gml 指数来表示。

（二）核心解释变量

本章重点研究不同类型环境规制对绿色技术创新效率的影响，因此环境规制工具的分类是本章的核心解释变量。在借鉴现有国内外文献的基础上，本章也选择将环境规制工具分为命令控制型环境规制工具、市场激励型环境规制工具和公众参与型环境规制工具三大类。

（1）命令控制型环境规制工具（*mer*）。该规制工具是指国家行政部门根据相关法律、法规和标准等，对生产者的生产行为进行管理，禁止或限制某些污染物的排放，从而对排污者的行为施加影响。本章采用各地区环境标准个数来表示。一般来说，地区环境标准颁发个数越多，意味着命令控制型环境规制越严格。

（2）市场激励型环境规制工具（*ser*）。该规制工具是指通过市场信号引导企业做出相应的环保决策，而不是通过制定明确的污染控制水平或方法来规范企业行为。当前我国采用的这类工具主要有超标排污收费制度、排污即收费制度、生态环境补偿费、排污许可证交易制度以及各种形式的补贴政策等。由于有些政策尚未在全国施行，有些政策是针对特定行业或地区的，而排污即收费制度自 2003 年起即在全国全面施行，具有很强的普遍性、代表性和数据可得性。因此，本章采用排污费征收总额作为市场激励型环境规制工具的测量指标。为增强数据可比性，本章根据国家统计局官网公布的各年度地区生产总值指数并采用以 2010 年为基期的 GDP 平减指数对该指标进行平减。

（3）公众参与型规制工具（*cer*）。该规制工具是指通过直接或间接施加压力、劝说等方式，将环境意识及责任内化到行为个体的经营决策中。这一工具虽不具有强制约束力，但对个体的影响不容小觑。目前有关这类规制工具的研究较少。有研究以互联网上民众对环境的关注度和公开媒体对环境污染事件的报道量来衡量公众参与型环境规制工具的强度（徐圆，2014），但这一组指标存在两个问题：第一，尽管互联网已经越来越普及，但是我国许多偏远地区的民众和年长的民众很少接触互联网，受众有一定的局限性；第二，我国网络环境有待肃清，互联网上的信息真假难辨，以此为基础收集的指标有可能失真。也有人采用各地群众上访批次（黄清煌和高明，2016），以及与环境问题有关的来信的件数（占佳和李秀香，2015）分别来表征公众参与环境规制的强度。本章认为我国建立了较为完善的环境信访制度，当民众合法利益受到环境事件侵害时，可通过信访表达自己的利益诉求。另外，完善的信访制度也对民众的信访行为具有一定的规范作用。因此，本章采用包括来信数量和来访人次的信访数据来表征民众参与环境治理的意愿。

（三）其他控制变量

工业结构（*is*）采用重工业产值占地区生产总值的比重来表示。目前学界对工业结构与绿色技术创新效率的关系还没有形成一致的结论。但两者之间存在的关系已形成共识。一般来说，重工业比重较高的行业，对资源依赖程度高、污染排放大，绿色技术创新效率较低。但从另一个角度来说，重工业行业节能减排潜力巨大，绿色技术创新动力较强。

对外开放程度（*open*）。虽然目前学术界对对开外放程度与技术创新的关系没有形成共识，但是对外开放程度与企业技术创新之间存在关联也得到了认同，因此本章将对外开放程度纳入技术创新函数进行分析。

所有制结构（*soer*）用国有及国有控股工业企业总产值占规模以上工业企业总产值的比重来表示，国有企业对于科技创新的作用有两种观点：一种观点认为国有企业的垄断地位使得国有企业缺乏创新动力；另一种观点认为国有企业资金实力雄厚，开展科研的条件较好，虽然效率低下，但技术进步明显。

经济发展水平（*rgdp*）采用人均收入水平来表示。一般来说，一方面，经济发展水平较高的地区，资金相对丰富，研发投入相对较高；另一方面，收入水平越高的地区，民众对生活品质尤其是环境质量追求越高，这些都会对绿色技术创新起到积极的促进作用。

政府干预（*gov*）采用政府总支出占地区 GDP 的比重来表示。绿色技术创新离不开政府部门的政策支持，政府部门干预的力度和方式都会对绿色技术创新活动产生显著的作用。

本章所有与价格有关的数据，均用以 2010 年为基期的价格指数进行了处理。同时，为了保证数据的平稳性，对所有变量都做了对数处理。

第二节　实证检验

为了保证实证结果的准确性，本章选择了采用静态面板模型和动态面板模型进行了对比分析。其中静态面板分别是采用混合估计、固定效应、随机效应三种模型进行参数估计。先对固定效应模型的残差进行序列相关和异方差检验，并进行纠偏。接着进行 Hausman 检验，结果为正值，说明应该采用固定效应模型。动态面板模型中由于引入了被解释变量的滞后项作为解释变量，因此从理论上来讲被解释变量的滞后项与随机扰动项可能存在相关而产生内生性问题。目前大多是采用工具变量法来解决这一问题，其中广义矩估计（GMM）方法由于可以有效解决模型内生性问题，而被广泛运用于动态面板数据模型的参数估计中。即便扰动项存在异方差或者自相关，GMM 方法也可以通过最优选择权重矩阵（weighting matrix），使得估计值具有一致性、无偏性、渐进正态分布，且最有效（邵帅、杨莉莉，2015）。广义矩估计一般包含差分广义矩估计（DIF - GMM）和系统广义矩估计（SYS - GMM），其中SYS - GMM 是在 DIF - GMM 基础上进行了进一步改进，在有效性和一致性上都有了很大改善，提高了估计效率（Roodman，2006）。鉴于此，本章采用系统广义矩估计（SYS - GMM）来进行参数估计。

一、不同类型环境规制工具对绿色技术创新效率的影响效果

表 6 - 2 至表 6 - 4 分别列出了命令控制型环境规制工具（*mer*）、市场激励型环境规制工具（*ser*）和公众参与型环境规制工具（*cer*）三种不同类型环境规制工具对绿色技术创新效率影响的估计结果。

表 6 - 2　　　　命令控制型环境规制对绿色技术创新效率的面板估计结果

变量	混合估计 （1）	固定效应 （2）	随机效应 （3）	系统 GMM （4）
L. *gml*	—	—	—	0.350 *** （11.10）
mer	0.031 ** （2.37）	0.032 *** （2.73）	0.011 *** （2.41）	0.004 *** （4.04）
mer2	-0.108 *** （-2.640）	-0.104 *** （-2.88）	-0.024 *** （-4.01）	-0.011 *** （-3.12）
is	0.185 ** （2.030）	0.228 * （1.75）	0.136 ** （1.93）	0.171 *** （6.72）
open	0.052 ** （2.120）	0.236 * （1.68）	-0.014 （-1.56）	0.012 *** （2.57）
soer	0.272 ** （2.070）	0.039 ** （2.26）	0.261 * （1.81）	0.311 *** （2.68）
rgdp	0.311 *** （3.200）	0.360 *** （2.45）	0.526 *** （2.92）	0.520 *** （2.76）
gov	0.413 *** （4.55）	1.077 ** （1.87）	0.919 *** （3.02）	0.237 *** （3.04）
_cons	0.008 *** （2.65）	-0.203 *** （-2.49）	-0.605 *** （-2.92）	0.243 *** （3.36）
N	300	300	300	270
Sargan	—	—	—	28.6384 [0.9601]
AR（1）	—	—	—	-2.3869 [0.0170]
AR（2）	—	—	—	-0.8826 [0.3775]

注：***、** 和 * 分别表示 1%、5% 和 10% 的显著性水平，圆括号内为 *z* 值，方括号内为统计量的 *p* 值。

表 6 - 3　　市场激励型环境规制对绿色技术创新效率的面板估计结果

变量	混合估计 （1）	固定效应 （2）	随机效应 （3）	系统 GMM （4）
L. *gml*	—	—	—	- 0. 150 *** （ - 9. 10）
ser	- 0. 021 *** （ - 3. 70）	- 0. 008 *** （ - 3. 91）	- 0. 018 *** （ - 3. 35）	- 0. 014 *** （ - 2. 30）
ser2	0. 082 * （1. 64）	0. 020 * （1. 68）	0. 049 * （1. 79）	0. 027 ** （2. 07）
is	0. 735 ** （2. 03）	- 0. 028 （1. 05）	1. 148 *** （2. 33）	1. 371 *** （9. 92）
open	0. 412 ** （2. 10）	0. 143 ** （1. 88）	0. 406 * （1. 76）	0. 081 *** （2. 95）
soer	0. 072 ** （1. 91）	0. 039 ** （2. 16）	0. 096 ** （1. 89）	0. 232 * （1. 66）
ln*rgdp*	0. 011 *** （2. 92）	0. 160 *** （3. 45）	0. 116 *** （2. 90）	0. 080 *** （3. 56）
gov	- 0. 713 *** （ - 3. 42）	- 1. 077 *** （ - 16. 87）	- 0. 919 *** （ - 5. 72）	- 0. 010 （ - 0. 04）
_cons	0. 812 *** （3. 19）	- 0. 326 *** （ - 2. 49）	- 0. 590 *** （ - 2. 82）	0. 543 *** （6. 66）
N	300	300	300	270
Sargan	—	—	—	28. 7584 [0. 9529]
AR （1）	—	—	—	- 2. 5036 [0. 0123]
AR （2）	—	—	—	- 1. 0571 [0. 2905]

注：*** 、** 和 * 分别表示 1%、5% 和 10% 的显著性水平，圆括号内为 z 值，方括号内为统计量的 p 值。

表6-2报告了命令控制型环境规制工具对绿色技术创新效率的估计结果。根据模型（1）~模型（4）的估计结果显示，命令控制型环境规制工具的二次项系数显著为负，而一次项系数均显著为正，说明命令控制型环境规制与绿色技术创新效率之间呈倒"U"型关系，即命令控制型环境规制工具对绿色技术创新效率的作用存在一个阈值。当环境规制小于阈值时，环境规制会促进绿色技术创新效率的提升；而当环境规制强度超过阈值时，则会抑制绿色技术创新效率的提升。这也在一定程度上证实了"波特假说"成立。这也跟部分学者（李永友和沈坤荣，2008；李斌等，2013；张成等，2014）的研究结论相似，即只有适度的环境规制强度才能促进技术进步。命令控制型环境规制工具作为政府部门强制执行的一种政策手段，能够在短时间内迫使企业进行污染末端治理，降低企业的污染排放。而随着企业治污成本的增加，企业开始考虑清洁技术创新。而当命令控制型环境规制力度大到一定程度时，过高的环境成本会加重企业负担，降低企业生产效率，不利于绿色技术创新活动的开展。此外，如果政府权力边界与市场边界模糊不清，容易出现政府过度干预，从而严重扭曲命令控制型环境规制作用的发挥。

表6-3报告了市场激励型环境规制工具对绿色技术创新效率的估计结果。根据模型（1）~模型（4）的估计结果显示，市场激励型环境规制工具的二次项系数显著为正，而一次项系数均显著为负，说明市场激励型环境规制与绿色技术创新效率之间呈"U"型关系，即市场激励型环境规制工具对绿色技术创新效率的作用存在一个阈值。当市场激励型环境规制力度小于阈值时，会对绿色技术创新效率起到抑制的作用；而一旦环境规制力度超过阈值时，市场激励型环境规制的促进作用就会慢慢显现出来。这是因为市场激励型环境规制工具相对较为灵活和柔和，其产生作用也主要依靠市场规律来实现，因此市场体制是否健全，市场机制是否完善，交易环境是否良好都将影响市场激励型环境规制作用的发挥。同时，在市场激励型环境规制政策下，企业也会逐渐调整到最优的技术标准来进行生产，实现依靠绿色技术创新来提高企业生产绩效和产业竞争力。可见随着国内制度的逐步完善以及国家创新驱动战略的实施，市场激励型环境规制的作用将会越来越大。

表6-4   公众参与型环境规制对绿色技术创新效率的面板估计结果

变量	混合估计 (1)	固定效应 (2)	随机效应 (3)	系统 GMM (4)
L. gml	—	—	—	-0.141 *** (-19.14)
cer	0.031 ** (2.07)	0.025 ** (2.13)	0.021 ** (2.15)	0.022 *** (5.23)
cer2	-0.017 * (1.91)	-0.003 * (-1.89)	-0.022 * (-1.86)	-0.002 *** (-5.21)
is	0.053 *** (3.070)	0.391 *** (5.19)	0.136 *** (4.26)	1.258 *** (8.65)
open	0.052 ** (2.09)	0.154 *** (2.38)	0.035 ** (2.14)	0.073 *** (2.50)
soer	0.192 ** (1.87)	0.367 *** (2.30)	0.119 ** (1.94)	0.355 *** (3.72)
lnrgdp	0.081 *** (3.03)	0.103 ** (2.01)	0.043 *** (2.58)	0.065 *** (3.76)
gov	-0.223 ** (-2.15)	-0.611 * (1.90)	-0.196 * (-1.81)	0.272 (1.54)
_cons	0.843 *** (2.70)	0.903 *** (5.82)	1.070 *** (16.33)	0.468 *** (5.02)
N	300	300	300	270
Sargan	—	—	—	28.9570 [0.9501]
AR (1)	—	—	—	-2.5616 [0.0104]
AR (2)	—	—	—	-1.1506 [0.2499]

注：***、** 和 * 分别表示1%、5%和10%的显著性水平，圆括号内为 z 值，方括号内为统计量的 p 值。

表 6 - 4 报告了公众参与型环境规制对绿色技术创新效率的估计结果。根据模型（1）~模型（4）的估计结果显示，公众参与型环境规制工具的二次项系数为负，而一次项系数均显著为正，说明公众参与型环境规制与绿色技术创新效率之间呈倒"U"型关系，即公众参与型环境规制工具对绿色技术创新效率的作用存在一个阈值。当公众参与型环境规制小于阈值时，随着环境规制力度的增加会促进绿色技术创新效率的提升；而当公众参与型环境规制强度超过阈值时，则会抑制绿色技术创新效率的提高。这是由于公众参与型环境规制并不具有强制性约束协议，只能通过向政府部门揭露环境污染信息，迫使政府部门采取行动来控制企业减少污染排放，实现绿色生产。此外，随着我国信访制度的不断完善，专业化程度不断提高，能够更有效地将群众揭露的环境信息反映给决策者，这些都会促使企业注重绿色技术的研发和运用，实现绿色生产，满足消费者日益增长的环境需求。但从另一个角度来说，随着公众披露信息越来越多，决策者的信息处理成本也会增加，当超过一定的上限时，反而会产生负面作用，抑制公众参与型环境规制作用的发挥。

二、分地区比较不同类型环境规制工具对绿色技术创新效率的影响

为了进一步验证研究结论的正确性和可靠性，同时考虑到不同区域之间明显存在的异质性，本章接下来将分区域分析不同类型环境规制对绿色技术创新效率的影响。其中，东、中、西部三大区域的划分按照国家统计局网站上的划分为准。由于分区后，各区间样本相对原来有所减少，此时如果仍采用两步系统 GMM 法进行估计，得到的结果可能不准确。鉴于此，本章选择采用一步系统 GMM 估计法对各区间的系数进行估计，从而深入探究不同类型环境规制工具在不同区间对绿色技术创新效率的影响差异。估计结果见表 6 - 5。

表6-5　　分地区不同类型环境规制对绿色技术创新效率的估计结果

变量	东部			中部			西部		
L.gml	-0.161*** (-3.46)	-0.226*** (-2.56)	-0.196** (-2.20)	-0.136*** (-3.08)	-0.210*** (-2.63)	-0.192*** (-2.41)	-0.231*** (-3.01)	-0.251*** (-3.09)	-0.227*** (-2.64)
mer	0.023** (2.01)	—	—	0.029*** (2.53)	—	—	0.036*** (2.53)	—	—
mer2	-0.037 (0.77)	—	—	-0.042*** (-3.31)	—	—	-0.091*** (-3.81)	—	—
ser	—	-0.063** (-1.91)	—	—	-0.011*** (3.260)	—	—	-0.081* (-1.93)	—
ser2	—	0.402* (1.63)	—	—	0.023** (2.29)	—	—	0.207* (1.71)	—
cer	—	—	0.003* (1.76)	—	—	0.008* (1.82)	—	—	0.004** (2.18)
cer2	—	—	-0.002*** (-3.31)	—	—	-0.001* (-1.86)	—	—	-0.005* (-1.64)
is	0.042** (1.86)	0.055** (2.06)	-0.002 (-1.14)	0.758*** (2.76)	1.041*** (2.51)	0.760* (1.77)	0.815** (2.16)	0.907*** (-3.150)	0.936*** (-3.250)
open	0.026** (2.18)	0.109*** (3.22)	0.014** (2.21)	0.273*** (-3.50)	0.206*** (3.21)	0.216*** (3.56)	-0.127* (-1.50)	-0.465 (-1.11)	-0.364 (-0.83)

续表

变量	东部			中部			西部		
soer	-0.802 (-1.57)	-0.975* (-1.66)	-0.370 (-1.52)	0.655* (1.72)	-0.793* (-1.58)	-0.715 (-1.52)	0.058* (1.67)	0.023** (2.06)	0.075** (2.23)
rgdp	0.028*** (3.12)	0.019*** (3.20)	0.035*** (2.83)	0.046*** (3.19)	0.098* (1.66)	0.261** (2.24)	0.102*** (4.01)	0.085*** (3.05)	0.052*** (2.76)
gov	0.283* (1.65)	0.189 (1.28)	0.833* (1.79)	-0.272** (-1.84)	-1.487 (-1.18)	-1.138 (-0.92)	-0.721*** (-2.58)	-0.997*** (-2.57)	-0.849*** (-2.44)
_cons	0.843*** (2.70)	1.732*** (4.02)	1.518*** (3.11)	0.681** (2.02)	0.496** (2.06)	0.662* (1.74)	0.673* (1.96)	0.730** (2.21)	0.652*** (2.55)
N	110	110	110	80	80	80	110	110	110
Sargan	48.0170 [0.2701]	49.9097 [0.2178]	48.3986 [0.2641]	50.5170 [0.2031]	51.0026 [0.1937]	50.0019 [0.2140]	49.1623 [0.2379]	49.5689 [0.2277]	50.8572 [0.1917]
AR(1)	-2.8301 [0.0095]	-2.5436 [0.0110]	-2.3874 [0.0170]	-2.6012 [0.0105]	-2.5577 [0.0105]	-2.4926 [0.0127]	-2.4704 [0.0135]	-2.5742 [0.0100]	-2.5747 [0.0100]
AR(2)	-1.453 [0.2901]	-1.5001 [0.1336]	-0.8922 [0.3723]	-1.506 [0.2509]	-1.364 [0.1726]	-1.4451 [0.1484]	-1.5579 [0.1193]	-1.3365 [0.1814]	-1.2503 [0.2112]

注：***、** 和 * 分别表示 1%、5% 和 10% 的显著性水平，圆括号内为 z 值，方括号内为统计量的 p 值。

由表6-5可知，滞后一期的绿色技术创新效率系数估计值均通过5%的显著性水平，说明动态面板模型选取是比较合理的。所有的sargan检验都接受原假设，说明所选的工具变量是有效的。AR（1）、AR（2）检验表明差分误差项存在一阶序列相关，而不存在二阶序列相关，说明所选取的工具变量是合理的。

东部地区不同类型的环境规制对绿色技术创新效率有不同的影响。其中，命令控制型环境规制的二次项系数不显著，一次项系数显著为正，说明两者之间并不存在非线性关系，而是呈单向递增的关系。这可能是由于东部地区经济发展水平和人力资本水平较高，研发能力较强，已经跨越了绿色技术创新的门槛，因此，政府颁发的环保标准个数越多，越能够激励企业进行绿色研发。市场激励型环境规制与绿色技术创新效率之间呈"U"型关系，其拐点值为12.76，跨越拐点值后才能促进绿色技术创新效率的提高。公众参与型环境规制与绿色技术创新效率之间呈倒"U"型关系，其拐点值为1.33，当超过拐点值后，反而会抑制绿色技术创新效率的提高。

中部和西部地区情况较为相似，表现为命令控制型环境规制、公众参与型环境规制与绿色技术创新效率之间均呈倒"U"型关系，市场激励型环境规制与绿色技术创新效率之间呈"U"型关系。这和前面的研究结论相似，说明本章的研究结论较为可靠。

从其他控制变量来看，工业结构（is）对绿色技术创新效率产生正向的促进作用，这可能是由于重工业行业规模较大，有足够的资金进行研发，有助于技术创新。对外开放程度（open）对东、西部地区为正，而对西部地区的影响并不显著，这可能是由于西部地区为了发展地区落后的经济，放松了外资引进门槛，从而导致绿色技术溢出效应并不明显。国有企业比重（soer）对东部和中部地区的影响并不显著，而对西部地区的正向促进作用明显。人均收入水平（rgdp）对各地区绿色技术创新效率的作用显著为正。政府干预对不同地区绿色技术创新效率的影响差异较大，存在明显的异质性，表现为东部地区政府干预会提高绿色技术创新效率，而中部地区政府干预作用并不显著，西部地区政府干预甚至产生明显的抑制作用。出现这种现象，可能是由于中西部地区在制度建设、民众思想意识、信息开放程度方面与东部地区有差距，导致政府干预活动出现了偏离，效率不高。

第三节　面板门槛估计

实证研究结论表明，并非环境规制强度越大，环保标准越严格，就越有助于绿色技术创新效率的改善，其对绿色技术创新效率存在"门限效应"。金碚（2009）也认为，当一国或地区在一定时间内所实施的环境规制强度和标准超过一定强度时，就会造成工业企业因为资源环境成本过高无法承担而惨遭淘汰。这些结论是针对仅仅使用单一环境规制工具而得出来的，而在实际中，为了最大限度发挥实现环境规制效应，同时考虑到实际可行性，通常是采取多种环境规制的组合使用。在一定程度上来说，一种环境规制工具的变化还会对另一种环境规制工具的绿色技术创新效率改善效应的发挥产生影响，即一种环境规制工具对另一种环境规制存在"门限效应"。因此，接下来将采用面板门槛模型，来检验命令控制型环境规制和市场激励型环境规制两种工具基于彼此的相互作用而对绿色技术创新效率改善产生的影响。

一、模型设定

汉森（Hansen，2000）提出了面板数据门槛模型，其核心思想是将门槛值作为一个未知变量纳入实证模型中，构建变量系数的分段函数，并对门槛值及"门槛效应"进行一系列的估计和检验。该方法具有两方面的优点：一方面，该方法不需要给定线性方程的形式，门槛值及其数量完全由样本数据内生决定；另一方面，该方法提供了一个渐进分布理论去建立待估参数的置信区间，同时还可以运用"自举法"（bootstrap）来估计门槛值的统计显著性。该方法克服了"交叉乘积项法"和"分组检验法"的主观性和缺乏可靠参数估计的缺点。根据前文式（6.1）的变量选取状况，设定模型如下（以命令控制型环境规制工具为门槛变量的双重门槛模型为例）：

$$gml_{it} = \alpha_0 + \alpha_1 ser_{it} \times I(mer \leq \lambda_1) + \alpha_2 ser_{it} \times I(\lambda_1 < mer \leq \lambda_2) + \alpha_3 ser_{it} \times I(mer > \lambda_2)$$

$$+ \alpha_4 mer_{it} + \alpha_5 is_{it} + \alpha_6 open_{it} + \alpha_7 rgdp_{it} + \alpha_8 soer_{it} + \alpha_9 gov_{it} + \mu_i + \varepsilon_{it} \qquad (6.2)$$

其中，下标 i 是地区，t 是时间，$I(\cdot)$ 为门槛示性函数，thr 表示门槛变量，λ 为具体的门槛值。当 $thr < \lambda$ 时，$I(\cdot) = 0$；当 $thr > \lambda$ 时，$I(\cdot) = 1$。根据相关理论，本章分别以命令控制型环境规制工具（mer）和市场激励型环境规制工具（ser）为门槛变量，考察两种环境规制工具相互配合情况下对绿色技术创新效率的非线性影响效应。其他控制变量跟前文相似，因此不再赘述。

二、面板门槛估计

在使用面板门槛模型之前，首先需要进行门槛效应检验，以便确定是否存在门槛及存在门槛的个数，最终选择相应的模型形式。为了保证数据的平稳，对所有变量均做了对数处理。利用汉森（Hansen，2000）提出的"bootstrap"（自举法），通过 300 次的 bootstrap 重复模拟似然比检验统计得到对应的 P 值和 F 值，分别对单门槛、双门槛和三门槛进行了检验，最终结果见表 6 - 6。

表 6 - 6　　　　　　　　　各变量门槛检验

变量	检验结果	mer	ser
单门槛	F 值	26. 1439	9. 7537
	P 值	0. 0012	0. 1901
双门槛	F 值	15. 2186	—
	P 值	0. 0415	—
三门槛	F 值	5. 0146	—
	P 值	0. 2289	—

注：BS 次数为 300 次。

如表 6 - 6 检验结果可知，命令控制型环境规制工具（mer）分别在 1% 和 5% 的显著性水平下通过单门槛和双门槛检验，其对应的 P 值分别为 0. 0012 和 0. 0415，而三重门槛效应并不显著，其值为 0. 2289。而市场激励型环境规制工具（ser）并不存在门槛效应[①]。因此后文选择采用双重门槛模型进行检验。进一步采用"格栅搜索法"确定门槛值，发现命令控制型环境规

---

① 其自抽样 P 值为 0. 1901，没有通过单门槛检验。

制所对应的门槛估计值分别是 4.6 和 7.1。

从表 6 - 7 的估计结果可知，命令控制型环境规制对绿色技术创新效率起到积极的促进作用，命令控制型环境规制每提高 1%，绿色技术创新效率就提高 0.083%。这反映了过去一段时间由于我国市场化环境规制发展相对缓慢，政府更多的是采用命令控制型环境规制工具进行干预，产生了积极的效果。但是考虑到我国工业行业之间绿色技术创新能力不同，对环境成本的承受能力不同，单一的环境规制工具的作用具有一定的局限性，这些都需要政府采取多种环境规制工具来共同作用实现环境政策效用的发挥。

表 6 - 7　　　　　　　　　　　　面板门槛估计结果

变量	系数估计	T 值
mer	0.083 ***	3.236
ser_1	- 0.105 ***	- 2.571
ser_2	0.066 ***	1.881
ser_3	- 0.023	- 1.521

注：*** 、** 和 * 分别表示 1%、5% 和 10% 的显著性水平。

从门槛检验结果可知，当命令控制型环境规制力度小于 4.6 时，市场激励型环境规制对绿色技术创新效率起到抑制作用，这是由于当前我国大部分地区，尤其是中西部地区环境治理市场化程度相对较弱，缺少命令控制型环境规制的有效支持时，无法发挥出两种环境规制工具对绿色技术创新效率刺激作用的合力。而当命令控制型环境规制力度超过 4.6 时，市场激励型环境规制对绿色技术创新效率的作用由抑制变为促进且显著，这说明只有在命令控制型环境规制力度达到一定程度时，才能将两种环境规制工具作用结合起来，最大限度地发挥出环境规制对绿色技术创新效率的刺激作用。当命令控制型环境规制力度超过 7.1 时，市场激励型环境规制对绿色技术创新效率的作用由促进变为抑制，但并不显著，这反映了当命令控制型环境规制力度过大时，会挤占市场激励型环境规制工具的作用空间，降低了两者之间的组合效用。由此可见，我国市场激励型环境规制对绿色技术创新效率的刺激作用取决于命令控制型环境规制力度的大小。环境政策的制定也不仅仅是在命令控制型环境规制与市场激励型环境规制之间做个简单的选择，而是需要将两者组合起来使用才能最大限度发挥环境规制的效用性、公平性和可行性，两者之间应该是互补的关系而非替代的关系。[①]

依据上面估计出来的两个门槛值可以把我国30个省份分成命令控制型环境规制较弱地区（mer < 4.6）、命令控制型环境规制适中地区（4.6 ≤ mer < 7.1）、命令控制型环境规制较强地区（mer > 7.1）三个区间。通过观察表6-8列出了2014年三个区域的划分，其中，处于命令控制型环境规制较弱地区的有青海、吉林、河南和江西4个省份，这些地区的环境规制作用没有完全发挥出来，还有较大的提升空间，因此下一步的重点是要协调好不同类型环境规制工具搭配使用；处于命令控制型环境规制适中地区的有21个省份，可见我国大部分地区都处在环境规制使用良性发展阶段，各种类型环境规制工具的搭配使用日趋合理；处于命令控制型环境规制较强地区的有宁夏、贵州、广西、甘肃、新疆5个西部省份，这些经济欠发达地区，环境保护交易市场还不够完善，因此存在过度依赖命令控制型环境规制工具的使用的情况。

表6-8　　　　　　依据命令控制型环境规制门槛值大小的分组结果[*]

较弱地区	mer < 4.6	青海、吉林、河南、江西
适中地区	4.6 ≤ mer < 7.1	内蒙古、海南、北京、黑龙江、云南、天津、河北、山西、辽宁、上海、江苏、浙江、安徽、福建、山东、湖北、湖南、广东、重庆、四川、陕西
较强地区	mer > 7.1	宁夏、贵州、广西、甘肃、新疆

注：* 由于篇幅的限制，只列出了2014年各门槛区间内省份的分布情况。

第四节　小　　结

本章基于2010~2019年的省级面板数据，采用系统GMM模型实证检验了命令控制型环境规制工具（mer）、市场激励型环境规制工具（ser）和公众参与型环境规制工具（cer）三种环境规制工具对绿色技术创新效率的影响，

---

① 胡建辉：《高强度环境规制能促进产业结构升级吗？——基于环境规制分类视角的研究》，载于《环境经济研究》2016年第2期。

研究发现如下所述。

（1）命令控制型环境规制（*mer*）和公众参与型环境规制（*cer*）对绿色技术创新效率的影响呈倒"U"型结构；而市场激励型环境规制（*ser*）对绿色技术创新效率的影响呈"U"型结构。

（2）进一步分地区探讨不同类型环境规制对区域绿色技术创新效率的差异性，发现，命令控制型环境规制与东部地区的绿色技术创新效率之间呈单调递增的关系，而与中西部地区呈倒"U"型关系；市场激励型环境规制与三个地区的绿色技术创新效率之间呈正"U"型关系；公众参与型环境规制与三个地区的绿色技术创新效率之间呈倒"U"型关系。

（3）市场化环境规制对绿色技术创新效率的影响存在基于命令控制型环境规制的"双重门槛"效应。当命令控制型环境规制力度小于4.6时，市场激励型环境规制对绿色技术创新效率起到抑制的作用；而当命令控制型环境规制力度超过4.6时，市场激励型环境规制对绿色技术创新效率的作用由抑制变为促进且显著；当命令控制型环境规制力度超过7.1时，市场激励型环境规制对绿色技术创新效率的作用并不显著。

（4）按照命令控制型环境规制力度分地区来看，命令控制型环境规制力度较弱地区有青海、吉林、河南和江西4个省份，这些地区由于命令控制型环境规制较弱，市场激励型环境规制的作用还无法发挥；命令控制型环境规制力度适中地区有21个省份，大部分地区的环境规制工具搭配运用较为合理；命令控制型环境规制力度较强地区有宁夏、贵州、广西、甘肃、新疆5个西部省份，这些地区经济发展水平较低，市场体系不够完善，存在对命令控制型环境规制工具的过度使用。

政策建议如下所述。

（1）因地制宜实行合理的环境规制强度。针对不同经济发展水平地区环境规制给绿色技术创新所带来的异质效应，建议各地可以实施与经济发展水平相适应的环境规制政策。东部地区市场体系完善，经济发展水平高，人们对地区环境质量较为重视，对生态环境污染容忍度低，迫切需要绿色生活环境。因此，加大经济发达地区环境规制强度，引导企业加强绿色技术的研发和推广使用，创造新的商业机会和经济增长点，并支持企业由外延型向内涵集约型发展方式转变，将有利于绿色技术创新效率的提升。而对经济发展程度较低的中西部地区，应该适度降低环境规制力度，从而既能避免高污染、高排放产业的大量流入，又能避免环境规制过高带来企业末端治理投入增加而导致绿色研发投资被挤占，有利于绿色技术创新效率的提高。除此之外，广大的中西部地区还需要加大科技投入和人才储备，为绿色技术创新提供良好条件。

（2）倡导采取灵活多样的环境规制形式。应该根据地区工业发展特征和工业行业污染排放现状，灵活使用多样性的环境规制工具，充分发挥环境规制工具组合对工业绿色技术创新的积极作用。具体而言，对于宁夏、贵州、广西、甘肃、新疆5个西部省份，应该从原来过度使用命令控制型环境规制转变为以市场激励型环境规制工具为主、命令控制型环境规制为辅；对于命令控制型环境规制力度适中地区，可以尝试灵活运用排污费、使用者收费、排污权交易等市场激励型环境规制工具激励企业创新生产技术和绿色技术，提高企业的绿色技术创新效率；而对于命令控制型环境规制力度较弱地区，应采取提高环境标准、排放限额等命令控制型环境规制工具来降低污染，倒逼企业进行技术创新。

（3）完善公众参与型环境规制制度。由于当前我国环境保护法律制度还不够健全，还有许多需要改进和完善的地方，仅靠政府是无法完全承担起保护环境的责任，因此，需要借助公众参与的社会力量来督促政府和企业披露环境污染相关的环境信息，倒逼企业开展绿色生产。同时，通过鼓励居民购买环保产品，检举揭发环境违法行为等公众参与型环境规制方式来激励企业注重绿色技术研发，提高产品竞争力。

第七章 环境规制对工业行业绿色技术创新效率的影响

第一节 模型设定与变量选取

一、计量模型设定

实证模型的构建原理同第六章相似，基于工业行业的特点，同时考虑到数据的可获得性，选取其他一些解释变量加入基础模型，我们构建的实证模型如下。除此之外，为了消除解释变量的异方差，保证数据的平稳，我们对所有解释变量都取了对数。

$$\ln tc_{it} = \alpha_0 \ln tc_{i,t-1} + \alpha_1 \ln er_{it} + \alpha_2 \ln er_{i,t-1} + \alpha_3 \ln rd_{it} + \alpha_4 \ln rd_{i,t-1}$$
$$+ \alpha_5 \ln cons_{it} + \alpha_6 \ln fdi_{it} + \alpha_7 \ln soer_{it} + \alpha_8 \ln scal_{it} + \mu_i + \varepsilon_{it} \quad (7.1)$$

其中，i 为不同的细分行业，t 为时间变量，μ_i 为个体效应，ε_{it} 为随机扰动项，tc_{it} 为工业行业在 t 年的绿色技术创新效率。

被解释变量：绿色技术创新效率（tc），本章采用 GML 指数分解得到的 TC 来表示，这是因为工业生产过程中绿色技术进步（TC）的发生是由于绿色技术创新活动开展推动生产前沿面移动而造成的。在一定程度上来说绿色技术创新效率的最主要目的也是推动绿色技术进步，因此采用绿色技术进步（TC）来表征绿色技术创新效率最合适不过。

核心解释变量：环境规制力度（er），本章采用工业污染控制成本占工业总产出的比重来表示。考虑到环境规制的时间效应，同时加入了环境规制的滞后一期变量。由于《中国环境统计年鉴》里面缺少工业固体废物治理支出数据，本章最终采用工业废水和工业废气支出来表示总的工业污染控制支出。

其他控制变量如下：

研发投入（rd），本章采用大中型工业企业研发支出占固定资产投资的比例来表示。同时，考虑到研发投入也存在一定的滞后效应，因此将滞后一期的 rd 投入变量纳入解释变量。

资本深化率（cons），采用工业固定资产与就业总人数的比例来表示。涂正革和刘磊珂（2011）认为，资本深化率越高，说明地区重工业化程度越高，更倾向于污染密集型产业，因此绿色生产绩效相对较低。

外商投资（fdi），采用外商投资工业企业资本总计（包含香港、台湾和澳门）占工业总产值的比例来表示。

所有制结构（soer），采用国有和国有控制企业工业产值占总产值的比重来表示。

工业行业的平均规模（scal），采用规模以上工业部门资产总值与规模以上工业厂商数量的比值来表示。其中，固定资产净投资额、固定资产投资额、大中型工业企业研发支出以及外商投资工业企业资本总计都以 2003 年为基期，并用相对应的价格指数进行平减。

二、样本选择和数据描述

在测度绿色全要素生产率之前，我们需要先定义污染密集型行业和清洁生产型行业。国内外不少学者（赵细康，2003；王寿兵，2008；李斌等，2013）都是根据研究目的以及数据的可获取性进行了定义。污染密集型行业在生产过程中会直接或间接产生大量污染物，其主要特征是：生产工艺复杂，会影响工人的健康，须采取防护措施；生产过程中对自然环境及动植物的危害较大，污染物排放较多；节能减排难度大，技术含量高，相关设备投资大，需要建立一个完善的污染防治系统；政府要通过相关法律法规来强化监督（江珂，2010）。本章根据 2003～2014 年各工业行业污染物平均排放强度，将

33 个工业行业①划分为清洁生产型行业和污染密集型行业两大类。具体划分如下。

清洁生产型行业：电力、热力的生产和供应业（F1），电气机械及器材制造业（F2），纺织服装、鞋、帽制造业（F3），非金属矿物制品业（F6），家具制造业（F12），金属制品业（F13），木材加工及木、竹、藤、棕、草制品业（F15），农副食品加工业（F16），皮革、毛皮、羽毛（绒）及其制品业（F17），燃气生产和供应业（F19），石油和天然气开采业（F20），食品制造业（F22），通信设备、计算机及其他电子设备制造业（F24），通用设备制造业（F25），烟草制品业（F26），专用设备制造业（F33）共计 16 个行业。

污染密集型行业：纺织业（F4），非金属矿采选业（F5），废弃资源和废旧材料回收加工业（F7），黑色金属矿采选业（F8），黑色金属冶炼及压延加工业（F9），化学纤维制造业（F10），化学原料及化学制品制造业（F11），煤炭开采和洗选业（F14），其他采矿业（F18），石油加工、炼焦及核燃料加工业（F21），水的生产和供应业（F23），医药制造业（F27），饮料制造业（F28），印刷业和记录媒介的复制（F29），有色金属矿采选业（F30），有色金属冶炼及压延加工业（F31），造纸及纸制品业（F32）共计 17 个行业。

考虑到我国工业行业分类的统计口径前后发生了几次变化，鉴于数据的完整性和可获得性，本章最终采用 2003～2014 年中国 33 个工业行业的数据，其中投入指标、期望产出和非期望产出的相关指标说明如下。模型中共包含 5 个变量，其中有 3 个投入指标、1 个期望产出和 1 个非期望产出。

（1）资本投入。采用分行业规模以上工业企业固定资产净值来表示，并

①　行业分类如下：F1，电力、热力的生产和供应业；F2，电气机械及器材制造业；F3，纺织服装、鞋、帽制造业；F4，纺织业；F5，非金属矿采选业；F6，非金属矿物制品业；F7，废弃资源和废旧材料回收加工业；F8，黑色金属矿采选业；F9，黑色金属冶炼及压延加工业；F10，化学纤维制造业；F11，化学原料及化学制品制造业；F12，家具制造业；F13，金属制品业；F14，煤炭开采和洗选业；F15，木材加工及木、竹、藤、棕、草制品业；F16，农副食品加工业；F17，皮革、毛皮、羽毛（绒）及其制品业；F18，其他采矿业；F19，燃气生产和供应业；F20，石油和天然气开采业；F21，石油加工、炼焦及核燃料加工业；F22，食品制造业；F23，水的生产和供应业；F24，通信设备、计算机及其他电子设备制造业；F25，通用设备制造业；F26，烟草制品业；F27，医药制造业；F28，饮料制造业；F29，印刷业和记录媒介的复制；F30，有色金属矿采选业；F31，有色金属冶炼及压延加工业；F32，造纸及纸制品业；F33，专用设备制造业。

采用以 2003 年为基期的固定资产价格投资指数进行折算。

（2）劳动投入。采用分行业规模以上工业企业从业人员年平均人数来表示。其中 2004 年的劳动投入是从《中国经济普查年鉴 - 2004》获得。

（3）能源投入。采用分行业规模以上工业企业能源消费总量来表示，并将能源消费总量按标准煤折换系数转换成万吨标准煤。

（4）期望产出。考虑到能源消耗和污染产生于生产的全过程，因此本章采用工业总产值来表示。由于 2011 年以后不再公布工业总产值的数据，2012～2014 年的工业总产值数据是根据这三年的工业销售总产值与 2011 年工业销售总值的比值，来估算当年的工业总产值。同时以 2003 年为基期，用分行业工业品出厂价格指数进行平减。

（5）非期望产出。考虑到目前环境污染更多关注的是二氧化碳排放，参考现有大量文献，本章采用二氧化碳排放量作为非期望产出。其中，二氧化碳的计算过程根据《2006 年 IPVV 国家温室气体清单指南》所提供的参考方法和参数，并结合我国已公布的相关参数来进行计算。计算公式为：

$$C_{it} = \sum_{l=1}^{8} E_{itl} \times NCV_l \times CEF_l \times COF_l \times (44/12) \qquad (7.2)$$

其中，E、NCV、CEF、COF 分别代表各种能源消耗量、平均低位发热量、含碳量、碳氧化因子。NCV、CEF 和 COF 三者之间的乘积，即为碳排放系数。

相关投入产出变量的统计性描述见表 7 - 1。

表 7 - 1　　　　　　　　工业行业投入产出指标的描述性统计

行业	统计指标	资本投入（亿元）	劳动投入（万人）	能源消费（万吨标准煤）	工业总产值（亿元）	CO_2 排放（万吨）
清洁生产型行业	均值	2711.92	241.23	1685.33	15972.81	4145.91
	标准差	2733.06	210.12	1683.08	21367.16	4140.38
	最小值	0.97	0.08	33.00	5.20	81.18
	最大值	13152.88	906.59	7379.00	142114.30	18152.34
污染密集型行业	均值	7640.36	189.72	13012.74	19193.66	32011.34
	标准差	11116.23	163.66	16468.56	23843.28	40512.67
	最小值	160.24	14.54	546.00	272.64	1343.16
	最大值	68509.67	595.19	69342.00	136596.20	170581.30

续表

行业	统计指标	资本投入 （亿元）	劳动投入 （万人）	能源消费 （万吨标准煤）	工业总产值 （亿元）	CO_2排放 （万吨）
全部	均值	4952.12	217.82	6834.15	17436.83	16812.01
	标准差	8130.25	191.91	12503.57	22554.56	30758.78
	最小值	0.97	0.08	33.00	5.20	81.18
	最大值	68509.67	906.59	69342.00	142114.30	170581.30

第二节　实证分析

一、绿色全要素生产率测算结果和评价

根据 Global Malmquist-Luenberger 模型，运用 MAXDEA 软件，将 33 个工业行业 2003~2014 年的数据进行测算，最终得出的结果见表 7-2。

表 7-2　　　　　　2003~2014 年中国工业行业年均全要素生产率

行业	清洁生产型行业			行业	污染密集型生产行业		
	EC	TC	GML		EC	TC	GML
F1	1.089	1.104	1.177	F4	1.044	1.038	1.043
F2	1.020	1.235	1.345	F5	1.079	1.006	1.085
F3	1.005	1.049	1.070	F7	1.000	1.004	1.049
F6	1.062	1.187	1.187	F8	1.021	1.042	1.073
F12	1.003	1.073	1.157	F9	1.050	0.966	1.017
F13	0.997	1.055	1.121	F10	0.994	1.008	1.008
F15	1.057	1.105	1.168	F11	1.075	1.043	1.071
F16	1.027	1.082	1.105	F14	1.052	1.088	1.144
F17	1.000	1.114	1.170	F18	1.023	1.090	1.083
F19	1.067	1.073	1.108	F21	1.000	1.030	1.073
F20	0.973	1.076	1.113	F23	1.053	1.045	1.048
F22	1.030	1.114	1.198	F27	1.032	1.067	1.087

行业	清洁生产型行业			行业	污染密集型生产行业		
	EC	TC	GML		EC	TC	GML
F24	1.000	1.035	1.031	F28	1.034	1.067	1.095
F25	1.027	1.070	1.125	F29	1.042	1.045	1.045
F26	1.000	1.038	1.097	F30	1.019	1.096	1.159
F33	1.038	1.006	1.044	F31	1.057	1.077	1.092
均值	1.023	1.082	1.128	F32	1.014	1.050	1.090
总体均值	1.029	1.065	1.104	均值	1.034	1.044	1.074

注：所有均值均为几何均值。

由表7-2可知，从整体来看，2003~2014年中国工业行业总体绿色全要素生产率GML指数均值为1.104，整体绿色全要素生产率呈上升趋势，且年均增长率为10.4%。其中，绿色技术效率指数（EC）为1.029，绿色技术创新技术进步指数（TC）为1.065，说明绿色技术效率和绿色技术进步均呈改善状态，绿色技术进步对我国工业绿色全要素生产率增长的贡献更大，达到69.1%。因此，提高绿色技术效率应该是今后绿色生产过程中关注的一个重要方面。

分行业来看，清洁生产型行业绿色全要素生产率为1.128，要明显高于污染密集型行业的绿色全要素生产率1.074。由此可见，在现有环境规制力度下，清洁生产型行业绿色生产绩效要更好。从绿色技术效率指数来看，污染密集型行业为1.034，要略高于清洁生产型行业的1.023；而从绿色技术进步指数来看，生产型行业为1.082，要明显高于污染密集型行业的1.044。由此反映了不同类型行业在追求绿色生产过程中，侧重点有所区别：清洁生产型行业更加关注绿色技术研发，通过不断提高技术进步来推动行业发展；而污染密集型行业相对来说更加重视提高生产管理效率，通过节约资源、降低消耗来提高绿色生产效益。其中，清洁生产型行业中绿色全要素生产率最高的是：F2电气机械及器材制造业、F22食品制造业和F6非金属矿物制品业。而污染密集型行业中绿色全要素生产率最高的是：F30有色金属矿采选业和F14煤炭开采和洗选业。

二、全样本和分行业的实证检验

环境规制对中国工业行业绿色技术创新效率是否有影响，影响程度和方向如何？不同行业之间是否存在差异？这些都对我国工业行业环境规制的制定和实施具有重要的理论借鉴和现实意义。本章在前面分析的基础上，利用我国33个工业行业的面板数据，分成污染密集型行业和清洁生产型行业两组，并采用动态面板估计方法进行估算。结果见表7-3。

表7-3　　　　　　　　　　　系统 GMM 估计结果

变量	全部行业 （1）	污染密集型行业 （2）	清洁生产型行业 （3）
L. TC	0.072 *** （3.140）	0.0461 *** （4.121）	0.095 *** （2.810）
er	0.117 ** （2.065）	-0.048 ** （2.010）	0.152 *** （2.376）
er（-1）	0.174 ** （1.981）	0.187 *** （3.030）	0.146 *** （2.980）
rd	0.102 * （1.780）	0.085 * （1.810）	0.126 ** （2.060）
rd（-1）	0.167 *** （2.540）	0.323 * （1.870）	0.128 *** （2.810）
cons	-0.243 *** （-3.200）	-0.345 *** （-3.380）	-0.190 *** （-2.290）
scal	0.086 （1.440）	-0.201 ** （-1.851）	0.067 ** （1.910）
fdi	0.087 ** （2.110）	0.062 *** （2.620）	0.222 *** （1.680）
soer	-0.254 （1.350）	-0.356 （-0.790）	-0.154 （1.410）
F 值	13056.13 ***	5056.45 **	4807.18 ***
Sargan	28.3962 ［0.9812］	17.3421 ［0.8721］	17.1632 ［0.9216］
AR（1）值	-2.1221 ［0.0481］	-1.9804 ［0.0450］	-2.5007 ［0.0034］
AR（2）值	0.4874 ［0.4461］	0.513 ［0.3725］	0.4838 ［0.4534］

注：***、** 和 * 分别表示1%、5%和10%的显著性水平，圆括号内为 z 值，方括号内为统计量的 p 值。

由于动态模型中将被解释变量的滞后项作为解释变量之一引入分析中，这就有可能出现被解释变量的滞后项与随机扰动项相关而产生内生性问题，运用一些常用的面板数据估计方法如随机效应、固定效应等估计出来的结果是有偏的。而广义矩估计（GMM）方法能克服以上可能出现的内生性问题，使得估计值具有一致性、有效性和无偏性。因此，在一定程度上平时经常使用的最小二乘法（OLS）、二阶段最小二乘法（2SLS）、极大似然估计法（MLE）等参数估计方法都可以算得上是广义矩的特例（陈强，2010）。此外，本章采用的是 33 个截面 12 年的短面板数据，最适用于 SYS – GMM 估计方法。因此本章最终采用 SYS – GMM 估计方法对模型进行估计，具体结果见表 7 – 3。

由表 7 – 3 的回归结果可知，模型（1）全部行业滞后 1 期的绿色技术创新水平在 1% 的水平上显著。Sargan 检验的 p 值为 0.98，大于 0.05，因此无法拒绝原假设 "所有工具变量均有效"，即不存在工具变量过度识别的问题。Arellano-Bond 序列自相关检验 AR（2）的 p 值为 0.4461，大于 0.05，因此，扰动项不存在二阶自相关的关系。整体来看模型估计效果较好。因此，从所有行业的样本估计结果来看，当期和滞后一期的环境规制都对绿色技术创新效率产生显著的正向促进作用，这意味着环境规制力度越大，绿色技术创新效率越高。这也在一定程度上支持了 "波特假说"。

分组来看：（1）对污染密集型行业而言，当期环境规制会对绿色技术创新产生负向的作用，其系数为 – 0.048，即环境规制每增加 1%，绿色技术创新效率会降低 0.048%。而滞后一期的环境规制系数为 0.187，即环境规制每增加 1%，绿色技术创新效率提高 0.187%。（2）对清洁生产型行业而言，当期环境规制和滞后一期的环境规制都会对绿色技术创新效率产生正向的促进作用。由此可见，环境规制对不同行业的绿色技术创新效率存在一定的差异。对于污染密集型行业而言，由于当期环境规制带来的 "遵循成本" 效应要大于 "创新补偿" 效应，因此加强环境规制会使得污染密集型行业短期内面临环境成本增加或产量减产的选择，最终都会降低当期绿色技术创新投入。但从长期来看，随着环境规制的加强，企业治污成本逐渐增加，治污的边际效应递减，企业不进行绿色技术创新就会被市场淘汰，因此，加快绿色技术创新成为污染密集型行业的必然选择。对于清洁生产型行业而言，由于生产过程较为注重绿色技术研发，污染排放相对较少，因此，当期环境规制和滞后一期环境规制对绿色技术创新都起到促进的作用。然而由于治污成本占总成本的比重相对较低，因此清洁生产型行业面对滞后一期的环境规制，绿色技术创新的动力相对不足。这也从行业层面进一步证实了"波特假说"成立。

研发投入（*rd*）对绿色技术创新效率的影响显著为正，其中滞后一期的效果更大。这可以理解为，当面对环境规制外在压力和行业内在推动力双重作用下，工业行业的研发投入比重越大，说明该行业越重视技术创新，对技术进步的要求也越高，从而对资源利用效率也更高，降低了单位产出的污染排放，提高了绿色绩效。由于绿色技术创新活动是一个持续性的过程，因此研发投入存在滞后性，尤其是对污染密集型行业，研发投入滞后一期的效果最为明显，因此加大对污染密集型行业的研发投入，能有效提高整体的绿色技术创新水平。

资本深化率（*cons*）对绿色技术创新效率的影响显著为负。这是由于资本劳动比例越高，意味着重工业化程度越深，根据相关的研究（陈诗一，2010；涂正革和刘磊珂，2011），认为高能耗和高排放正是伴随着我国工业化跃进过程中产生，因此尽管工业化带来了经济的增长，但同时也给环境带来了较大的破坏。在对考虑了环境因素的创新绩效进行测度时，绿色技术创新水平会有所下降。

企业规模（*scal*）对不同行业的绿色技术创新影响存在显著的差异。具体表现为：从总的行业层面上来说，企业规模越大，越有利于工业行业的绿色技术创新；而对于污染密集型行业而言，企业规模与绿色技术创新之间存在负相关的关系；对于清洁生产型行业而言，企业规模与绿色技术创新之间存在正相关的关系。这可能是由于污染密集型行业的企业大多是规模较大的重工业企业，这些企业虽然资金和人力资本都较为雄厚，但由于这些工业企业规模较大，管理体制较为落后，企业管理协调难度大、灵活性差，因此开展绿色技术创新动力不足，绿色技术创新水平不高。相反，清洁生产型行业大多是一些高技术的中小型企业，具有较高的技术门槛和灵活的管理体制，容易发挥企业规模效应，提高绿色技术创新水平。

外商直接投资 FDI 对绿色技术创新效率的影响系数为正，分析的结果并未证实"污染天堂"假说，说明 FDI 整体上是能够有效提高我国绿色技术创新水平。这与早期不少支持"污染天堂"假说学者的研究结论相反。早期的学者认为，不少发展中国家初期为了发展地区经济，会放松环境管制以吸引更多外资，加速自然资源的开发和利用，生产出来大量污染密集型产品。但实际上越来越多的学者（王兵等，2010；沈能，2012；等等）研究表明：一方面，引进 FDI 对地区经济增长的拉动作用较为显著；另一方面，从整体来看，引进的 FDI 倾向于使用比国内更加先进的生产技术和环保标准，且通过模仿效应对本土企业产生技术溢出，所以会降低单位产出所带来的环境污染。因此 FDI 表现为可推动绿色技术创新提高。

国有企业比重（*soer*）对绿色技术创新作用并不显著。不管是污染密集型行业还是清洁生产型行业，国有企业比重对绿色技术创新水平作用为负数但并不显著。这可能是由于国有企业相对私有企业承担的社会责任更多，需要将更多的资本用于污染治理，从而直接减少了创新投入，限制了生产率的提高。同时由于国有企业产权模糊以及天生具有的垄断性质，都会导致企业创新激励不足，从而使得绿色技术创新水平不高。

三、门槛模型设定

由于环境规制对不同行业会产生显著差异的效果，因此可以通过采用非线性的门限回归模型，来估计不同行业之间的环境规制最优水平。考虑到不同工业行业对环境规制的反映程度不同，而滞后一期的环境规制系数（不管是污染密集型行业还是清洁生产型行业）都显著为正，因此本章采用滞后一期的环境规制作为门槛变量来分析整个行业的最优环境规制程度。在参考公式（7.1）的基础上，构建如下面板门槛模型（以单一门槛模型为例）：

$$\ln tc_{it} = \gamma + \alpha_1 \ln er_{it} + \alpha_{21} \ln er_{i,t-1} \times I(er_{i,t-1} \leqslant \lambda_1) + \alpha_{22} \ln er_{i,t-1} \times I(er_{i,t-1} > \lambda_1)$$

$$+ \alpha_3 \ln rd_{it} + \alpha_4 \ln rd_{i,t-1} + \alpha_5 \ln cons_{it} + \alpha_6 \ln fdi_{it} + \alpha_7 \ln soer_{it}$$

$$+ \alpha_8 \ln scal_{it} + \mu_i + \varepsilon_{it} \tag{7.3}$$

其中，下标 i 是地区，t 是时间，$I(\cdot)$ 为门槛示性函数，thr 表示门槛变量，λ 为具体的门槛值。当 $thr < \lambda$ 时，$I(\cdot) = 0$；当 $thr > \lambda$ 时，$I(\cdot) = 1$。根据相关理论，本章以环境规制力度作为门槛变量，考察不同环境规制强度（er）区间对工业绿色技术创新的非线性影响效应。各解释变量跟式（7.1）一致，以上式子适用于仅有单一门槛变量的情况下使用。

四、门槛检验和分析

在使用面板门槛模型之前，首先需要进行门槛效应检验，以便确定是否存在门槛及存在门槛的个数，最终选择相应的模型形式。使用 Stata12 软件的 xtptm 程序，利用汉森（Hansen，2000）提出的"bootstrap"（自举法），通过 300 次的 bootstrap 重复模拟似然比检验统计得到对应的统计变量，具体结果见表 7 - 4。

表 7 - 4　　　　　　　　　　各变量门槛检验

项目	污染密集型行业		清洁生产型行业	
	门槛值	F 值	门槛值	F 值
单门槛	3.712 ***	30.137	1.782 ***	16.799
双门槛	6.882 ***	16.023	3.914 ***	15.012
三门槛	9.718 ***	10.916	7.214 ***	8.203

注：BS 次数为 300 次，***、** 和 * 分别表示 1%、5% 和 10% 的显著性水平。

根据门槛检验结果显示，污染密集型行业和清洁生产型行业均有三个门槛值。其中，污染密集型行业的三个门槛值分别为 3.712、6.882、9.718。清洁生产型行业的三个门槛值分别为 1.782、3.914、7.214。而环境规制对行业绿色技术创新的影响具有显著的差异，且不同的门槛区间影响系数也不尽相同。

由表 7 - 5 的估计结果可知，不管是污染密集型行业还是清洁生产型行业，环境规制对绿色技术创新的影响并非是简单的递增或递减关系，表现为刚开始环境规制力度的增加，会促进绿色技术创新，但环境规制力度增加到一定程度后，若仍然加大环境规制力度，会对绿色技术创新产生抑制作用，很明显环境规制力度和绿色技术创新之间呈倒"U"型关系。分行业来看：对于污染密集型行业而言，当环境规制力度超过 3.712 时，对应的系数从 0.032 增加到 0.054；当环境规制力度超过 6.882 时，对应的系数开始出现明显的下降，仅为 0.023；而当环境规制力度继续增加，超过 9.718 时，对应的系数变成负数，即环境规制对绿色技术创新产生抑制的作用。对于清洁生产型行业而言，当环境规制力度超过 1.782 时，其系数从 0.039 增加到 0.063；而当环境规制力度超过 3.914 时，影响系数大幅度下降为 0.032；当环境规制力度超过 7.214 时，影响系数为负。

表 7-5 面板门槛估计结果

变量	污染密集型行业	清洁生产型行业
$er_{(t-1)}\_1$	0.032 *** (2.518)	0.039 *** (3.129)
$er_{(t-1)}\_2$	0.054 *** (4.163)	0.063 *** (2.271)
$er_{(t-1)}\_3$	0.023 *** (6.013)	0.032 ** (1.985)
$er_{(t-1)}\_4$	−0.011 ** (−1.929)	−0.019 ** (−1.881)

注：***、** 和 * 分别表示 1%、5% 和 10% 的显著性水平。

基于以上环境规制力度与不同行业之间门槛值的关系，可以将中国工业行业分成四组，分别是弱环境规制、较弱环境规制、适中环境规制和强环境规制。具体划分见表 7-6 和表 7-7。

表 7-6 面板门槛值和污染密集型生产行业分布

门槛值和区间	污染密集型生产行业
$er < 1.782$	化学纤维制造业，废弃资源和废旧材料回收加工业，水的生产和供应业
$1.782 \leqslant er < 3.914$	其他采矿业，医药制造业，燃气生产和供应业，非金属矿采选业，化学原料及化学制品制造业，煤炭开采和洗选业，印刷业和记录媒介的复制，有色金属冶炼及压延加工业

续表

门槛值和区间	污染密集型生产行业
$3.914 \leqslant er < 7.214$	黑色金属冶炼及压延加工业，黑色金属矿采选业，有色金属矿采选业，石油加工、炼焦及核燃料加工业，饮料制造业
$er \geqslant 7.214$	造纸及纸制品业

表 7-7　　　　　**面板门槛值和清洁生产型行业分布**

门槛值和区间	清洁生产型行业
$er < 3.712$	电气机械及器材制造业，非金属矿物制品业
$3.712 \leqslant er < 6.882$	专用设备制造业，通用设备制造业
$6.882 \leqslant er < 9.718$	烟草制品业，木材加工及木、竹、藤、棕、草制品业，通信设备、计算机及其他电子设备制造业，家具制造业，农副食品加工业，皮革、毛皮、羽毛（绒）及其制品业，金属制品业，石油和天然气开采业
$er \geqslant 9.718$	食品制造业，纺织业，纺织服装、鞋、帽制造业，电力、热力的生产和供应业

第三节　小　　结

本章基于中国 2003～2014 年 33 个工业行业的面板数据样本，采用基于松弛的方向性距离函数（SBM）的 Global Malmquist-Luenberger 指数测算了各行业的工业绿色全要素生产率及其分解指数。并将这 33 个工业行业分为污染密集型行业和清洁生产型行业两大类，接着采用系统 GMM 方法实证检验了环境规制及其他控制变量对这两类行业绿色技术创新效率产生的影响，得到如下主要结论。

（1）2003～2014 年中国工业行业总体绿色全要素生产率指数（GML）均值为 1.104，整体绿色全要素生产率呈上升趋势，且年均增长率为 10.4%。其中，绿色技术效率指数（EC）为 1.029，绿色技术创新技术进步指数（TC）为 1.065，说明绿色技术效率和绿色技术进步均呈改善状态，绿色技术进步对我国工业绿色全要素生产率增长的贡献更大，达到 69.1%。

（2）分行业来看，清洁生产型行业绿色全要素生产率为 1.128，要明显高于污染密集型行业的绿色全要素生产率 1.074。从绿色技术效率指数来看，污染密集型行业为 1.034，要略高于清洁生产型行业的 1.023；而从绿色技术进步指数来看，清洁生产型行业为 1.082，要明显高于污染密集型行业的 1.044。

（3）从实证结果来看，对全行业样本和清洁生产型行业来说，当期和滞后一期的环境规制都对绿色技术创新效率产生显著的正向促进作用。对污染密集型行业而言，当期环境规制和滞后一期的环境规制系数分别为 -0.048 和 0.187，说明当期环境规制会对绿色技术创新产生负向的作用，滞后一期环境规制会对绿色技术创新效率产生抑制的作用。由此可见，环境规制对不同行业的绿色技术创新效率存在一定的差异。

（4）从其他控制变量来看，研发投入（rd）对绿色技术创新效率存在滞后的正向促进作用，资本深化率（cons）对绿色技术创新效率产生显著的负向作用，企业规模（scal）对不同类型行业的绿色技术创新产生显著有差异的影响，外商直接投资 FDI 起到积极的促进作用，国有企业比重（soer）的作用并不显著。

（5）门槛检验结果显示，污染密集型行业和清洁生产型行业均有三个门槛值，且环境规制对行业绿色技术创新效率的影响具有显著的差异，不同的门槛区间影响系数也不尽相同。具体而言，对于污染密集型行业而言，当环境规制力度超过 3.712 时，对应的系数从 0.032 增加到 0.054；当环境规制力度超过了 6.882 时，对应的系数开始出现明显的下降，仅为 0.023；而当环境规制力度继续增加超过 9.718 时，对应的系数变成负数。对于清洁生产型行业而言，当环境规制力度超过 1.782 时，其系数从 0.039 增加到 0.063；而当环境规制力度超过 3.914 时，影响系数大幅度下降为 0.032；当环境规制力度超过 7.214 时，影响系数为负。

2003～2014 年基于 GML 指数分解的中国工业绿色技术效率指数（EC）、绿色技术进步指数（TC）、绿色全要素生产率指数（GML）见表 7-8、表 7-9 和表 7-10。

表 7-8　基于 GML 指数分解的中国工业绿色技术效率指数（EC）（2003～2014 年）

行业代码	EC（2003 TO 2004）	EC（2004 TO 2005）	EC（2005 TO 2006）	EC（2006 TO 2007）	EC（2007 TO 2008）	EC（2008 TO 2009）	EC（2009 TO 2010）	EC（2010 TO 2011）	EC（2011 TO 2012）	EC（2012 TO 2013）	EC（2013 TO 2014）
F1	1.892	1.193	1.037	1.144	0.952	1.051	1.000	1.000	1.000	0.980	0.978
F2	1.149	1.024	1.058	1.000	1.000	1.000	1.000	1.000	1.000	0.994	1.006
F3	1.003	1.016	0.985	0.946	1.034	1.101	0.991	1.030	0.990	0.974	0.995
F4	1.132	1.067	1.010	0.989	1.038	1.097	1.079	1.023	1.009	1.001	1.051
F5	1.141	1.393	1.096	0.944	1.245	1.110	0.868	1.328	0.888	0.885	1.117
F6	1.066	1.079	1.095	1.167	1.039	1.122	1.013	0.973	1.022	1.018	1.107
F7	1.000	1.000	1.000	1.000	1.000	1.000	1.000	1.000	1.000	1.000	1.000
F8	1.205	1.008	1.139	1.047	1.297	0.885	0.898	1.061	0.888	0.893	0.998
F9	1.638	1.087	1.000	1.000	1.000	1.000	1.000	1.000	1.000	1.000	0.962
F10	0.996	1.078	1.031	1.062	0.856	0.969	1.099	1.090	0.845	0.859	1.101
F11	1.208	1.006	1.033	1.224	1.022	1.194	1.092	1.084	1.004	1.000	1.000
F12	1.115	0.999	0.969	1.070	1.052	1.029	0.955	1.150	0.984	1.007	0.760
F13	1.060	1.059	1.038	0.971	1.014	0.987	1.006	0.996	0.951	0.965	0.925
F14	1.390	1.180	0.977	1.068	1.295	0.982	1.130	0.989	0.874	0.884	0.925
F15	1.053	1.145	1.128	1.012	1.086	1.143	0.932	1.164	0.965	0.957	1.077
F16	1.092	1.075	0.981	1.117	1.038	1.000	1.000	1.000	1.000	1.000	1.000
F17	1.000	1.000	1.000	1.000	1.000	1.000	1.000	1.000	1.000	0.988	1.013

续表

行业代码	EC (2003 TO 2004)	EC (2004 TO 2005)	EC (2005 TO 2006)	EC (2006 TO 2007)	EC (2007 TO 2008)	EC (2008 TO 2009)	EC (2009 TO 2010)	EC (2010 TO 2011)	EC (2011 TO 2012)	EC (2012 TO 2013)	EC (2013 TO 2014)
F18	1.279	1.000	1.000	1.000	1.000	1.000	1.000	1.000	1.000	1.000	1.000
F19	0.921	1.164	1.210	1.053	1.187	1.140	1.086	1.009	0.901	1.019	1.098
F20	0.963	1.403	1.051	0.982	1.038	0.573	1.144	1.079	0.856	0.821	1.027
F21	1.000	1.000	1.000	1.000	1.000	1.000	1.000	1.000	1.000	1.000	1.000
F22	0.988	1.120	1.046	1.066	1.020	1.080	0.996	1.034	0.965	0.964	1.063
F23	0.841	1.045	1.112	1.021	1.314	1.046	0.907	1.207	1.018	1.096	1.052
F24	1.000	1.000	1.000	1.000	1.000	1.000	1.000	1.000	1.000	1.000	1.000
F25	1.200	1.049	1.037	1.013	1.008	1.025	0.986	1.013	0.982	0.962	1.041
F26	1.000	1.000	1.000	1.000	1.000	1.000	1.000	1.000	1.000	1.000	1.000
F27	0.970	1.082	1.007	1.096	1.014	1.103	1.049	1.046	0.957	0.964	1.080
F28	1.046	1.104	1.080	1.049	0.968	1.079	1.021	1.050	0.949	0.953	1.093
F29	0.953	1.126	1.066	1.001	1.106	1.010	0.946	1.172	0.998	1.024	1.082
F30	1.186	1.229	1.191	0.930	0.929	0.923	0.859	1.299	0.886	0.888	1.012
F31	1.259	1.085	1.301	1.097	0.884	1.031	1.001	0.978	1.003	0.994	1.065
F32	1.062	1.015	1.026	1.069	0.996	1.015	1.061	0.958	0.915	0.915	1.149
F33	1.144	1.029	1.052	1.042	1.017	1.067	1.034	1.031	1.010	0.988	1.009

表 7—9　基于 GML 指数分解的中国工业绿色技术进步指数（TC）（2003～2014 年）

行业代码	TC（2003 TO 2004）	TC（2004 TO 2005）	TC（2005 TO 2006）	TC（2006 TO 2007）	TC（2007 TO 2008）	TC（2008 TO 2009）	TC（2009 TO 2010）	TC（2010 TO 2011）	TC（2011 TO 2012）	TC（2012 TO 2013）	TC（2013 TO 2014）
F1	1.193	1.273	1.330	1.286	1.329	1.095	1.482	1.592	1.751	0.602	1.082
F2	1.020	1.057	1.077	1.129	0.990	0.978	1.083	1.153	1.418	0.701	1.074
F3	1.025	1.094	1.090	1.121	0.972	0.997	1.070	1.069	1.510	0.662	0.989
F4	1.021	1.058	1.073	1.120	0.980	0.958	1.043	1.092	1.731	0.468	0.935
F5	1.200	1.122	0.955	1.387	0.866	1.028	1.460	0.925	2.276	0.515	0.861
F6	1.024	1.050	1.067	1.030	1.056	0.949	1.152	1.298	2.049	0.499	0.993
F7	0.545	1.140	0.969	1.000	1.000	1.000	1.267	0.998	1.000	0.961	0.978
F8	1.234	1.102	0.984	1.215	0.992	1.004	1.174	1.112	2.727	0.479	0.866
F9	1.154	1.295	1.324	1.195	1.156	0.951	1.100	1.174	1.755	0.539	1.038
F10	1.141	1.097	1.126	1.132	1.117	1.013	1.148	1.091	2.693	0.498	0.854
F11	1.130	1.195	1.208	1.195	1.260	0.914	1.187	1.203	1.795	0.552	1.035
F12	1.244	1.007	0.954	1.104	1.037	1.044	1.147	0.974	1.290	0.799	0.986
F13	1.021	1.060	1.065	1.137	0.964	0.960	1.061	1.106	2.299	0.479	0.927
F14	1.036	1.056	1.054	1.059	1.034	1.031	1.110	1.200	2.693	0.461	0.975
F15	1.082	1.077	1.029	1.210	0.922	0.977	1.147	1.044	2.203	0.481	0.906
F16	1.022	1.050	1.060	1.030	1.030	1.043	1.166	1.323	1.422	0.710	1.039
F17	1.015	1.103	1.061	1.117	0.967	1.046	1.138	1.097	1.439	0.696	0.964

续表

行业代码	TC (2003 TO 2004)	TC (2004 TO 2005)	TC (2005 TO 2006)	TC (2006 TO 2007)	TC (2007 TO 2008)	TC (2008 TO 2009)	TC (2009 TO 2010)	TC (2010 TO 2011)	TC (2011 TO 2012)	TC (2012 TO 2013)	TC (2013 TO 2014)
F18	4.348	0.294	0.661	1.078	0.136	0.168	1.662	0.347	0.303	0.194	0.316
F19	1.420	1.035	1.164	1.156	1.103	0.980	1.114	1.158	1.649	0.682	0.952
F20	1.266	1.201	1.186	1.142	1.168	1.070	1.397	1.381	3.563	0.432	1.029
F21	1.486	1.500	1.461	1.357	1.550	0.841	1.725	1.779	1.445	0.263	0.978
F22	1.044	1.057	1.046	1.072	1.029	0.981	1.083	1.113	2.399	0.474	0.913
F23	1.218	1.032	0.996	1.093	0.759	0.942	1.030	0.852	1.023	0.855	0.909
F24	1.008	1.023	1.000	1.001	0.984	0.985	1.001	1.055	1.407	0.723	1.013
F25	1.019	1.055	1.068	1.108	1.000	1.004	1.104	1.201	1.626	0.608	0.949
F26	1.529	1.110	1.491	1.858	1.046	1.005	1.033	1.335	1.187	0.897	0.921
F27	1.044	1.068	1.085	1.077	1.075	1.024	1.118	1.149	2.625	0.478	0.943
F28	1.069	1.076	1.084	1.096	1.079	1.001	1.121	1.156	2.763	0.468	0.910
F29	1.075	1.061	0.947	1.112	1.032	1.048	1.121	0.977	1.730	0.604	0.931
F30	1.153	1.095	0.997	1.200	0.970	1.020	1.317	1.018	2.323	0.515	0.855
F31	1.083	1.098	1.088	1.048	1.119	0.957	1.334	1.418	1.625	0.617	0.994
F32	1.061	1.076	1.097	1.084	1.102	0.992	1.155	1.202	2.607	0.455	0.924
F33	1.025	1.057	1.059	1.094	1.011	1.000	1.096	1.161	1.689	0.591	1.064

表 7 - 10　　基于 GML 指数分解的中国分行业工业绿色全要素生产率指数（GML）（2004～2014 年）

行业代码	GML（2004）TO 2005）	GML（2005）TO 2006）	GML（2006）TO 2007）	GML（2007）TO 2008）	GML（2008）TO 2009）	GML（2009）TO 2010）	GML（2010）TO 2011）	GML（2011）TO 2012）	GML（2012）TO 2013）	GML（2013）TO 2014）
F1	2.258	1.519	1.379	1.472	1.265	1.151	1.482	1.592	1.751	1.059
F2	1.172	1.083	1.139	1.129	0.990	0.978	1.083	1.153	1.418	1.081
F3	1.029	1.112	1.074	1.060	1.005	1.098	1.061	1.100	1.495	0.985
F4	1.155	1.129	1.083	1.108	1.018	1.051	1.125	1.117	1.746	0.983
F5	1.369	1.563	1.047	1.309	1.078	1.141	1.268	1.229	2.022	0.962
F6	1.092	1.134	1.168	1.202	1.098	1.064	1.167	1.263	2.093	1.100
F7	0.545	1.140	0.969	1.000	1.000	1.000	1.267	0.998	1.000	0.978
F8	1.486	1.111	1.122	1.272	1.286	0.888	1.054	1.179	2.421	0.864
F9	1.890	1.408	1.324	1.195	1.156	0.951	1.100	1.174	1.755	0.999
F10	1.137	1.183	1.160	1.202	0.956	0.982	1.261	1.190	2.275	0.940
F11	1.364	1.202	1.248	1.463	1.288	1.091	1.296	1.304	1.802	1.035
F12	1.386	1.006	0.924	1.181	1.091	1.075	1.095	1.120	1.269	0.749
F13	1.082	1.123	1.106	1.104	0.978	0.948	1.067	1.102	2.186	0.858
F14	1.439	1.246	1.030	1.131	1.339	1.012	1.254	1.188	2.354	0.902
F15	1.140	1.233	1.161	1.225	1.002	1.116	1.069	1.216	2.126	0.976
F16	1.116	1.128	1.040	1.151	1.070	1.043	1.166	1.323	1.422	1.039
F17	1.015	1.103	1.061	1.117	0.967	1.046	1.138	1.097	1.439	0.976

续表

行业代码	GML(2004 TO 2005)	GML(2005 TO 2006)	GML(2006 TO 2007)	GML(2007 TO 2008)	GML(2008 TO 2009)	GML(2009 TO 2010)	GML(2010 TO 2011)	GML(2011 TO 2012)	GML(2012 TO 2013)	GML(2013 TO 2014)
F18	5.563	0.294	0.661	1.078	0.136	0.168	1.662	0.347	0.303	0.316
F19	1.308	1.204	1.408	1.218	1.309	1.118	1.210	1.169	1.485	1.046
F20	1.220	1.685	1.246	1.122	1.212	0.613	1.598	1.490	3.051	1.057
F21	1.486	1.500	1.461	1.357	1.550	0.841	1.725	1.779	1.445	0.978
F22	1.031	1.184	1.094	1.142	1.050	1.059	1.079	1.150	2.317	0.970
F23	1.024	1.078	1.108	1.115	0.997	0.986	0.934	1.028	1.041	0.956
F24	1.008	1.023	1.000	1.001	0.984	0.985	1.001	1.055	1.407	1.013
F25	1.223	1.107	1.107	1.122	1.008	1.029	1.088	1.217	1.597	0.988
F26	1.529	1.110	1.491	0.858	1.046	1.005	1.033	1.335	1.187	0.921
F27	1.012	1.155	1.092	1.181	1.090	1.130	1.173	1.202	2.512	1.019
F28	1.119	1.187	1.170	1.150	1.044	1.080	1.144	1.214	2.621	0.995
F29	1.025	1.194	1.009	1.113	1.142	1.059	1.061	1.145	1.728	1.008
F30	1.368	1.345	1.187	1.150	0.901	0.941	1.130	1.322	2.058	0.865
F31	1.364	1.191	1.415	1.150	0.989	0.986	1.335	1.386	1.629	1.059
F32	1.127	1.092	1.126	1.159	1.098	1.007	1.225	1.152	2.386	1.061
F33	1.172	1.087	1.114	1.140	1.028	1.067	1.133	1.197	1.706	1.074

第八章 研究结论与对策建议

第一节 研究结论

第一，利用 30 个省份的 2010～2019 年的面板数据研究了环境规制对绿色技术创新效率的影响，得出的实证结果如下所述。

（1）从区域来看，我国绿色技术创新效率（GML）偏低，还有较大的提升空间。绿色技术创新技术效率（EC）呈现出"西—中—东"依次递减的格局；绿色技术创新技术进步（TC）呈现出"东—西—中"依次递减的格局；绿色技术创新效率（GML）呈现出"西—东—中"依次递减的格局。分行业来看，清洁生产型行业绿色全要素生产率要明显高于污染密集型行业的绿色全要素生产率；污染密集型行业绿色技术效率要略高于清洁生产型行业；清洁生产型行业绿色技术进步要明显高于污染密集型行业。

（2）在不同经济发展水平下，环境规制对绿色技术创新效率的影响存在门槛效应，随着收入水平的提高，环境规制对绿色技术创新效率的抑制作用逐渐降低，只有当收入水平跨过 5.9002 万元这个门槛后，环境规制对绿色技术创新效率才会产生正向的促进作用。在研发投入门槛条件下，存在 3 个门槛区间，只有当研发投入比重超过 5.02% 时，环境规制才能促进绿色技术创新。同样，在所有制结构门槛条件下，只有当国有企业比重超过 19.1% 时，环境规制才能促进绿色技术创新。

（3）另外，产业结构对绿色技术创新效率产生并不显著的负向影响，对外开放程度有助于提高绿色技术创新活动，政府干预会对绿色技术创新产生明显的抑制作用。

第二，利用不同类型环境规制工具分析环境规制对绿色技术创新效率的影响，得出的实证结果如下所述。

（1）从不同类型环境规制工具的作用来看，命令控制型环境规制（mer）和公众参与型环境规制（cer）与绿色技术创新效率之间呈倒"U"型关系；而市场激励型环境规制（ser）与绿色技术创新效率之间呈"U"型关系。分区域来看，命令控制型环境规制与东部地区的绿色技术创新效率之间呈单调递增的关系，而与中西部地区呈倒"U"型关系；市场激励型环境规制与三个地区的绿色技术创新效率之间均呈正"U"型关系；公众参与型环境规制与三个地区的绿色技术创新效率之间呈倒"U"型关系。

（2）市场激励型环境规制（ser）对绿色技术创新效率的影响存在基于命令控制型环境规制（mer）的"双重门槛"效应。当命令控制型环境规制力度较小时，市场激励型环境规制对绿色技术创新效率起到抑制的作用；而当命令控制型环境规制力度超过一定值时，市场激励型环境规制对绿色技术创新效率的作用由抑制变为促进且显著；当命令控制型环境规制力度达到临界值时，市场激励型环境规制对绿色技术创新效率的作用并不显著。

第三，利用33个工业行业为样本，分析环境规制对绿色技术创新效率的影响，得出的实证结果如下所述。

（1）从工业行业来看，对全行业样本和清洁生产型行业来说，当期和滞后一期的环境规制都对绿色技术创新效率产生显著的正向促进作用。对污染密集型行业而言，当期环境规制会对绿色技术创新产生负向的作用，滞后一期环境规制会对绿色技术创新效率产生抑制的作用。由此可见，环境规制对不同行业的绿色技术创新效率存在一定的差异。

（2）门槛检验结果显示，污染密集型行业和清洁生产型行业均有三个门槛值，且环境规制对行业绿色技术创新效率的影响具有显著的差异，不同的门槛区间影响系数也不尽相同。具体而言，当环境规制力度超过第一个门槛值时，其对应的系数为正，即对绿色技术创新效率的促进作用增加；当环境规制力度超过了第二门槛值时，对应的系数仍然为正，但出现明显的下降；而当环境规制力度继续增加，超过第三个门槛值时，对应的系数变成负数，产生抑制的作用。

（3）从其他控制变量来看，研发投入（rd）对绿色技术创新效率存在滞后的正向促进作用，资本深化率（cons）对绿色技术创新效率产生显著的负向作用，绿色技术创新效率企业规模（scal）对不同类型的行业绿色技术创新效率产生显著有差异的影响，外商直接投资 FDI 对绿色技术创新效率起到积极的促进作用，国有企业比重（soer）对绿色技术创新效率的作用并不显著。

第二节　对策建议

一、因地制宜采取灵活多变的环境规制政策

根据实证研究的结果，环境规制对绿色技术创新效率的影响具有行业差异性。在清洁生产型行业，当期和滞后一期的环境规制都会对绿色技术创新效率产生显著的正向促进作用；在污染密集型行业，加强环境规制短期内面临环境成本增加，绿色技术创新投入减少，对绿色技术创新效率产生负的作用，而经过调整后滞后一期的环境规制对绿色技术创新效率产生正向的作用。门槛检验结果显示，污染密集型行业和清洁生产型行业均有三个门槛值，且环境规制对行业绿色技术创新效率的影响具有显著的差异，不同的门槛区间影响系数也不尽相同。针对这一结论，政府应对不同污染程度的行业制定不同的环境规制政策，并制定针对性的鼓励绿色技术创新的各类政策。

（一）因地制宜实行合理的环境规制强度

基于省级层面的实证研究发现，环境规制强度在不同地区存在有差异的门槛效应；基于行业层面的实证研究表明，环境规制强度对绿色技术创新效率的影响在清洁生产型部门与污染密集型部门也存在一定的差异性。因此，应该针对不同地区采取有差异化的环境规制政策。

因此，针对不同经济发展水平地区环境规制给绿色技术创新所带来的异质效应，建议各地可以实施与经济发展水平相适应的环境规制政策。东部地区市场体系完善，经济发展水平高，人们对地区环境质量较为重视，对生态环境污染容忍度低，迫切需要绿色生活环境。因此，加大经济发达地区环境规制强度，引导企业加强绿色技术的研发和推广使用，创造新的商业机会和经济增长点，并支持企业由外延型向内涵集约型发展方式转变，将有利于绿色技术创新效率的提升。而对经济发展程度较低的中西部地区，应该适度降低环境规制力度，从而既能避免高污染、高排放产业的大量流入，又能避免环境规制过高带来企业末端治理投入增加而导致绿色研发投资被挤占，有利于绿色技术创新效率的提高。除此之外，广大的中西部地区还需要加大科技投入和人才储备，为绿色技术创新提供良好的条件。

（二）倡导采取灵活多样的环境规制形式

环境规制对工业绿色技术创新效率的影响，不仅与环境规制力度有关，还与所采取的环境规制形式有关。本书的实证结果表明，命令控制型环境规制和公众参与型环境规制对绿色技术创新效率的影响呈倒"U"型结构；而市场激励型环境规制对绿色技术创新效率的影响呈"U"型结构。市场化环境规制对绿色技术创新效率的影响存在基于命令控制型环境规制的"双重门槛"效应。因此，应该根据地区工业发展特征和工业行业污染排放现状，灵活使用多样性的环境规制工具，充分发挥环境规制工具组合对工业绿色技术创新的积极作用。具体而言，对宁夏、贵州、广西、甘肃、新疆5个西部省份应该从原来过度使用命令控制型环境规制转变为以市场激励型环境规制工具为主、命令控制型环境规制为辅；对于命令控制型环境规制力度适中地区，可以尝试灵活运用排污费、使用者收费、排污权交易等市场激励型环境规制工具，激励企业创新生产技术和绿色技术，提高企业的绿色技术创新效率；而对于命令控制型环境规制力度较弱的地区，应采取提高环境标准、排放限额等命令控制型环境规制工具来降低污染，倒逼企业进行技术创新。

二、改革环境管理体制，完善环境规制制度建设

（一）改革环境管理体制，设立区域性的环保机构

自我国开展分税制改革以来，地方政府的财政收入绝大部分来自所辖区企业上缴的利税。地方政府为了发展地区经济，会全力维护本地区企业的利益，放松环境管制，从而无法发挥环境规制的绿色技术创新作用。因此，亟须改革环境管理体制，强化中央政府对环境保护的垂直管理。可以通过建立区域性的环保机构，推广实施环境保护机构监测监察执法垂直管理制度，以环保大数据为基础，打破环境保护地方保护主义现状，实现在处理不同部门和跨区域之间环境问题时信息共享和相互协作。

（二）加快污染物排放权交易制度建设

在污染物排放交易制度中，政府制定一个行业、地区可能排放的污染物总量的上限，然后给予企业有限额度的污染物排放许可证，而企业之间可以对污染物排放进行交易，如果企业的污染物排放量超过限额，就必须到污染物排放交易市场上购买排放配额。这是一种通过市场机制来促使企业绿色技术创新的外部成本内部化，从而提高绿色技术创新资源要素的配置效率。

（三）完善公众参与型环境规制制度

由于当前我国环境保护法律制度还不够健全，还有许多需要改进和完善的地方，仅靠政府无法完全承担起保护环境的责任。因此，需要借助公众参与的社会力量来督促政府和企业公开或披露环境污染相关的环境信息，倒逼企业开展绿色生产。同时，通过鼓励居民购买环保产品，检举揭发环境违法行为等公众参与型环境规制方式来激励企业注重绿色技术研发，提高产品竞争力。因此，应该不断建立健全行政诉讼制、执法责任制、环境听证、环境信访和环境信息披露制度，充分发挥公众对环境规制实施与绿色技术创新方面的推动作用。

三、改变政府和企业领导政绩考核评价制度

改变政府和企业领导考核评价体制，精简政府规模，提高地方政府行政效率。过大的政府规模和不完善的评价机制都会对绿色技术创新活动产生抑制作用，因此采用以绿色生产和绿色生活为重心的考核体制，把资源消耗、环境损耗、生态效益等指标纳入政绩评价，以节能、环保、低碳、循环发展等方面的法规来强化约束政务部门的政绩冲动行为。[1] 同时还要对那些不顾生态环境盲目干预导致严重后果的干部，实行责任终身追究制度，彻底解决乱作为现象的发生。

四、建立和完善绿色技术研发的长效投融资机制

（一）完善以绿色技术创新为导向的财政补贴政策

财政政策应重点支持绿色低碳技术的关键和共性技术，特别是那些具有国际先进性的绿色低碳前沿技术的研发和运用，促进绿色技术实现"蛙跳式"发展。同时对企业的绿色研发和创新活动给予税收优惠，如：将企业的研发费用加计扣除，以及将有关绿色技术咨询、培训和转让所获得的收入纳入所得税优惠范围等。[2]

（二）建立绿色技术研发的长效投融资机制

实证研究结果表明，研发投入能够对工业绿色技术创新效率产生滞后的正向促进作用。因此，未来政府应将环保技术研发投入纳入地区发展规划中，在加大环保科技经费投入的同时，还应拓宽环保经费的投融资渠道，通过推广应用政府与社会资本合作模式（PPP）或设立环保科技基金等方式，为企

---

[1] 刘举科、孙伟平、胡文臻：《中国生态城市建设发展报告（2014）》，社会科学文献出版社 2014年版，第36页。

[2] 国务院发展研究中心、法国施耐德电气：《以创新和绿色引领新常态》，中国发展出版社 2015年版，第329～330页。

业绿色技术研发提供充足的资金支持。

（三）建立绿色金融政策体系对企业技术创新予以支持

首先，可以考虑组建专业从事绿色投资的金融机构，以绿色债券作为融资来源之一，对绿色、环保、节能技术的开发使用进行投资。[①] 其次，可以通过设立"绿色技术创新的专项基金"，为企业的绿色技术创新提供资金支持。最后，还应该完善财政贴息机制，鼓励绿色贷款，通过将污染行业征收的排污费税以及对能源消耗性行业征收的资源税、碳税收入等作为贴息资金来源，让更多的符合标准的中小企业也能享受到贴息资金用于绿色技术改造。

五、扩大对外开放水平，择优吸纳国外资本和产业

本书实证结果表明，扩大对外开放水平整体上是有利于绿色技术创新提高的，这说明随着国外资本流入和产业转移的增加，增加了地区资源消耗和环境污染的同时，也带来了先进的绿色生产技术。因此，一方面，要创造良好的投资条件和税收环境，吸引外资流入；另一方面，也需要提高外资进入的"绿色门槛"，择优吸纳那些绿色技术高、就业吸纳能力强、促进经济增长的产业资本，避免本国外资"污染天堂"现象的出现。

六、完善与环境规制相协调的相关配套工作

（一）实施差异化的技术创新政策

由于环境规制对不同地区和不同行业的工业绿色技术创新效率存在显著的异质性，因此实施差异化的环境规制政策的同时，也需要配套的技术创新政策的支持，才能最大限度地发挥环境规制的绿色技术创新作用。对于经济较为发达的东部地区，应该大力鼓励企业开展绿色技术研发，同时

---

① 马骏、李治国等：《PM2.5 减排的经济政策》，中国经济出版社 2014 年版，第 57~58 页。

积极促进科技成果转化；而对于中西部地区而言，由于基础设施和人力资本相对落后，创新资源相对匮乏，因此可以在重点行业和部门鼓励绿色技术创新的开展，通过示范作用来带动其他行业和部门绿色技术创新活动的开展。

（二）完善企业绿色技术创新知识产权和专利保护制度

当前我国的知识产权制度还不够完善，所以无法充分调动社会和企业的创新热情与活力。因此，需要不断完善我国技术创新的知识产权和专利保护制度，为技术创新活动的开展提供有效的环境，促进绿色技术的有偿合理扩散。同时还应鼓励绿色技术创新活动产业化，推进环保产业发展。最后还应该加强知识产权服务体系建设，完善知识产权公共信息服务，大力发展和规范知识产权服务中介，普及中小企业的知识产权知识，提高企业技术创新知识产权的维权意识。

第三节　不足和展望

尽管本书试图全面系统地研究环境规制对我国工业绿色技术创新效率的影响，但由于笔者能力有限以及相关统计资料和数据不可获得，仍然存在以下不足之处，这也是未来研究有待改善的地方。

（1）数据的准确性有待改善。首先，在构建工业绿色技术创新效率测度指标体系时，关于资本投入只选择了固定资产净值流量数据，而不是资本存量数据，这会对测算结果的准确性产生一定的影响。其次，关于环境规制指标的选择也比较单一，无法准确评估环境规制产生的效果。再次，在对工业行业层面展开研究时，研发经费支出采用的是大中型工业企业数据；工业总产值等指标均采用的是规模以上工业企业数据；而关于环境规制变量的数据采用的是全行业的数据，统计口径上并不一致。最后，关于不同类型环境规制工具量化的难度较大，所选取的各地区颁布的环保标准数、排污费的征收以及群众信访总数三种数据指标并不能完全代表命令控制型环境规制工具、市场激励型环境规制工具和公众参与型环境规制工具。

（2）缺乏对国际经验的借鉴。作为最大的发展中国家，中国无论是在环境规制方面还是绿色技术创新政策制定方面，都需要向美国、欧盟等发达国家和地区学习与借鉴，同时也需要向日本、韩国等亚洲国家进行借鉴。

（3）本书的研究是从单向研究环境规制对绿色技术创新效率的影响，但实际上工业行业绿色技术创新效率的提高也会反作用于环境规制，两者之间应该是一种互动的过程，这也是将来研究的方向。

参考文献

［1］白雪洁、宋莹：《环境规制、技术创新与中国火电行业的效率提升》，载于《中国工业经济》2009 年第 8 期。

［2］包群、邵敏、杨大利：《环境管制抑制了污染排放吗?》，载于《经济研究》2013 年第 12 期。

［3］毕克新、王禹涵、杨朝均：《创新资源投入对绿色创新系统绿色创新能力的影响——基于制造业 FDI 流入视角的实证研究》，载于《中国软科学》2014 年第 3 期。

［4］毕克新、杨朝均、隋俊：《跨国公司技术转移对绿色创新绩效影响效果评价——基于制造业绿色创新系统的实证研究》，载于《中国软科学》2015 年第 11 期。

［5］曹广喜：《FDI 对中国区域创新能力溢出效应的实证研究——基于动态面板数据模型》，载于《经济地理》2009 年第 6 期。

［6］曹霞、张路蓬：《企业绿色技术创新扩散的演化博弈分析》，载于《中国人口·资源与环境》2015 年第 7 期。

［7］常雪飞：《垄断竞争市场中排污税对环境技术扩散的影响研究》，载于《求索》2009 年第 10 期。

［8］陈强：《高级计量经济学及 Stata 应用》，高等教育出版社 2014 年版。

［9］陈诗一：《边际减排成本与中国环境税改革》，载于《中国社会科学》2011 年第 3 期。

［10］陈诗一：《节能减排与中国工业的双赢发展：2009～2049》，载于《经济研究》2010 年第 3 期。

［11］陈诗一：《中国的绿色工业革命：基于环境全要素生产率视角的解

释（1980～2008）》，载于《经济研究》2010 年第 11 期。

[12] 戴鸿轶、柳卸林：《对环境创新研究的一些评论》，载于《科学学研究》2009 年第 27 卷第 11 期。

[13] 丹尼尔·F. 史普博：《管制与市场》，余晖，何帆，钱家骏，等译，上海人民出版社 1999 年版，第 32～34 页。

[14] 丁潇君、房雅婷：《中国环境规制与绿色创新关系研究——基于元分析方法的实证分析》，载于《价格理论与实践》2018 年第 6 期。

[15] 董敏杰、梁泳梅、李钢：《环境规制对中国出口竞争力的影响——基于投入产出表的分析》，载于《中国工业经济》2011 年第 3 期。

[16] 董直庆、蔡啸、王林辉：《技术进步方向、城市用地规模和环境质量》，载于《经济研究》2014 年第 10 期。

[17] 董直庆、焦翠红、王芳玲：《环境规制陷阱与技术进步方向转变效应检验》，载于《上海财经大学学报》2015 年第 3 期。

[18] 董直庆、王辉：《环境规制的"本地—邻地"绿色技术进步效应》，载于《中国工业经济》2019 年第 1 期。

[19] 杜静、陆小成：《新型工业化中产业集群绿色创新的对策选择——以武汉城市圈产业发展为例》，载于《科技进步与对策》2010 年第 11 期。

[20] 冯志军：《中国工业企业绿色创新效率研究》，载于《中国科技论坛》2013 年第 2 期。

[21] 凤亚红：《环境规制对企业技术创新的激发效应及其制约因素》，载于《生态经济》2013 年第 11 期。

[22] 付帼、卢小丽、武春友：《中国省域绿色创新空间格局演化研究》，载于《中国软科学》2016 年第 7 期。

[23] 博京燕：《环境成本转移与西部地区的可持续发展》，载于《当代财经》2006 年第 6 期。

[24] 博京燕、李丽莎：《环境规制、要素禀赋与产业国际竞争力的实证研究——基于中国制造业的面板数据》，载于《管理世界》2010 年第 10 期。

[25] 博京燕：《论环境管制与产业国际竞争力的协调》，载于《财贸研究》2004 年第 2 期。

[26] 高鸿鹰、武康平：《工业化进程中的产业集聚：国外研究综述》，

载于《工业技术经济》2007 年第 12 期。

[27] 葛晓梅、王京芳、薛斌：《促进中小企业绿色技术创新的对策研究》，载于《科学学与科学技术管理》2005 年第 12 期。

[28] 辜胜阻、刘江日：《城镇化要从"要素驱动"走向"创新驱动"》，载于《人口研究》2012 年第 6 期。

[29] 郭进：《环境规制对绿色技术创新的影响——"波特效应"的中国证据》，载于《财贸经济》2019 年第 3 期。

[30] 郭庆旺、贾俊雪：《中国全要素生产率的估算：1979~2004》，载于《经济研究》2005 年第 5 期。

[31] 郭永芹：《环境规制对区域技术创新能力影响的实证研究》，暨南大学硕士学位论文，2012 年。

[32] 郭振、彭慧婷、周璐：《基于区域绿色创新的中国东北与俄罗斯远东区域经济合作》，载于《对外经贸》2012 年第 11 期。

[33] 韩超、胡浩然：《清洁生产标准规制如何动态影响全要素生产率——剔除其他政策干扰的准自然实验分析》，载于《中国工业经济》2015 年第 5 期。

[34] 韩超、刘鑫颖、王海：《规制官员激励与行为偏好——独立性缺失下环境规制失效新解》，载于《管理世界》2016 年第 2 期。

[35] 韩峰、扈晓颖：《环境规制对技术进步的影响研究——基于山东省的动态计量分析》，载于《中国科技论坛》2011 年第 4 期。

[36] 韩晶：《中国区域绿色创新效率研究》，载于《财经问题研究》2012 年第 11 期。

[37] 何枫、祝丽云、马栋栋等：《中国钢铁企业绿色技术效率研究》，载于《中国工业经济》2015 年第 7 期。

[38] 何小钢：《绿色技术创新的最优规制结构研究——基于研发支持与环境规制的双重互动效应》，载于《经济管理》2014 年第 11 期。

[39] 何小钢、王自力：《能源偏向型技术进步与绿色增长转型——基于中国 33 个行业的实证考察》，载于《中国工业经济》2015 年第 2 期。

[40] 侯伟丽、方浪：《环境管制对中国污染密集型行业企业竞争力影响的实证研究》，载于《中国人口·资源与环境》2012 年第 7 期。

[41] 胡志高、李光勤、曹建华：《环境规制视角下的区域大气污染联合治理——分区方案设计、协同状态评价及影响因素分析》，载于《中国工业经济》2019 年第 5 期。

[42] 黄德春、刘志彪：《环境规制与企业自主创新——基于波特假设的企业竞争优势构建》，载于《中国工业经济》2006 年第 3 期。

[43] 黄宁燕、王培德：《实施创新驱动发展战略的制度设计思考》，载于《中国软科学》2013 年第 4 期。

[44] 黄平、胡日东：《环境规制与企业技术创新相互促进的机理与实证研究》，载于《财经理论与实践》2010 年第 1 期。

[45] 黄清煌、高明：《中国环境规制工具的节能减排效果研究》，载于《科研管理》2016 年第 6 期。

[46] 黄庆华、胡江峰、陈习定：《环境规制与绿色全要素生产率：两难还是双赢?》，载于《中国人口·资源与环境》2018 年第 11 期。

[47] 江珂：《不同污染类型工业行业的环境污染分解分析——基于 1998～2005 年间中国工业行业数据分析》，载于《生态经济（中文版)》2010 年第 4 期。

[48] 江珂：《环境规制对中国技术创新能力影响及区域差异分析——基于中国 1995～2007 年省际面板数据分析》，载于《中国科技论坛》2009 年第 10 期。

[49] 江珂：《中国环境规制对技术创新的影响》，知识产权出版社 2015 年版，第 45～48 页。

[50] 姜珂、游达明：《基于央地分权视角的环境规制策略演化博弈分析》，载于《中国人口·资源与环境》2016 年第 9 期。

[51] 蒋伏心、王竹君、白俊红：《环境规制对技术创新影响的双重效应——基于江苏制造业动态面板数据的实证研究》，载于《中国工业经济》2013 年第 7 期。

[52] 金碚：《资源环境管制与工业竞争力关系的理论研究》，载于《中国工业经济》2009 年第 3 期。

[53] 景维民、张璐：《环境管制、对外开放与中国工业的绿色技术进步》，载于《经济研究》2014 年第 9 期。

[54] 柯文岚、沙景华、闫晶晶：《环境规制对山西煤炭产业绩效影响的

实证研究》，载于《中国矿业》2011 年第 12 期。

[55] 雷玉桃、游立素：《区域差异视角下环境规制对产业生态化效率的影响》，载于《产经评论》2018 年第 6 期。

[56] 李斌、彭星：《环境规制、绿色全要素生产率与中国工业发展方式转变——基于 36 个工业行业数据的实证研究》，载于《中国工业经济》2013 年第 4 期。

[57] 李斌、彭星、欧阳铭珂：《环境规制、绿色全要素生产率与中国工业发展方式转变——基于 36 个工业行业数据的实证研究》，载于《中国工业经济》2013 年第 4 期。

[58] 李春米、毕超：《环境规制下的西部地区工业全要素生产率变动分析》，载于《西安交通大学学报（社会科学版）》2012 年第 1 期。

[59] 李春涛、宋敏：《中国制造业企业的创新活动：所有制和 CEO 激励的作用》，载于《经济研究》2010 年第 5 期。

[60] 李翠锦、李万明、王太祥：《我国企业绿色技术创新的新制度经济学分析》，载于《现代管理科学》2004 年第 11 期。

[61] 李丹、杨建君：《国内绿色技术创新文献特色及前沿探究》，载于《科研管理》2015 年第 6 期。

[62] 李钢、董敏杰、沈可挺：《强化环境管制政策对中国经济的影响——基于 CGE 模型的评估》，载于《中国工业经济》2012 年第 11 期。

[63] 李康：《循环经济理论思索》，载于《环境科学研究》2007 年第 1 期。

[64] 李玲、陶锋：《中国制造业最优环境规制强度的选择——基于绿色全要素生产率的视角》，载于《中国工业经济》2012 年第 5 期。

[65] 李平、慕绣如：《环境规制技术创新效应差异性分析》，载于《科技进步与对策》2013 年第 6 期。

[66] 李强、聂锐：《环境规制与区域技术创新——基于中国省际面板数据的实证分析》，载于《中南财经政法大学学报》2009 年第 4 期。

[67] 李青原、肖泽华：《异质性环境规制工具与企业绿色创新激励——来自上市企业绿色专利的证据》，载于《经济研究》2020 年第 9 期。

[68] 李树、陈刚：《环境管制与生产率增长——以 APPCL2000 的修订

为例》，载于《经济研究》2013年第1期。

[69] 李婉红、毕克新、曹霞：《环境规制工具对制造企业绿色技术创新的影响——以造纸及纸制品企业为例》，载于《系统工程》2013年第10期。

[70] 李婉红：《排污费制度驱动绿色技术创新的空间计量检验——以29个省域制造业为例》，载于《科研管理》2015年第6期。

[71] 李小平、余东升、余娟娟：《异质性环境规制对碳生产率的空间溢出效应——基于空间杜宾模型》，载于《中国软科学》2020年第4期。

[72] 李小胜、安庆贤：《环境管制成本与环境全要素生产率研究》，载于《世界经济》2012年第12期。

[73] 李永友、沈坤荣：《我国污染控制政策的减排效果——基于省际工业污染数据的实证分析》，载于《管理世界》2008年第7期。

[74] 李宇、张瑶：《制造业产业创新的企业规模门槛效应研究》，载于《宏观经济研究》2014年第11期。

[75] 李云雁：《环境管制与企业技术创新：政策效应比较与政策配置》，载于《浙江社会科学》2011年第12期。

[76] 廖进球、刘伟明：《波特假说、工具选择与地区技术进步》，载于《经济问题探索》2013年第10期。

[77] 林伯强、刘泓汛：《对外贸易是否有利于提高能源环境效率——以中国工业行业为例》，载于《经济研究》2015年第9期。

[78] 刘伟、薛景：《环境规制与技术创新：来自中国省际工业行业的经验证据》，载于《宏观经济研究》2015年第10期。

[79] 刘益、杨铁定：《环境因素对国有企业技术创新的影响分析》，载于《西安交通大学学报》1998年第8期。

[80] 刘志强、陶攀：《研发强度、集聚经济与企业生产率》，载于《重庆大学学报（社会科学版）》2013年第6期。

[81] 陆菁：《国际环境规制与倒逼型产业技术升级》，载于《国际贸易问题》2007年第7期。

[82] 陆旸：《环境规制影响了污染密集型商品的贸易比较优势吗?》，载于《经济研究》2009年第4期。

[83] 陆旸：《中国的绿色政策与就业：存在双重红利吗?》，载于《经济

《研究》2011 年第 7 期。

[84] 罗良文、梁圣蓉：《中国区域工业企业绿色技术创新效率及因素分解》，载于《中国人口·资源与环境》2016 年第 9 期。

[85] 马富萍、郭晓川、茶娜：《环境规制对技术创新绩效影响的研究——基于资源型企业的实证检验》，载于《科学学与科学技术管理》2011 年第 8 期。

[86] 马海良、黄德春、姚惠泽：《环境规制能刺激生产率增长吗？——来自中国三大经济区域的实证研究》，载于《中国科技论坛》2011 年第 12 期。

[87] 马海良、黄德春、姚惠泽：《技术创新、产业绩效与环境规制——基于长三角的实证分析》，载于《软科学》2012 年第 1 期。

[88] 马丽梅、张晓：《中国雾霾污染的空间效应及经济、能源结构影响》，载于《中国工业经济》2014 年第 4 期。

[89] 聂辉华、谭松涛、王宇锋：《创新、企业规模和市场竞争：基于中国企业层面的面板数据分析》，载于《世界经济》2008 年第 7 期。

[90] 潘佳佳：《环境管制压力下我国工业企业的创新发展研究》，载于《科技管理研究》2009 年第 12 期。

[91] 彭良燕、叶祥松：《我国环境规制下的规制效率与全要素生产率研究：1999~2008》，载于《财贸经济》2011 年第 2 期。

[92] 彭星、李斌：《不同类型环境规制下中国工业绿色转型问题研究》，载于《财经研究》2016 年第 7 期。

[93] 邱兆林、王业辉：《行政垄断约束下环境规制对工业生态效率的影响——基于动态空间杜宾模型与门槛效应的检验》，载于《产业经济研究》2018 年第 5 期。

[94] 屈小娥：《1990~2009 年中国省际环境污染综合评价》，载于《中国人口·资源与环境》2012 年第 5 期。

[95] 任胜钢、蒋婷婷、李晓磊等：《中国环境规制类型对区域生态效率影响的差异化机制研究》，载于《经济管理》2016 年第 1 期。

[96] 任耀、牛冲槐、牛彤等：《绿色创新效率的理论模型与实证研究》，载于《管理世界》2014 年第 7 期。

[97] 邵帅、杨莉莉：《上海工业碳排放研究：绩效测算、影响因素与优

化路径》，上海财经大学出版社 2016 年版，第 85～86 页。

［98］沈芳：《环境规制的工具选择：成本与收益的不确定性及诱发性技术革新的影响》，载于《当代财经》2004 年第 6 期。

［99］沈能：《环境规制对区域技术创新影响的门槛效应》，载于《中国人口・资源与环境》2012 年第 6 期。

［100］沈能：《环境效率、行业异质性与最优规制强度——中国工业行业面板数据的非线性检验》，载于《中国工业经济》2012 年第 3 期。

［101］沈能、刘凤朝：《高强度的环境规制真能促进技术创新吗？——基于波特假说的再检验》，载于《中国软科学》2012 年第 4 期。

［102］宋德勇、邓捷、弓媛媛：《我国环境规制对绿色经济效率的影响分析》，载于《学习与实践》2017 年第 3 期。

［103］宋马林、王舒鸿：《环境规制、技术进步与经济增长》，载于《经济研究》2013 年第 3 期。

［104］隋俊、毕克新、杨朝均等：《跨国公司技术转移对我国制造业绿色创新系统绿色创新绩效的影响机理研究》，载于《中国软科学》2015 年第 1 期。

［105］隋俊、毕克新、杨朝均等：《制造业绿色创新系统创新绩效影响因素——基于跨国公司技术转移视角的研究》，载于《科学学研究》2015 年第 3 期。

［106］孙晓华、辛梦依：《R&D 投资越多越好吗？——基于中国工业部门面板数据的门限回归分析》，载于《科学学研究》2013 年第 3 期。

［107］孙学敏、王杰：《环境规制对中国企业规模分布的影响》，载于《中国工业经济》2014 年第 12 期。

［108］陶锋、赵锦瑜、周浩：《环境规制实现了绿色技术创新的"增量提质"吗——来自环保目标责任制的证据》，载于《中国工业经济》2021 年第 2 期。

［109］童健、刘伟、薛景：《环境规制、要素投入结构与工业行业转型升级》，载于《经济研究》2016 年第 7 期。

［110］涂正革、刘磊珂：《考虑能源、环境因素的中国工业效率评价——基于 SBM 模型的省级数据分析》，载于《经济评论》2011 年第 2 期。

[111] 王兵、吴延瑞、颜鹏飞：《环境管制与全要素生产率增长：APEC 的实证研究》，载于《经济研究》2008 年第 5 期。

[112] 王兵、吴延瑞、颜鹏飞：《中国区域环境效率与环境全要素生产率增长》，载于《经济研究》2010 年第 5 期。

[113] 王超、李真真、蒋萍：《环境规制政策对中国重污染工业行业技术创新的影响机制研究》，载于《科研管理》2021 年第 2 期。

[114] 王锋正、陈方圆：《董事会治理、环境规制与绿色技术创新——基于我国重污染行业上市公司的实证检验》，载于《科学学研究》2018 年第 2 期。

[115] 王锋正、姜涛：《环境规制对我国西部地区技术创新能力影响研究》，载于《科学管理研究》2014 年第 2 期。

[116] 王国印、王动：《波特假说、环境规制与企业技术创新——对中东部地区的比较分析》，载于《中国软科学》2011 年第 1 期。

[117] 王惠、王树乔、苗壮等：《研发投入对绿色创新效率的异质门槛效应——基于中国高技术产业的经验研究》，载于《科研管理》2016 年第 2 期。

[118] 王杰、刘斌：《环境规制与企业全要素生产率——基于中国工业企业数据的经验分析》，载于《中国工业经济》2014 年第 3 期。

[119] 王林辉、董直庆：《资本体现式技术进步、技术合意结构和我国生产率增长来源》，载于《数量经济技术经济研究》2012 年第 5 期。

[120] 王璐、杜澄、王宇鹏：《环境管制对企业环境技术创新影响研究》，载于《中国行政管理》2009 年第 2 期。

[121] 王齐：《环境管制促进技术创新及产业升级的问题研究》，山东大学博士学位论文，2005 年。

[122] 王寿兵、柏红霞、王祥荣等：《中国工业系统各行业综合污染度评价方法与实例》，载于《中国人口·资源与环境》2008 年第 6 期。

[123] 王书斌、徐盈之：《环境规制与雾霾脱钩效应——基于企业投资偏好的视角》，载于《中国工业经济》2015 年第 4 期。

[124] 王旭、秦书生、王宽：《企业绿色技术创新驱动绿色发展探析》，载于《技术经济与管理研究》2014 年第 8 期。

［125］王志平：《绿色技术创新效率的实证与仿真研究》，社会科学文献出版社 2015 年版，第 17 页。

［126］王竹君、温玉涛、周长富：《环境规制对技术创新影响的理论分析》，载于《南京财经大学学报》2012 年第 3 期。

［127］吴朝霞、张智颖：《环境规制对中国制造业全要素生产率的影响研究》，载于《湘潭大学学报（哲学社会科学版)》2016 年第 4 期。

［128］吴军、笪凤媛、张建华：《环境管制与中国区域生产率增长》，载于《统计研究》2010 年第 1 期。

［129］吴军：《环境约束下中国地区工业全要素生产率增长及收敛分析》，载于《数量经济技术经济研究》2009 年第 11 期。

［130］吴磊：《我国环境管制、自主创新与 FDI 内含技术水平提升》，载于《中国人口·资源与环境》2010 年第 3 期。

［131］吴清：《环境规制与企业技术创新研究——基于我国 30 个省份数据的实证研究》，载于《科技进步与对策》2011 年第 18 期。

［132］吴延兵：《R&D 与生产率——基于中国制造业的实证研究》，载于《经济研究》2006 年第 11 期。

［133］吴延兵：《不同所有制企业技术创新能力考察》，载于《产业经济研究》2014 年第 2 期。

［134］吴宇军、胡树华、代晓晶：《创新型城市创新驱动要素的差异化比较研究》，载于《中国科技论坛》2011 年第 10 期。

［135］肖璐：《FDI 与发展中东道国环境规制的关系研究》，江西财经大学博士学位论文，2010 年。

［136］徐敏燕、左和平：《集聚效应下环境规制与产业竞争力关系研究——基于"波特假说"的再检验》，载于《中国工业经济》2013 年第 3 期。

［137］徐圆：《源于社会压力的非正式性环境规制是否约束了中国的工业污染?》，载于《财贸研究》2014 年第 2 期。

［138］徐志伟：《工业经济发展、环境规制强度与污染减排效果——基于"先污染，后治理"发展模式的理论分析与实证检验》，载于《财经研究》2016 年第 3 期。

［139］许冬兰、董博：《环境规制对技术效率和生产力损失的影响分

析》，载于《中国人口·资源与环境》2009 年第 6 期。

[140] 许慧：《低碳经济发展与政府环境规制研究》，载于《财经问题研究》2014 年第 1 期。

[141] 许启琪：《环境规制下绿色技术创新数理模型构建与实证检验》，吉林大学硕士学位论文，2015 年。

[142] 许庆瑞、王伟强、吕燕：《中国企业环境技术创新研究》，载于《中国软科学》1995 年第 5 期。

[143] 许庆瑞、王毅：《绿色技术创新新探：生命周期观》，载于《科学管理研究》1999 年第 1 期。

[144] 许庆瑞、杨发明：《企业绿色技术创新研究》，载于《中国软科学》1998 年第 3 期。

[145] 许士春、何正霞、龙如银：《环境规制对企业绿色技术创新的影响》，载于《科研管理》2012 年第 6 期。

[146] 许士春：《环境管制与企业竞争力——基于"波特假说"的质疑》，载于《国际贸易问题》2007 年第 5 期。

[147] 颜鹏飞、王兵：《技术效率、技术进步与生产率增长：基于 DEA 的实证分析》，载于《经济研究》2004 年第 12 期。

[148] 殷群、程月：《我国绿色创新效率区域差异性及成因研究》，载于《江苏社会科学》2016 年第 2 期。

[149] 尤济红、王鹏：《环境规制能否促进 R&D 偏向于绿色技术研发？——基于中国工业部门的实证研究》，载于《经济评论》2016 年第 3 期。

[150] 于惊涛、王珊珊：《基于低碳的绿色增长及绿色创新——中、美、英、德、日、韩实证与比较研究》，载于《科学学研究》2016 年第 4 期。

[151] 余长林、高宏建：《环境管制对中国环境污染的影响——基于隐性经济的视角》，载于《中国工业经济》2015 年第 7 期。

[152] 原毅军、耿殿贺：《环境政策传导机制与中国环保产业发展——基于政府，排污厂商与环保厂商的博弈研究》，载于《中国工业经济》2010 年第 10 期。

[153] 原毅军、刘柳：《环境规制与经济增长：基于经济型规制分类的研究》，载于《经济评论》2013 年第 1 期。

［154］原毅军、谢荣辉：《环境规制的产业结构调整效应研究——基于中国省际面板数据的实证检验》，载于《中国工业经济》2014 年第 8 期。

［155］占佳、李秀春：《环境规制工具对技术创新的差异化影响》，载于《广东财经大学学报》2015 年第 6 期。

［156］张成、郭炳南、于同申：《环境规制强度对行业生产技术进步的非线性影响》，载于《中国科技论坛》2014 年第 1 期。

［157］张成、陆旸、郭路等：《环境规制强度和生产技术进步》，载于《经济研究》2011 年第 2 期。

［158］张钢、张小军：《绿色创新战略与企业绩效的关系：以员工参与为中介变量》，载于《财贸研究》2013 年第 4 期。

［159］张各兴、夏大慰：《所有权结构、环境规制与中国发电行业的效率——基于 2003~2009 年 30 个省级面板数据的分析》，载于《中国工业经济》2011 年第 6 期。

［160］张红凤、周峰、杨慧等：《环境保护与经济发展双赢的规制绩效实证分析》，载于《经济研究》2009 年第 3 期。

［161］张华：《地区间环境规制的策略互动研究——对环境规制非完全执行普遍性的解释》，载于《中国工业经济》2016 年第 7 期。

［162］张慧明、李廉水、孙少勤：《环境规制对中国重化工业技术创新与生产效率影响的实证分析》，载于《科技进步与对策》2012 年第 16 期。

［163］张江雪、蔡宁、杨陈：《环境规制对中国工业绿色增长指数的影响》，载于《中国人口·资源与环境》2015 年第 1 期。

［164］张江雪、朱磊：《基于绿色增长的我国各地区工业企业技术创新效率研究》，载于《数量经济技术经济研究》2012 年第 2 期。

［165］张娟、耿弘、徐功文等：《环境规制对绿色技术创新的影响研究》，载于《中国人口·资源与环境》2019 年第 1 期。

［166］张平、张鹏鹏、蔡国庆：《不同类型环境规制对企业技术创新影响比较研究》，载于《中国人口·资源与环境》2016 年第 4 期。

［167］张倩：《环境规制对绿色技术创新影响的实证研究——基于政策差异化视角的省级面板数据分析》，载于《工业技术经济》2015 年第 7 期。

［168］张倩、曲世友：《环境规制对企业绿色技术创新的影响研究及政

策启示》，载于《中国科技论坛》2013 年第 7 期。

　　[169] 张倩、曲世友：《环境规制下政府与企业环境行为的动态博弈与最优策略研究》，载于《预测》2013 年第 4 期。

　　[170] 张三峰、卜茂亮：《环境规制、环保投入与中国企业生产率——基于中国企业问卷数据的实证研究》，载于《南开经济研究》2011 年第 2 期。

　　[171] 张伟、李虎林、安学兵：《利用 FDI 增强我国绿色创新能力的理论模型与思路探讨》，载于《管理世界》2011 年第 12 期。

　　[172] 张文彬、张理芃、张可云：《中国环境规制强度省际竞争形态及其演变——基于两区制空间 Durbin 固定效应模型的分析》，载于《管理世界》2010 年第 12 期。

　　[173] 张夏、胡益鸣：《环境管制与中国省际技术进步——基于 Malmquist-Luenberger 指数研究》，载于《宁夏大学学报（人文社会科学版）》2010 年第 5 期。

　　[174] 张中元、赵国庆：《FDI、环境规制与技术进步——基于中国省级数据的实证分析》，载于《数量经济技术经济研究》2012 年第 4 期。

　　[175] 赵红：《环境规制对产业技术创新的影响——基于中国面板数据的实证分析》，载于《产业经济研究》2008 年第 3 期。

　　[176] 赵红：《环境规制对企业技术创新影响的实证研究——以中国 30 个省份大中型工业企业为例》，载于《软科学》2008 年第 6 期。

　　[177] 赵红：《环境规制对中国产业技术创新的影响》，载于《经济管理》2007 年第 21 期。

　　[178] 赵细康：《环境保护与产业国际竞争力：理论与实证分析》，中国社会科学出版社 2003 年版，第 86～95 页。

　　[179] 赵细康：《环境政策对技术创新的影响》，载于《中国地质大学学报（社会科学版）》2004 年第 1 期。

　　[180] 赵玉民、朱方明、贺立龙：《环境规制的界定、分类与演进研究》，载于《中国人口资源与环境》2009 年第 19 卷第 6 期。

　　[181] 赵玉民、朱方明、贺立龙：《环境规制的界定、分类与演进研究》，载于《中国人口·资源与环境》2009 年第 6 期。

　　[182] 周力：《中国绿色创新的空间计量经济分析》，载于《资源科学》

2010 年第 5 期。

[183] 周小玲、王雪梅、田明华：《环境规制对我国造纸业技术创新影响的研究》，载于《北京林业大学学报（社会科学版）》2009 年第 4 期。

[184] 朱平芳、张征宇、姜国麟：《FDI 与环境规制：基于地方分权视角的实证研究》，载于《经济研究》2011 年第 6 期。

[185] Acemoglu D, Aghion P, Bursztyn L, et al. The Environment and Directed Technical Change Ameical Change [J]. American Economic Review, 2012, 102 (1): 131 – 166.

[186] Acemoglu D, Aghion P, Bursztyn L, et al. The Environment and Directed Technical Change. [J]. Social Science Electronic Publishing, 2011, 102 (1): 131 – 166.

[187] Acemoglu D, Bimpikis K, Ozdaglar A. Price and Capacity Competition [J]. Games & Economic Behavior, 2009, 66 (1): 1 – 26.

[188] Albrecht J A E. Environmental Regulation, Comparative Advantage and the PorterHypothesis [J]. Ssrn Electronic Journal, 1998 (5): 506 – 507.

[189] Alciatore M, Dee C C, Easton P. Changes in Environmental Regulation and Reporting: The Case of the Petroleum Industry from 1989 to 1998 [J]. Journal of Accounting & Public Policy, 2004, 23 (4): 295 – 304.

[190] Alpay E, Buccol S, Kerkdie J. Productivity Growth and Environmental Regulation in Mexican and US. Food Manufacturing [J]. American Journal of Agricultural Economics, 2002, 84 (4): 887 – 901.

[191] Ambec S, Barla P. A Theoretical Foundation of the Porter Hypothesis [J]. Economics Letters, 2002, 75 (3): 355 – 360.

[192] Ambec S, Barla P. Can Environmental Regulations be Good for Business? An Assessment of the Porter Hypothesis [J]. Energy Studies Review, 2006, 14 (2): 601 – 610.

[193] Ambec S. The Porter Hypothesis at 20: Can Environmental Regulation Enhance Innovationand Competitiveness? [J]. Ssrn Electronic Journal, 2010, 7 (2010s – 29): 583 – 587.

[194] Anastasios, Xepapadeas, et al. Environmental Policy and Competi-

tiveness: The Porter Hypothesis and the Composition of Capital [J]. Journal of Environmental Economics & Management, 1999.

[195] Arduini R, F Cesaroni. Environmental Technologies in the European Chemical Industry [J]. LEM Papers Series, 2001.

[196] Ar I M. The Impact of Green Product Innovation on Firm Performance and Competitive Capability: The Moderating Role of Managerial Environmental Concern [J]. Procedia-Social and Behavioral Sciences, 2012, 62 (1): 854 – 864.

[197] Arimura T H, Hibiki A, Imai S, et al. Empirical Analysis of the Impact that Environmental Policy Has on Technological Innovation [J]. Working Paper, 2006.

[198] Arimura Toshi H, Sugino M. Does Stringent Environmental Regulation Stimulate Environment Related Technological Innovation? [J]. Sophia Economic Review, 2007, 52: 1 – 14.

[199] Badmaeva K, Abe H. Environment Regulation and Productivity: The Effect of Environmental Polices on Japanese Manufacturing Industries [J]. Journal of Environmental Science for Sustainable Society, 2011, 5: 9 – 21.

[200] Barbera A J, Mc Connell V D. The Impact of Environmental Regulations on Industry Productivity: Direct and Indirect Effects [J]. Journal of Environmental Economics and Management, 1990 (18): 50 – 65.

[201] Barradale M J. Impact of Policy Uncertainty on Renewable Energy Investment: Wind Power and PTC, US Association for Energy Economics [J]. Working Paper, 2008, 08.

[202] Baylis R, Connell L, Flynn A. Company Size, Environmental Regulation and Ecological Modernization: Further Analysis at the Level of the Firm [J]. Business Strategy and the Environment, 1998, 7 (5): 285 – 296.

[203] Berman E, Bui L T. Environmental Regulation and Productivity: Evidence from Oil Refineries [J]. The Review of Economics and Statistic, 2001, 88 (3): 498 – 510.

[204] Bhatnagar S, Cohen M A, Bhatnagar S. The Impact of Environmental

Regulation on Innovation: A Panel Data Study [R]. 1997.

[205] Brunel C, Levinson A. Measuring Environmental Regulatory Stringency [J]. OECD Trade & Environment Working Papers, 2013.

[206] Brunnermeier S B, Cohen M A. Determinants of Environmental Innovation in US Manufacturing Industries [J]. Journal of Environmental Economics and Management, 2003, 45 (2): 278 – 293.

[207] Cambell, Shelly. Prenatal Cocaine Exposure and Neonatal/Infant Outcomes. [J]. Neonatal Network: NN, 2003, 22 (1): 19.

[208] Carmen Carrion, Flores, Robert Innes, Abdoul G. Sam. Do Voluntary Pollution Reduction Programs (VPRs) Spur Innovation in Environmental Technology? Selected Paper Prepared for Presentation at the American Agricultural Economics Association Annual Meeting, 2006: 1 – 19.

[209] Carmen E, Carriôn-Flores, Robert Innes. Environmental Innovation and Environmental Policy: An Empirical Test of Bi-Directional Effects [J]. Journal of Environmental Economics and Management, 2006, 35 (5): 136 – 172.

[210] Chappie K, Kroll C, Lester T W, et al. Innovation in the Green Economy: An Extension of the Regional Innovation System Model? [J]. Economic Development Quarterly, 2011, 25 (1): 5 – 25.

[211] Chen R H. Effects of Green Operations and Green Innovation on Firm's Environmental Performance [J]. Industrial Engineering & Management Systems, 2014, 13 (2): 118 – 128.

[212] Chiou T Y, Chan H K, Lettice F, et al. , The Influence of Greening the Suppliers and Green Innovation on Environmental Performance and Competitive Advantage in Taiwan [J]. Transportation Research Part E: Logistics & Transportation Review, 2011, 47 (6): 822 – 836.

[213] Chung S. Environmental Regulation and Foreign Direct Investment: Evidence from South Korea [J]. Journal of Development Economics, 2014, 108 (C): 222 – 236.

[214] Collatz G J, Ball J T, Grivet C, et al. Physiological and Environmental Regulation of Stomatal Conductance, Photosynthesis and Transpiration: A Mod-

el that Includes a Laminar Boundary Layer [J]. Agricultural & Forest Meteorology, 1991, 54 (2 –4): 107 –136.

[215] Conrad K, Wastl D. The Role of Production Organization, Infrastructure, and R&D in the Catching-up Process of Japanese to German Industries [J]. Discussion Papers, 1996, 5 (2): 135 –156.

[216] Copeland B R, Taylor M S. North-South Trade and the Environment [J]. Quarterly Journal of Economics, 1994, 109 (3): 755 –787.

[217] Crespi F, Ghisetti C, Quatraro F. Environmental and Innovation Policies for the Evolution of Green Technologies: A Surveyand a Test [J]. Eurasian Business Review, 2015, 5 (2): 343 –370.

[218] Dangelico R M, Pujari D. Mainstreaming Green Product Innovation: Why and How Companies Integrate Environmental Sustainability [J]. Journal of Business Ethics, 2010, 95 (3): 471 –486.

[219] David M, Sinclair-Desgagnã B. Environmental Regulation and Eco-Industries [J]. Journal of Regulatory Economics, 2005, 28 (2): 141 –155.

[220] David P. Pollution Control Innovations and the Clean Air Act of 1990 [J]. Journal of Policy Analysis and Management, 2003, 22 (4): 641 –660.

[221] Dean T J, Brown R L. Environmental Regulation as Barrier to the Formation of Small Mamufacturing Establishments: A Longitudinal Examination [J]. Journal of Environmental Economics and Management, 2000, 400: 56 –75.

[222] Dean T J, Brown R L. Pollution Regulation as Barrier to New Firm Entry: Initial Evidence and Implications for Future Research [J]. Academy of Management Journal, 1995, 38 (1): 288 –303.

[223] Debref R. The Paradoxes of Environmental Innovations: The Case of Green Chemistry [J]. Journal of Innovation Economics & Management, 2012, 9 (1): 83 – 102.

[224] Dijkstra B R, Mathew A J, Arijit Mukherjee. Environmental Regulation: An Incentive for Foreign Direct Investment [J]. Review of International Economics, 2011, 19 (3): 568 –578.

[225] Domazlicky B R, Weber W L. Does Environmental Protection Lead to Slower Productivity Growth in the Chemical Industry [J]. Environmental and Resource Economfcs, 2004 (28): 301 – 324.

[226] Downing P B, White L J. Innovation in Pollution Control [J]. Journal of Environmental Economics and Management, 1986, 13 (1): 18 – 29.

[227] Elrod A A. Environmental Regulation and Product Mix: Evidence from the Census of Manufactures [J]. Dissertations & Theses-Gradworks, 2012.

[228] Enterprises Green Innovation: Environment Regulation and Policy Assemblies [J]. Reform, 2012.

[229] Farzin Y H, Kort P M. Pollution Abatement Investment When Environmental Regulation Is Uncertain [J]. Journal of Public Economic Theory, 2000, 2 (2): 183 – 212.

[230] Fischer C, Newell R G. Environmental and Technology Policies for Climate Mitigation [J]. Journal of Environmental Economics and Management, 2008, 55 (2): 142 – 162.

[231] Fischer C, Parry I W H, Pizer W A. Instrument Choice for Environmental Protection When Technological Innovation Endogenous [J]. Journal of Environmental Economics and Management, 2003 (45).

[232] Fowlie M L. Incomplete Environmental Regulation, Imperfect Competition, and Emissions Leakage [J]. American Economic Journal Economic Policy, 2009, 27 (1): 58 – 62.

[233] Freeman C. The Economics of Industrial Innovation [J]. Social Science Electronic Publishing, 1982, 7 (2): 215 – 219.

[234] Gellhorm E, Pierce R J Jr. Regulated Industries [M]. St Paul: West Publishing Co, 1982: 7 – 8

[235] Gerlagh R, Zwaan B. Gross World Product and Consumption in a Global Warming Model with Endogenous Technological Change [J]. Resource and Energy Economics, 2003, 25 (1): 0 – 57.

[236] Ghisetti C, Rennings K. Environmental Innovations and Profitability: How Does It Pay to Be Green? An Empirical Analysis on the German Innovation

Survey [J]. Journal of Cleaner Production, 2014, 75 (14): 106 – 117.

[237] Gollop F M, Roberts M J. Environmental Regulations and Productivity Growth: The Case of Ossil-fueled Electric Power Generation [J]. The Journal of Political Economy, 1983: 654 – 674.

[238] Gray W B, Shadbegian R J. Environmental Regulation, Investment Timing, and Technology Choice [J]. The Journal of Industrial Economics, 1998, 46 (2): 235 – 256.

[239] Gray W B, Shadbegian R J. When Do Firms Shift Production Across States to Avoid Environmental Regulation? [J]. General Information, 2002.

[240] Gray W B. The Cost of Regulation: OSHA, EPA and the Productivity Slowdown [J]. American Economic Review, 1987, 77: 998 – 1006.

[241] Gray W, Shadbegian R J. Environmental Regulation, Investment Timing and Technology Choice [J]. Journal of Industrial Economics, 1989, 46 (2): 235 – 256.

[242] Gray W, Shadbegian R J. Pollution Abatement Expenditure and Plant Level Productivity Production Function Approach [J]. Ecological Economics, 2005, 54: 196 – 208.

[243] Greaker M. Strategic Environmental Policy; Eco-Dumping or a Green Strategy? [J]. Journal of Environmental Economics & Management, 2003, 45 (3): 692 – 707.

[244] Grossman G M, Krueger A B. Environmental Impacts of a North American Free Trade Agreement [J]. Papers, 1991.

[245] Hansen B E. Sample Splitting and Threshold Estimation [J]. Econometrica, 2000, 68 (3): 575 – 603.

[246] Heyes A. Implementing Environmental Regulation: Enforcement and Compliance [J]. Journal of Regulatory Economics, 2000, 17 (2): 107 – 129.

[247] Heyes A. Is Environmental Regulation Bad for Competition? A survey [J]. Journal of Regulatory Economics, 2009, 36 (1): 1 – 28.

[248] Hottenrott H, Rexhauser S, Veugelers R. Green Innovations and Organizational Change: Making Better Use of Environmental Technology [J]. Ssrn

Electronic Journal, 2012.

[249] Hou W, Fang L, Liu S. Do Pollution Havens Exist in China? An Empirical Research on Environmental Regulation and Transfer of Pollution Intensive Industries [J]. Economic Review, 2013, 80 (4): 966 – 972.

[250] Hsueh S L, Yan M R. A Multimethodology Contractor Assessment Model for Facilitating Green Innovation: The View of Energy and Environmental Protection [J]. Scientific World Journal, 2013, 2013 (4): 379.

[251] Iranmanesh M. Determinants and Environmental Outcome of Green Technology Innovation Adoption in the Transportation Industry in Malaysia [J]. Asian Journal of Technology Innovation, 2014, 22 (2): 286 – 301.

[252] Jaffe A B, Palmer J K. Enviromental Regulation and Innovation: A Panel Data Study [J]. Review of Economics and Statistics, 1997, 79 (4): 610 – 619.

[253] Jaffe A B, Peterson S R, Portney P R, Stavins R N. Environmental Regulation and the Competitiveness of U. S Manufacturing: What Does the Evidence Tell Us? [J]. Journal of Economic Literature, 1995, 33: 132 – 163.

[254] Jaffe A B, R Newell, R N Stavins. Technological Change and the Environment [J]. Environmental and Resources Economics, 2002, 22: 41 – 69.

[255] Jaffe A B, Stavins R N. Dynamic Incentives of Environmental Regulations: The Effects of Alternative Policy Instruments on Technology Diffusion [J]. Journal of Economics And Management, 1995, 29: 43 – 63.

[256] Jaffe A B, Stavins R N. Environmental Regulation and the Competitiveness of U. S. Manufacturing: What Does the Evidence Tell Us? [J]. Journal of Economic Literature, 1995, 33 (4): 853 – 873.

[257] Jens Horbach. Determinants of Environmental Innovation: New Evidence from German Panel Data Sources [J]. Research Policy, 2008, (1): 163 – 173.

[258] Joshi S, Krishnan R, Lave L. Estimating the Hidden Costs of Environmental Regulation [J]. Accounting Review, 2002, 76 (2): 438 – 444.

[259] Joyce J A, Pollard J W. Joyce J A, Pollard J W. Microenvironmental Regulation of Metastasis [J]. Nature Reviews Cancer, 2009, 9 (4): 239 –

252.

[260] Jung C, Krutilla K, Boyd R. Incentives for Advanced Pollution Abatement Technology at the Industry Level: An Evaluation of Policy Alternatives [J]. Journal of Environmental Economics and Management, 1996, 30 (1): 95 – 111.

[261] Kahn A D. The Economics of Regulation: Principles and Institutions [M]. New York: Wiley, 1970.

[262] Kalt J P. The Impact of Domestic Environmental Regulatory Policies on US International Competitiveness [J]. Recursos Naturais, 1985.

[263] Kemp R, Arundel A. Survey Indicators for Environmental Innovation [A]. Paper Presented to Conference towards Environmental Innovation Systems in Garmisch-Partenkirchen, 2002.

[264] Kneller R, Manderson E. Environmental Regulations and Innovation Activity in UK Manufacturing Industries [J]. Resource & Energy Economics, 2012, 34 (2): 211 – 235.

[265] Koeller C T. Innovation, Market Structure and Firm Size: A Simultaneous Equations Model [J]. Managerial & Decision Economics, 1995, 16 (3): 259 – 269.

[266] Kyriakopoulou E, Xepapadeas A. First Nature Advantage and the Emergence of Economic Clusters [J]. Regional Science and Urban Economics, 2013, 43 (1): 101 – 116.

[267] Lafferty W M, Audun R, Larsen O M. Environmental Policy Integration: How Will We Recognise It When We See It? The Case of Green Innovation Policy in Norway [J]. Prosus, 2004.

[268] Lanjouw J O, Mody A. Innovation and the International Diffusion of Environmentally Responsive Technology [J]. Research Policy, 1996, 25 (4): 549 – 571.

[269] Lanoie P, Laurent-Lucchetti, J, Johnstone, N, Ambec S. Environmental Policy, Innovation and Performance: New Insights on the Porter Hypothesis [J]. CIRANO Working Papers, 2007s – 19.

［270］Lanoie P, Patty M. Environmental Regulation and Productivity: New Findingson the Porter Hypothesis ［J］. Working Paper, 2001.

［271］Lanoie P, Patty M, Lajeunesse R. Environmental Regulation and Productivity Testing the Porter Hypothesis ［J］. Journal of Productivity Analysis, 2008, 30: 121 - 128.

［272］Levinson A. Environmental Regulatory Competition: A Status Report and Some New Evident ［J］. National Tax Journal, 2003, 56 (1): 91 - 106.

［273］Lin M J J, Chang C H. The Positive Effect of Green Relationship Learning on Green Innovation Performance: The Mediation Effect of Corporate Environmental Ethics ［M］. The Opinion Connection CQ Press, 1991: 162 - 165.

［274］Lu M T, Tzeng G H, Tang L L. Environmental Strategic Orientations for Improving GreenInnovation Performance in Fuzzy Environment-Using New Fuzzy Hybrid MCDM Model ［J］. International Journal of Fuzzy Systems, 2013, 15 (3): 297 - 316.

［275］Maclaurin W R. The Process of Technological Innovation: The Launching of a New Scientific Industry ［J］. Technovation, 1950, 40 (1): 90 - 112.

［276］Marcus Wagner. On the Relationship between Environmental Management Environmental Innovation and Patenting: Evidence from German Manufacturing Firms ［J］. Research Policy, 2007 (10): 1587 - 1602.

［277］Mcconnell V D, Schwab R M. The Impact of Environmental Regulation on Industry Location Decisions: The Motor Vehicle Industry ［J］. Land Economics, 1990, 66 (1): 989 - 990.

［278］Michael Fritsch, Viktor Slavtchev. Universities and Innovation in Space ［J］. Industry and Innovation, 2007, 14 (2): 201 - 218.

［279］Michael Greenstone. Impacts of Environmental Regulations on Industrial Activity: Evidence from the 1970 and the 1977 Clean Air Act Ammendments and the Census of Manufactures ［J］. Polit. Econ, 2002, 110 (6): 175 - 219.

［280］Michael V. Russo, Paul A. FoutS: A Resouce-Based Perspective on Corporate Environmental Performance and Profitability ［J］. Academy of Management Jaumal, 1997, 40 (3): 534, 559.

［281］Milliman S R, Prince R. Firm Incentives to Promote Technological Change in Pollution Control ［J］. Journal of Environmental Economics and Management, 1989, 22 (3): 247 - 265.

［282］Montero J P. Market Stucture and Environmental Innovation ［J］. Journal of Applied Economics, 2002, 2: 293 - 325.

［283］Montero, P. Permits, Standards and Technological Innovation ［J］. Journal of Environmental Economics and Management, 2002, 44 (1): 23 - 44.

［284］Mueller D C. Patents, Research and Development, and the Measurement of Inventive Activity ［J］. Journal of Industrial Economics, 1966, 15 (1): 26.

［285］Mulatu A. Environmental Regulation and Competitiveness: An Exploratory Meta-Analysis ［J］. Management of Environmental Quality, 2006, 1 - 39/3 (5): 1986 - 1997.

［286］Naghavi A. Can R&D-Inducing Green Tariffs Replace International Environmental Regulations? ［J］. Resource & Energy Economics, 2007, 29 (4): 284 - 299.

［287］Nakano M, Managi S. Regulatory Reforms and Productivity: An Empirical Analysis of the Japanese Electricity Industry ［J］. Energy Policy, 2008, 36 (1): 201 - 209.

［288］Norberg-Bohm V. Stimulating "Green" Technological Innovation: An Analysis of Alternative Policy Mechanisms ［J］. Policy Sciences, 1999, 32 (1): 13 - 38.

［289］Palmer K, Oates W E. Portney P R. Tightening Environmental Regulation Standard: The Benefit-Cost or the No-Cost Paradigm? ［J］. Journal of Economic Perceptivities, 1995, 9 (4): 119, 132.

［290］Palmer M A, Ambrose, et al. Ecological Theory and Community Restoration Ecology ［J］. Restor Ecol, 1997.

［291］Pandej Chintrakam. Environmental Regulation and U. S. States' Technical Inefficiency ［J］. Economics LeHers, 2008 (3): 363, 365.

［292］Parry W H. Pollution Regulation and Efficiencygains from Technological

Innovation [J]. Journal of Regulatory Economics, 1998, 14 (3): 229 – 254.

[293] Parto S, Herbertcopley B, Parto S, et al. Industrial Innovation and Environmental Regulation: Developing Workable Solutions [J]. Sustainability the Journal of Record, 2007.

[294] Pastor J T, Lovell C A K. A Global Malmquist Productivity Index [J]. Economics Letters, 2005, 88 (2): 266 – 271.

[295] Pickman H A. The Effect of Environmental Regulation on Environmental Innovation [J]. Business Strategy and the Environment, 1998, 7 (4): 223 – 233.

[296] Popp D, T Harmer, N Johnstone. Policy VS Consumer Pressure: Innovation and Diffusion of Alternative Bleaching Technologies in the Pulp Industry [J]. NBER Working Paper, 2007, No. 13439.

[297] Porter M, C Ketels, M Delgado. The Microeconomic Foundmions of Prosperity: Findings from the Business Competitiveness Index, In: The global competitiveness report 2007 – 2008 [J]. World Economic Forum, 2007.

[298] Porter M E. America's Green Strategy [J]. Scientific American, 1991, 4: 168.

[299] Porter M E, C Vail der Linde. Toward a New Conception of the Environment Competitiveness Relationship [J]. Journal of Economic Perspectives, 1995 (9): 97 – 118.

[300] Ravid M, Savin H, Jutrin I, et al. Environmental Regulation and the Location of Polluting Industries [J]. International Tax and Public Finance, 1995, 2 (2): 229 – 244.

[301] Rhoades D F. Offensive-Defensive Interactions between Herbivores and Plants: Their Relevance in Herbivore Population Dynamics and Ecological Theory [J]. The American Naturalist, 1985, 125 (2): 205 – 238.

[302] Robert D. Mohr. Technical Change, External Economies, and the Porter Hypothesis [J]. Journal of Environmental Economics & Management, 2002, 43 (1).

[303] Roodman, David Malin. How to Do Xtabond2: An Introduction to

"Difference" and "System" GMM in Stata [J]. Working Papers, 2006, 9 (1):
86 – 136.

[304] Sanchez C M. Environmental Regulation and Firm Level Innovation [J].
Business & Society Founded at Roosevelt University, 1997, 36 (2): 140 – 168.

[305] Shadbegian R J, Gray W B. Pollution Abatement Expenditures and
Plant-level Productivity: A Production Function Approach [J]. Ecological Eco-
nomics, 2005, 54: 196 – 208.

[306] Sigman H. Letting States Do the Dirty Work: State Responsibility for
Federal Environmental Regulation [J]. Departmental Working Papers, 2003, 56
(1): 107 – 122.

[307] Simpson R D, Bradford R L, III. Taxing Variable Cost: Environmen-
tal Regulation as Industrial Policy [J]. Journal of Environmental Economics &
Management, 1996, 30 (3): 282 – 300.

[308] Smith M, Crotty J. Environmental Regulation and Innovation Driving
Ecological Design in the UK Automotive Industry [J]. Business Strategy and the
Environment, 2008, 17 (6): 341 – 349.

[309] Snyder L, Miller N. The Effects of Environmental Regulation on Tech-
nology Diffusion: The Case of Chlorine Manufacturing [J]. National Bureau of
Economic Research, Inc. , 2012: 431 – 435.

[310] Solow R M. A Contribution to the Theory of Economic Growth [J].
Quarterly Journal of Economics, 1956, 70 (1): 65 – 94.

[311] Stephen Breyer. Regulation and its Reform [M]. Harvard University
Press, 1982.

[312] Svendsen G T. Public Choice and Environmental Regulation: Trad-
able Permit Systems in the United States and CO_2 Taxation in Europe, 1998.

[313] Telle K, Larsson J. Do Environmental Regulations Hamper Productiv-
ity Growth? How Accounting for Improvements of Plants' Environmental Perform-
ance Can Change the Conclusion [J]. Ecological Economics, 2007, 61 (2 –
3): 438 – 445.

[314] Thomas Bernauer, Stephanie Engel, Daniel Kammerer, et al. Ex-

plaining Green Innovation: Ten Years after Porter's Win-Win Proposition: How to Study the Effects of Regulation on Corporate Environmental Innovation? [J]. Politische Vierteljahresschrift, 2006.

[315] T H Tietenberg. Emission Trading [J]. Resources for the Future, 1985.

[316] Triebswetter U, Hitchens D. The Impact of Environmental Regulation on Competitiveness in the German Manufacturing Industry-a Comparison with Other Countries of the European Union [J]. Journal of Cleaner Production, 2003, 13 (7): 733 -745.

[317] Tseng M L, Huang F H, Chiu A S F. Performance Drivers of Green Innovation under Incomplete Information [J]. Procedia-Social and Behavioral Sciences, 2012, 40 (40): 234 -250.

[318] Walker W R. Environmental Regulation and Labor Reallocation: Evidence from the Clean Air Ac [J]. American Economic Review, 2011, 101 (3): 442 -447.

[319] Walter I. Environmentally Induced Industrial Relocation to Developing Countries [M]. In Rubin S J, Graham T R. Environment and Trade: The Relation of International Trade and Environmental Policy, Allanheld: Osmun, Totowa, 1982, NJ: 67 -101.

[320] Walter I, Ugelow J L. Environmental Policies in Developing Countries [J]. Ambio, 1979, 8 (2 -3): 102 -109.

[321] Wang B, Wu Y, Yan P. Environmental Regulation and Total Factor Productivity Growth: An Empirical Study of the APEC Economies [J]. Economic Research Journal, 2008.

[322] Wang Y, Liu J, Hansson L, et al. Implementing Stricter Environmental Regulation to Enhance Eco-Efficiency and Sustainability: A Case Study of Shandong Province's Pulp and Paper Industry, China [J]. Journal of Cleaner Production, 2011, 19 (4): 303 -310.

[323] Waring J. Create the Environment for Green Innovation [J]. San Diego Business Journal, 2011.

[324] Weitzman M L. Prices vs. Quantities [J]. Review of Economic Studies, 1974, 41 (4): 477 – 491.

[325] Weng H H, Chen J S, Chen P C. Effects of Green Innovation on Environmental and Corporate Performance: A Stakeholder Perspective [J]. Sustainability, 2015, 7 (5): 4997.

[326] Wilcoxen P. Environmental Regulation and Investment in Manufacturing [D]. Mimeo, University of Texas at Austin, 1998.

[327] Wilson J S, Otsuki T, Sewadeh M. Dirty Exports and Environmental Regulation: Do Standards Matter to Trade? [J]. Policy Research Working Paper, 2002.

[328] Wong S K S. Environmental Requirements, Knowledge Sharing and Green Innovation: Empirical Evidence from the Electronics Industry in China, Business [J]. Strategy and the Environment, 2013, 22 (5): 321 – 338.

[329] Xepapadeas A, Zeeuw A. Environmental Policy and Competitiveness: The Porter Hypothesis and the Composition of Capital [J]. Journal of Environmental, Economics and Management, 1999, (37).

[330] Yarime M. From End-of-pipe Technology to Clean Technology: Effects of Environmental Regulation on Technological Change in the Chlor-Alkali industry in Japan and Western Europe [D]. Open Access Publications from Maastricht University, 2003.